KB041239

공자 어록

그의 소문난 말들

공자 어록

그의 소문난 말들

이수정 지음

공자 어록
그의 소문난 말들

이수정 지음

펴낸이 | 이숙
펴낸곳 | 도서출판 서광사
출판등록일 | 1977. 6. 30.
출판등록번호 | 제 406-2006-000010호

(10881) 경기도 파주시 회동길 77-12 (문발동)
대표전화 (031) 955-4331   팩시밀리 (031) 955-4336
E-mail : phil6161@chol.com
http ://www.seokwangsa.co.kr | http ://www.seokwangsa.kr

제1판 제1쇄 펴낸날 — 2023년 12월 10일

ISBN 978-89-306-0238-9   03140

서문

1970년대 중반부터다. 거의 50년 가까이 '철학'에 종사했다. 그것이 가치 있는 일이라 확신했고 처음엔 학생으로 나중엔 학자로 나름 최선을 다했다. 이른바 '전공'은 서양 쪽 유럽 현대 철학, 특히 하이데거 철학이었고 그 분야에 제법 기여를 했다고 자부하지만 그 틀에 얽매이지는 않았다. 심지어 고대에서 현대까지의, 그리고 독일/프랑스/영미를 아우르는 '철학사'를 포함해 수십 권의 다양한 책을 썼고 도쿄대, 규슈대, 하이델베르크대, 프라이부르크대, 하버드대, 베이징대, 베이징사범대 등에 연구자로 체류하며 동서고금의 여러 철학들을 두루 섭렵했으니 '할 만큼 했다'고 말할 자격이 없지는 않을 것이다.

그런데. 언젠가부터 그 모든 것을 넘어선 '궁극의 철학'들이 강하게 나의 관심을 사로잡았다. 그것들은 이른바 '학문으로서의 철학'과는 뭔가 달랐다. 그 언어들은 머리가 아닌 가슴을 향해 울려

왔다. 그쪽을 돌아보지 않을 수가 없었다. 꽃이나 향기처럼 그것은 지극히 자연스런 유혹이었고 거의 불가항력이었다. 그게 공자-부처-소크라테스-예수(이른바 인류의 4대 성인) 그리고 노자였다. 그 교감의 결과물을 각각 한 권씩 책으로 정리해 세상에 선보였다. 어느 세월이 될지는 모르겠지만 들려올 그 반향을 기다리고 있다.

이 책도 그런 돌아봄의 하나다. '공자론'은, 처음은 아니다. 2016년, 『공자의 가치들』을 이미 낸 바 있다. 그런데 학자로서의 욕심인지 그것으로 만족하지 못하고 또다시 그를 건드렸다. 물론 완전히 다른 책이다. 전작은 50개의 '가치 개념들' 중심으로 공자를 논한 것이지만 이 신작은 『논어』 그 자체의 해설이다. 단, 흔하디흔한 '새 번역' 하나를 추가하는 것은 아니다. 읽어보면 알겠지만, 익숙한 논어 해설서들과는 그 서술 방식이 상당히 다르고 그 내용도 제법 획기적일 것이다. 이것은 대략 이렇게 썼다.

『논어』 원문을 펼쳐놓고 일반인들에게 잘 알려진 그리고 식자들 사이에서 자주 거론되는 유명한 말들에 밑줄을 그었다. 그리고 약간의 가감을 했다. 유명해도 상대적으로 덜 중요하다 싶은 건 빼고 덜 유명해도 꼭 알려야겠다 싶은 건 추가했다. 그렇게 해서 이 책의 최종 목차 리스트가 만들어졌다. 그러니까 이건 논어의 발췌집이다. 물론 너무 많지 않도록 신경 썼다. 독자들의 부담을 고려한 것이다. 일종의 정수인 만큼 이것만 알아도 공자에 대해, 논어에 대해 안다고 자부해도 좋다. 특히 여기서는 안연, 증삼, 유약, 자공, 자장, 자하, 자유 등 제자들의 발언은 원천적으로 배제했다. 오직 공자 본인의 말만 들여다보았다. 제목이 '공자 어록'인 것은 그 때문이다. 그 하나하나에 최대한 정확하고 친절하게 해설을 달았다. 내가 아는 동서고금의 모든 철학을 참고했다. 단, 참고는 참고일 뿐, 최종 판단은 공자와 외롭게 마주한 나 자신의 몫이었다. 보통 알려진 해석과는 다른 것도 제법 많을 것이다. 파격적인 것도 있을 것이다. 그런 점에서 이 책은 지난 2500년의 공자 해석에 대한 일종의 도전이기도 하다. 책임 있는 학자로서 엄청난 고민을 한 결과다. 한국은 물론 본토 중국과 이웃 일본의 해설들도 꽤나 들여다보았다. 시중엔 납득/수긍할 수 없는 해설들이 너무 많았다. '유명'은 기준이 될 수 없었다. 심지어 가장 권위 있다는 주자의 『논어집주』도 공자의 진정한 이해에는 거의 도움이 되지 않았다. 오히려 그의 오독과 사견이 제대로 된 이해를 방해하는 경우도 많았다. 좀 과장해서 말하자면 "주자의 책에는 주자만 있지 공자는 없다"고 말하고 싶을 지경이었다. 그래서 엄청난 고민을 한 것이다. 오직 공자 본인의 의중을 헤아렸다. 스스로 납득하지 못하는 건 단 한 줄도 쓰지 않았다. 적어도 그런 것이 학자적 양심이라고 생각한다. 그러니 아마 이 책의 해설은 믿어도 좋을 것이다. 나는 물론 공자 같은 성현은 아니지만, 그가 왜 성현인지를 안다는 점은 자랑스럽다.

쓰면서 다시 한번 놀랐다. 공자는 정말 놀라운 인물이고『논어』
는 정말 놀라운 책이다. 금쪽같고 주옥같은 언어들이 너무 많다.
표현도 내용도 그 주인이 천재임을 확실히 알려준다. 가장 중요한
것은 가치에 대한 그의 지향이다. '성현'이라는 말은 결코 중국인
들의 민족주의적 과장이 아니다. 이 책에서도 독자들은 그 점을
여실히 확인할 수 있을 것이다. 인간을 위해, 세상을 위해, 정말
제대로 고민한 제대로 된 '철학자'를, '철인'을, 그리고 한 놀라운
사유의 천재, 언어의 천재를 독자들은 만나게 될 것이다.

이 혁신적－도전적인 발췌본『논어』해설이 지금 여기서(hic et
nunc), 21세기의 한국에서, 하나의 반짝이는 의미로 남을 수 있게
되기를 기대한다.

2023년 여름 서울에서
이수정

차례

* 편명 뒤의 두 자리 수는 본문에서 다루어진 장의 숫자이다.
* 흐리게 표시한 네 자리 수는 해당 장의 내용과 관련된 다른 편의 편
  과 장의 숫자이다.
* 제5 公冶長과 제15 衛靈公은 다른 편명에 맞춰 두 글자로 가지런히 잘
  랐다. 모두 장구의 첫 글자들을 딴 다른 편명도 어차피 큰 의미가 없
  기 때문이다. 일종의 제안이기도 하다.

제1부
상론

일러두기

1. 이 책은『논어』에서 유명한 말들만 골라 뽑아 그 참뜻을 에세이식으로 풀어낸 일
   종의『논어』발췌 해설서이다.
2. 공자 본인의 발언만 대상으로 하고 안연, 증삼, 유약, 자공, 자장, 자하, 자유 등
   제자들의 발언은 원칙적으로 배제했다.
3. 각 꼭지 별 원문 앞의 네 자리 숫자는 앞의 두 자리가 편, 뒤의 두 자리가 장을 나
   타낸다. 편의 구분과 명칭에는 큰 의미를 두지 않았다.
4. 책의 분량을 줄이기 위해 개별 단어 해석은 따로 달지 않았다. 필요한 글자의 의
   미는 본문에서 자세히 설명했다.
5. 여기서 빠진 장구들은 상대적으로 덜 중요해서가 아니라 오직 책의 부피를 줄이
   기 위해 희생된 것임을 양해 바란다.
6. 인용한『논어』의 원문 및 장절의 구분은 이수태의『새번역 논어』, 생각의나무
   1999.판을 준용했다.
7. 인용문에서 '자왈子曰(선생님께서 말씀하셨다)은 따로 번역하지 않았다. 단, 대
   화의 경우는 일부 예외로 했다.
8. 인용한 원문의 발음 표기에서는 두음법칙을 따르지 않고 원음을 적었다.

학이學而

0101 子曰, "學而時習之, 不亦說乎? 有朋自遠方來, 不亦樂乎? 人
不知而不慍, 不亦君子乎?"

"배워서 때로 익히면 또한 기쁘지 않으냐? 벗이 있어 멀리서

찾아오면 또한 즐겁지 않으냐? 남이 알아주지 않아도 열받지

않으면 또한 군자가 아니냐?"

　유명하고도 유명한 『논어』에서 우리가 가장 먼저 만나는 말이

다. 아마도 적지 않은 사람이 이 말을 들어봤을 것이고 더러는 기

억하고 있을 것이다. 그러나. 이 말의 의미를 진지하게 그리고 제

대로 새겨보는 사람은 요즘 과연 얼마나 될까.

　여기서 공자는 '학學'과 '붕朋'과 '지知'라는 것을 언급하고 있다.

배움과 벗과 알아줌이다. 그리고 이것들과 관련해서 '열說'과 '낙

樂'과 '군자君子'라는 것도 언급하고 있다. 기쁨과 즐거움과 훌륭

한 인격자이다. 물론 '습習'과 '래來'와 '온慍'이라는 것도 함께 얽혀 있다. 익힘과 찾아옴과 열받음이다. 그런데 이게 다 뭔 말? 요즘 사람들은 잘 모를 것이다. 그리고 아마 별 관심도 없을 것이다. 그런데 그러면 안 된다. 관심이 있어야 하고 잘 알아야 한다. 왜냐면 이런 게 우리 자신인 인간의, 그리고 그 인간의 삶인 인생의, 그리고 그 무대 내지 배경인 세상의 질을 결정하는 결정적인 요인 내지 조건들이기 때문이다. 자, 그렇다면 생각해보자. 하나씩. 제대로.

먼저, '학學'이란 무엇인가? 배움이다. 뭘? 모르는 것이다. 아직 제대로 잘 모르는 것이다. 그걸 제대로 알게 되는 것이다. 그게 '배운다'는 것이다. 여기엔 전제가 있다. 내가 인간으로서 알아야 할 것들이 있다는 것, 나는 그걸 아직 제대로 모르는 미숙한 자라는 것, 그리고 그걸 아는, 그래서 알게 해줄 누군가 혹은 무언가가 있다는 것, 그/그것에게서 배운다는 것이다. 이와 관련된 것들을 지금 우리는 학문, 학생, 학자, 학교 등으로 부르고 있다. 모두 '학學'자가 들어가 있다. 여기엔 그런 것을 먼저 배워 알고 있는 자, 즉 선생이라는 것도 전제되어 있다. 먼저 알고 있는 그런 선생에게 아직 잘 모르는 학생이 알아야 할 것을 배우는 것, 이것이 '학學'이라는 것이다. 물론 중요한 것은 이 배움의 내용이다. 그게 뭘까? 그 답은 간단하지 않다. 한 가지 분명한 것은 공자가 실제로 한 평생 행하고 말한 바가 그걸 시사해준다는 것이다. 그건 『논어』 전체에 사금처럼 깔려 있다. 가장 간단히 말하자면 인간과 세상을 바꾸기 위한/바로잡기 위한 '가치'들이고 더 구체적으로 말하자면 인, 의, 예, 지, … 등 최소한 50개가 넘는다.

공자는 거기에 '습習'이라는 것을 하나 덧붙여 말한다. 익히는 것이다. 익힘이란 재확인하는 것이다. 익히는 것은 배운 그것을 무르익은 것으로, 익숙한 것으로, 습관으로 만든다는 뜻이다. 그래서 바로 대답할 수 있게 되는 것이다. 익숙한 것이란, 해석을 곁들이자면, '내것이 되게 한다' '내가 그렇게 된다'는 뜻이다. 독일 철학자들이 말하는 '사유화/전유'(Aneignung)이다.

공자는 거기다 '시時'라는 것을 또 덧붙여 말한다. '때로'다. 이렇게 옮기더라도 좀 애매한 말이다. 설명도 따로 없다. 해석이 필요한 부분이다. 우리의 실제 경우로 미루어볼 때, 그냥 단순히 '가끔씩'? 그것도 틀린 건 아니다. '수시로'라는 뜻도 된다. '이따금', '자주', 다 좋다. 혹은 '그때그때/때에 맞게'라는 뜻도 있다. 즉 '적절한 때[경우]에 배운 그것을 적용하여 확실히 한다'는 뜻도 있다. 공자는 아마 이런 뜻으로 이 말을 했을 가능성이 크다.

학學과 습習, 이런 모든 걸 아울러 요즘은 보통 학습學習, 혹은 '공부工夫'라고 부른다.

그런데 공자는 이것에 '열說[=悅]'이라는 감정을 연결시킨다. '기쁘다'는 것이다. 배움이, 학습이, 공부가 기쁘다고? 뭔가 예사롭지 않다. 물론 우리 인간에게 기쁜 것들이야 많다. 그런데 공자는 '불역不亦'(또한 …지 않으냐)이라는 반문의 말로써 배움의 기쁨을 잊지 말라고 강조하는 것이다. 배움의 기쁨, 그런 기쁨도 있다, 그건 역시 기쁜 일이다, 그렇지 않으냐고 공감을 촉구하는 것이다. 그 기쁨을 모르는 혹은 잊어버린 자에게 그것을 이렇게 환기시키는 것이다. 뭔가 좀 절절하다. 그냥 잘난 척 에헴 하는 말이 아니다.

그런데 사실 우리는 그의 이 말을 듣고 가슴이 철렁해야 한다. 그렇지 않은가. 지금 우리 시대에, 우리 사회에, 우리의 학교에, 과연 이런 배움이 있는가. 이런 기쁨이 있는가. 원래 공부란 이런 것이고 이래야 하는 것이다. 그런 '학…지'(學…之 배워 앎)에는 당연히 '기쁨'(說)이 동반되는 것임에도, 우리는 지금 이런 배워 앎의 기쁨을 잃어버렸다. 혹은 잊어버렸다. 혹은 내팽개쳤거나 내다버렸다. 그런 기쁨 대신에 지루함이나 지겨움 같은 것이 혹은 경쟁의 치열함이 학교/교실에 가득하지 않은가. 배움에서, 공부에서 기쁨을 느끼는 학생은 아마도 극소수일 것이다. 공자가 이런 걸 본다면 아마 한탄할 것이다. '배워야 할 것(내용)'에 대한, 아니, '배움' 그 자체에 대한 재검토, 재평가가 이루어지지 않으면 안 된다.

다음, '붕朋'이란 무엇인가? 벗/친구다. 벗/친구란 무엇인가라고 다시 묻는다면 그건 간단하지 않다. 제대로 답하자면 책 한 권은 필요할 것이다. 그건 일단 포기할 수밖에 없다. 하지만, 적어도 '나에게 어떤 특별한 존재' '서로 아는 존재' '반가운 존재' '놀이든 공부든 일이든 함께 하는 존재'를 벗/친구라고 부르는 데는 이의가 없을 것이다. 우리가 이 세상에서 살면서 이런 존재가 곁에 있는가 없는가 하는 것은 결정적으로 중요한 사안이 아닐 수 없다. 단, 우리는 안다. 곁에 있는 또래가 다 '친구'는 아니라는 것을. 저 영화 〈친구〉의 준석(유오성)처럼 "우리 친구 아이가"라고 하더라도 아닌 건 아닌 것이다. 공자가 직접 정의를 내려주지는 않지만 우리는 짐작한다. '나'를 이해해주고 함께함을 좋아해주고 바라고 그래서 찾아오고 찾아가고, 그리고 나를 위해 약간의 손해를 기꺼이 감수해줄 수 있는 존재라면 벗/친구라 해도 좋을 거라고.

그런 친구의 '유有'(존재)를, '유붕有朋'(벗이 있음)을, 공자는 하나의 문제로서 거론하는 것이다. 그런데 공자는 알고 있었던 것 같다. 친구란 있을 수도 있고 없을 수도 있다는 것을. 그리고 있더라도 그가 항상 곁에 함께 있을 수는 없다는 것을. 그리고 아직 서로 모르더라도 잠재적 친구가 멀리 있을 수도 있다는 것을. 그래서 그는 '자원방래自遠方來'를 언급한 것이다. '먼 데서 찾아온다'는 상황을 언급하는 것이다. 그렇다. 진정한 친구 관계란 서로 좋아하고 서로 원하는 상호 관계인데, 그 증거가 바로 '찾아옴'(來)인 것이다. 그런 마음이 들지 않는다면 벗/친구라 할 수 없다. '서로 좋아함' '서로 원함'에 덧붙여 '서로 찾음'이 벗/친구의 절대 기준의 하나인 것이다. 이걸 놓치지 않고 언급했으니 과연 공자다. 더욱이 그는 '멀리서 찾아옴'(自遠方來)을 말한다. 그 찾아옴의 수고를 '마다하지 않음'이 의미로서 곁들여지는 것이다. '아직 모르는 사이'더라도 이런 '멀리서 찾아옴'이 있다면 그는 넓은 의미의 혹은 잠재적인 '벗/친구'라 할 수 있다.

그런 벗의 존재에 대해 공자는 '낙樂'(즐거움)이라는 감정을 연결시킨다. 벗의 찾아옴에는 즐거움이 동반된다는 것이다. 우리의 삶에 즐거움은 많지만, 놀이도 즐겁고 운동도 즐겁고 여행도 즐겁고 뭣도 즐겁고 하지만, 교우의 즐거움도 있음을 잊지 말자는 것이다. '불역락호不亦樂乎'(또한 즐겁지 않으냐)는 그런 재확인이요 촉구이기도 하다. 오늘날 우리는 온갖 즐거움을 탐닉하고 있다. 즐길 거리가 너무 많다. 게임 내지 오락이 그 대표일까? 그런 가운데 우리네 삶에서 친구와의 우정이라는 건 점차 멀어져갔다. 삶이 너무 바빠서 서로 얼굴 보기도 쉽지 않고, 더러는 외국에 살고 더러는 먼저 저 세상에 떠나가 있다. 그래도 잊지는 말아야겠다. 먼 데서 올 수도 있지 않은가. 먼 데서 기다릴 수도 있지 않은가. 그게 설혹 먼저 가 있는 저승이라 하더라도. 서로 찾아가는 그 즐거움을 우리는 인생의 마지막까지 잊지 말아야겠다.

다음, '지知'(알아줌)란 무엇인가? 그거야 누가 모르겠는가. 어떤 사람, 특히 나의 어떤 훌륭함을 인정하고 칭송하는 것이다. 그런데 공자는 왜 굳이 이 말을 입 밖에 내었을까? 그것은 문맥에서 자연스럽게 드러나 있다. '인부지人不知' 즉 남이/사람들이 알아주지 않는다는 현실이 있기 때문이다. 어쩌면 공자 자신도 이런 걸 느꼈을까? 하긴 그렇다. 세상을 보면 누군가의 훌륭함을 알아주는 경우는 참으로 드물다. 아니 거의 없다. 아니 오히려 그 반대다. 훌륭한 사람은 인정받고 칭찬받기보다 욕먹고 공격받기 일쑤다. 소크라테스와 예수의 경우가 아마 대표적일 것이다. 가장 훌륭한 수준의 인물이었음에도 심지어 그들은 죽임까지 당했다. 누군가의 훌륭함을 알아준다는 것은 그 자체로 이미 하나의 훌륭함이다. 인격이다. 드문 일이다. 보통은 거의 그러지 않는다. 그럴 때 우리는 보통 속이 상한다. 화가 난다. 심하면 그 화를 내기도 한다. 거기서 이런저런 문제가 발생하기도 한다. 공자는 그걸 알았을 것이다.

그래서다. 그래서 이런 말을 한 것이다. '이불온而不慍'(그래도 열받지 않는다), 남이란 본래 사람의 훌륭함을 잘 알아주지 않는 법이니 그럴 경우라도 열받을 것 없다는 것이다. 물론 그러기는 쉽지 않은 일이다. 보통은 열받는다. 그러니 남이/사람들이 (나를, 나의 훌륭함을) 알아주지 않아도 열받지 않으면 그건 군자의 경지라는 것이다.

'군자君子'란 무엇일까. 대개 잘 알듯이 도덕적으로 훌륭한 인격체, 덕을 체현한 이상적 인물, '성품이 어질고 학식이 높은 지성인'을 가리킨다. (원래는 '군주다운 사람' '지위가 높은 사람'의 뜻이 포함되어 있었다.) 공자가 제시한 일종의 모범이자 목표였다. 그 한 징표가 이렇듯 '불온不慍(열받지 않음)'이다. 감정에 휘둘리지 않는 상태다. '남의 알아줌/안 알아줌'(人不知)에 연연하지 않는 상태다. 그것을 가치의 기준으로 삼지 않는 것이다. 공자가 굳이 이런 말을 한 것은 왜일까. 우리가/사람들이 보통 그렇지 못하기 때문이다. 대개는 남이 나를 알아주지도 않거니와 알아주지 않으면 열받는다. 그렇다면 아직 군자답지 못하다는 것이다.

공자의 기준은 이렇듯 만만치가 않다. '인부지이불온人不知而不慍'(남이 알아주지 않아도 열받지 않음)이라는 건 어쩌면 공자 본인이 70세에야 다다랐던 저 경지, 즉 "종심소욕불유구從心所慾不踰矩(마음이 하고자 하는 바를 따라도 법도에 어긋나지 않았다)"의 경지와 비슷한 것일지도 모르겠다.

사실 공자의 말 가운데 이 세 마디만 들어봐도 이미 그의 방향이 어떤 것인지 그의 경지가 어떤 것인지, 그의 사람됨이 어떤 것인지, 대략 감을 잡을 수가 있다. 그가 보통 사람이 아닌 것은 확실하다.

0103/1715

子曰, "巧言令色, 鮮矣仁!"
자 왈   교 언 령 색   선 의 인

"솜씨 있는[번지르르한] 말과 위세 있는[권위적인] 겉모습은
드물다. 어짊이."

0525 子曰, "巧言令色足恭, 左丘明恥之, 丘亦恥之. 匿怨而友其人,
      자 왈   교 언 령 색 족 공   좌 구 명 치 지   구 역 치 지   닉 원 이 우 기 인
      左丘明恥之, 丘亦恥之."
      좌 구 명 치 지   구 역 치 지

"솜씨 있는 말과 위세 있는 겉모습과 더 보탠[지나친] 공손함
을 좌구명左丘明은 부끄럽게 여겼고 나 역시 그것을 부끄럽게
여긴다. 원망을 숨기고 그 사람과 벗하는 것을 좌구명은 부끄
럽게 여겼고 나 역시 그것을 부끄럽게 여긴다."

  교언영색巧言令色, 엄청 유명한 말이다. 그러나 이 말은 그 이
해가 간단하지 않다. 공자는 여기서 '인仁(어짊)'을 말하고 있는
데, 그것이 '드문(鮮)' 경우를 지적하고 있다. 그리고 0525에서는
거기에 보태 '치恥(부끄러움)'를 말하고 있다. 그 경우가 '교언巧
言'과 '영색令色'이라는 것이다. 그리고 0525에서는 거기에 보태
'족공足恭'과 '닉원이우匿怨而友'가 추가로 언급된다. 그 이해가 간
단치 않다는 것은 이 '교언'과 '영색'이 그리고 '족공'과 '닉원이우'
가 어떤 경우인지 그 의미가 명확하지 않기 때문이다. 물론 사전
을 비롯해 각종 책에는 여러가지 번역과 해석과 해설이 많다. 다

우수한 학자들의 견해다. 그렇지만 서로 논란이 있다. 진짜 의미가 애매하기 때문이다. 하기야, 이건 원래 중국말이다. 더구나 2500년 전 고대어다. 어찌 보면 애매한 게 당연하다. 중국말 자체가 원래 좀 포괄적이다. 그렇지만, 우리가 공자를 조금만 공부해 보면 알지만 이 양반의 말은 그 표현이 그다지 어렵지 않다. 일상어를 구사한다. 물론 그 내용은 의표를 찌른다. 놀라운 말의 천재이다. 그런데도 교언巧言과 영색令色은, 2500년 전의 중국인이 아니면 그 의미가 곧바로 와닿지는 않는다. 도대체 어떤 경우를 말하는 걸까.

'교언巧言'은 상대적으로 좀 감이 잡힌다. 교묘, 교활, 공교, 정교 … 등에서 짐작되듯 '잘 꾸민'(巧) 그 무엇이다. 말(言)이 그렇다는 것이다. 그런 '잘 꾸민 말' '멋진 말' 특히 '번지르르한 말' '솜씨 있는 말' … 그런 계통이 바로 '교언巧言'이다. 그런 말들은 언뜻 좋아 보이고 특히 사람을 혹하게 만드는 힘이 있다. 일단 긍정적인 외양 내지 인상을 갖는 것이다. 그래서 넘어가기 쉽다. 속기 쉽다. 현혹되기 쉽다. 그래서 공자는 굳이 이런 말을 하는 것이다. 그런 게 '인仁'과는 무관하다는 것이다. 아니, 그런 말을 하는 사람 중에도 '인한' 사람이 있을 수는 있을 것이다. 단, 드물다(鮮矣)는 것이다. 공부를 해보면 알지만 공자는 보통 사람이 아니다. 엄청 머리가 좋은 사람이다. 남다른 감이 있다. 그래서 감을 잡은 것이다. 그런 언어를 구사하는 사람에게는 '인仁'이 드물다는 것이다.

군이 도치법으로 그 '드물다'를 강조까지 하고 있다. 교언巧言? 도대체 어떤 말? 당시 공자 주변에 누군가 있긴 있었을 것이다. 아니, 많았을 것이다. 엄청 말을 잘 하는 사람. 그러나 어질지는 못한 사람. 그건 조사를 해봐야 할 일이다. 어쩌면 여기 이 말도 그들에 대한 주의 내지 경고였을지도 모를 일이다. 누구인지 알 수는 없다. 단, 우리에게도 떠오르는 이름은 있다. 저 독일의 히틀러와 저 러시아의 레닌이다. 그들이 이 말에 해당될지도 모른다. 기막힌 말솜씨를 구사한 사람들이다. 그 혀로 군중들을 완전히 휘어잡고 이윽고 권력을 장악했다. 그런데 어땠는가. 그들에게 과연 '인仁'이란 게 있었던가? 인이란, 역시 연구 대상이지만 공자는 그것을 '애인愛人'(사람을/남을 사랑하는 것)이라고 규정했다. 히틀러와 레닌에게 어짊은 없었다. 역사가 그것을 증명한다. 그들은 유대인과 유산자를 가차없이 처단했다. 공자가 옳았던 것이다. 물론 이 '교언'이 연설이나 웅변만을 가리키는 건 아니다. 글도 당연히 포함한다. 이를테면 마르크스의 '공산당 선언' 같은 것도 그 '교언'에 해당할지 모른다. 읽어보면 알지만 정말 멋진 글이다. 사람을 혹하게 만든다. 그 글이 결국 레닌의 혁명으로 이어졌다. 그것이 야기한 20세기의 저 처참한 살육을 떠올리면 거기에 '인仁'이 있었다고는 말할 수 없다. 아니 그 이전에 우리가 선거철만 되면 확인하듯이 작금의 우리나라 정치인들 대부분이 이 '교언巧言'의 해당자일지도 모르겠다. 정말 말솜씨들은 사람을 혹하게 만든다. 그러나 그 결과를 보면 거기에 '인仁'은 없다. 언어와 인품이 정비례하지 않는다는 건 동서고금을 초월한 보편적 진리가 아닐 수 없다.

　그리고 '영색슈色'. 이것은 정말 이해하기가 쉽지 않다. 멋들어진 모습? 그렇게도 옮겨진다. 그러나 정말? 미심쩍다. 사전을 봐도 그 의미가 여러 가지다. '령슈'도 '색色'도 지금 통용되는 의미와 한참 괴리가 있다. 이럴 땐 저 가다머의 말대로 '해석학적 이해'를 시도할 수밖에 없다. 나의 이 경우로 그의 그 경우를 미루어 짐작해보는 것이다. 그러면 어렴풋이 잡히는 것이 있다. '영색슈色'이란 외견상 대단해 보이지만 실은 어질지는 못한 사람이다. 어떤 경우? 생각해보자. 색色은 일단 (요즘 보통 통용되듯이) 컬러나 섹스(성적인 것)나 그런 뜻은 아니다. 단 이 말들이 시사하는 방향은 있다. 감각적인 것이다. 겉으로 드러나는 것이다. 불교에서 말하는 저 색즉시공의 그 색과 같은 방향이다. 색수상행식色受想行識(오온五蘊)의 하나이자 선두이니 감각적인 것이고 물질적인 것이고 육체적인 것이다. 그 연장선에 있는 것이 '겉으로 드러나는 형태나 모습'이다. 공자가 말한 '영색슈色'의 색은 문맥상 이쪽일 가능성이 크다. '모습'인 것이다. 특히 얼굴이나 태도. 안색顏色(얼굴빛)이나 기색氣色이라는 말이 그 용례에 가깝다. 그렇다면 '령슈'은? 이건 어떤 상태/모습을 말하는 걸까. 이건 그야말로 2500년 전의 중국으로 가서 공자한테 직접 물어보거나 한동안 거기서 살아보지 않으면 정확히 알 수 없다. 사전이나 해설서나 문헌 자료만으로는 정확한 의미를 얻기가 쉽지 않다. 흔히 학자들이 말하듯이 '아름답고 훌륭한 얼굴'이나 '겉모습을 그럴듯하게 꾸며 남의 마음에 들도록 하는 것', 등으로 읽어도 뭔가 금방 고개가 끄덕여지지 않는다. '령슈'이라는 말 자체에 그런 일차적 의미가 없기 때문이다. 그렇다면? 해석을 해볼 수밖에 없다. '령슈'이라는 말의 일차적인 의미는 역시 명령이다. 영슈이 선다/안 선다 하는 그 영슈이다. 이건 윗사람 내지 센 사람이 아랫사람 내지 약한 사람에게 하는 행위다. 혹은 그 내용이다. 그러니 이 말 자체가 그런 뜻과 무관하지 않다면 영색의 령슈은 그런 어떤 모습이나 태도나 기미/기색일 가능성이 크다. 그러니까, 내가 너보다 더 윗사람이다, 더 센 사람이다, 넌 내 말을 들어야 한다, 같은 그런 모습 내지 그런 태도, 기미/기색, 그런 게 영색슈色일 가능성이 크다. 과연 어떤 게 그런 태도일까. 혹은 그런 태도를 지금 우리는 뭐라고 부를 수 있을까. '권위적인' 혹은 '위세 있는' 태도, 그게 바로 '영색슈色'이 아닐까. 그렇게 정리해본다. 잠정적 결론이고 제안이고 해석이다. 확인이 불가능하니 정답이라고 주장하지는 않겠다.

자, 그렇다면. 이건 어떤 경우일까. 그런 사람은 우리 주변에 실제로 있다. 아니 많다. 남들 위에 서려는 사람, 남들을 아래로 보는 사람, 단, 그렇지 않은 척하는 사람, 그런 사람의 모습/태도가 영색이다. 아니, 노골적으로 그렇게 보이려는 사람도 있다. 언뜻 대단해 보이는 그런 모습, 그런 태도를 취하는 사람에게는 실은 남을 사랑하는 마음이 드물다고 공자는 꿰뚫어본 것이다. 쉽게 말해 잘난 척, 센 척, 대단한 척하는, 그렇게 보이려는 사람 중에 실제로 잘난 사람, 어진 사람은 드물다는 것이다. '령슌'이란 사람을 움직이는 힘이다. 그런데 진정한 령슌은 권위적인 위세만으로는 성립되지 않는다. 두려워는 하겠지만 사람들이 심복하지 않는다. 내용이 없으면, 남을 사랑하는 마음(仁)이 없으면, '령슌'이 서지 않는다. 그러나 우리가 많이 들어왔듯이 진정한 지도자는 권위적이지 않더라도(nicht autoritär) 사람들이 그 권위 있음(hat Autorität)을 인정하고 마음으로 우러르며 따른다. 인仁이 혹은 덕德이 그것을 가능하게 만든다. 이를테면? 이순신 장군의 이름이 떠오른다. 그는 굳이 어깨나 얼굴에 힘을 주지 않았을 것이다. 그런데도 그의 군사들은 그의 령슌에 목숨을 걸었다. 그게 용기를 북돋우었고 승리로 이어졌다.

교언도 영색도 일단 언뜻 보기에는 그럴듯해 보인다. 혹하기 쉽다. 그러나 공자는 알고 있었다. 그런 건 가짜라는 것을. 거기에 인仁은 드물다(鮮)는 것을. 그래서 우리는 조심해야 한다. 현혹되어 넘어가지 말아야 한다. 그리고 알아야 한다. 교언영색은 족공足恭[더 보탠(지나친) 공손]/닉원이우匿怨而友[원망을 감추고 사귀는 일]와 함께 부끄러운 일이라는 것을.

0108/0924

<ruby>子<rt>자</rt></ruby><ruby>曰<rt>왈</rt></ruby>, "<ruby>君<rt>군</rt></ruby><ruby>子<rt>자</rt></ruby><ruby>不<rt>부</rt></ruby><ruby>重<rt>중</rt></ruby><ruby>則<rt>즉</rt></ruby><ruby>不<rt>불</rt></ruby><ruby>威<rt>위</rt></ruby>. <ruby>學<rt>학</rt></ruby><ruby>則<rt>즉</rt></ruby><ruby>不<rt>불</rt></ruby><ruby>固<rt>고</rt></ruby>. <ruby>主<rt>주</rt></ruby><ruby>忠<rt>충</rt></ruby><ruby>信<rt>신</rt></ruby>. <ruby>無<rt>무</rt></ruby><ruby>友<rt>우</rt></ruby><ruby>不<rt>불</rt></ruby><ruby>如<rt>여</rt></ruby><ruby>己<rt>기</rt></ruby><ruby>者<rt>자</rt></ruby>. <ruby>過<rt>과</rt></ruby><ruby>則<rt>즉</rt></ruby><ruby>勿<rt>물</rt></ruby><ruby>憚<rt>탄</rt></ruby><ruby>改<rt>개</rt></ruby>."

"군자는 진중하지 않으면 위엄이 없다. 배우면 고지식하지 않다. 충실함[충성스러움]과 미더움에 주력하여라. 자기만 못한 자를 벗하지 마라. 잘못했다면 고치기를 꺼리지 마라."

아주 유명하지는 않다. 단, 앞부분에 배치되어 자주 눈에 띄는 편이다. 여기서는 공자의 다섯 마디 말이 나열되고 있다. 문맥은 특별히 없다. 전후 관계도 없이 각각 독립적이다. 뒷부분 세 마디는 0924에도 글자 하나만 달리 해서 다시 실려 있다(無 → 毋). 그의 문맥을 확인하는 것은 불가능하므로 각각 따로따로 그 의미를 새기면 된다.

우선, 주의할 것은 이게 다 '군자君子'의 태도 내지 자세와 관련된 말이라는 것이다.

군자는 원래 위정자라는 의미이지만 공자의 문맥에서는 반드시 그런 것에 국한되지 않는다. 일단 종합적으로 '훌륭한 도덕적 인격자' 정도로 이해해두자. 요즘은 거의 실종된 인간상이다. 아무도 군자가 되려 하지 않고 설령 이런 인물이 있다고 해도 아무도 쳐다보지 않는다. 그러나 이런 세상에 대해 '문제 있다' '이의 있다'고 생각하는 사람이라면 '군자'라는 것은 재평가 내지 관심의 대상이 되어야 한다. 아마 공자 당시도 사정은 비슷했을 것이다. 그렇지 못한 세상이기에 그래서 오히려 공자는 이런 인간상을 제시하고 강조했을 것이다. 그런 모양새라면 지금도 그의 이런 제언은 여전히 유효하다. 해석하기에 따라 이 말은 이어지는 다섯 마디에 다 적용된다. '군자가 되려면…' 마땅히 이래야 한다는 것이다.

그 첫째가 '군자부중즉불위君子不重則不威'(군자는 진중하지 않으면 위엄이 없다)다. 여기서 그는 '중重'과 '위威'(진중함과 위엄)라는 가치들을 입에 담는다. 모양새로는 '위威'를 내세우며 그렇게 되려'면' '중重'이 필요하다는 식이다. 중重이 위威의 조건이 된다는 말이다. '위威'라는 것은 지금도 통용되는 '위엄' '위세' '위력' 등의 말에서 그 의미가 대략 짐작된다. 남이 함부로 하지 못하는, 범할 수 없는, 이쪽이 조심하게 되는 어떤 기운을 일컫는다. 군자에게는 이런 면모가 필요하다고 공자는 묵시적으로 전제하고 있는 것이다. 공자는 아마도 우리가 이런 사람이 되어 다른 사람에게 어떤 작용을 하여 영향을 끼치고 그렇게 해서 이 세상을 올바른 방향으로 바로잡아 보려는 꿈을 품었을 것이다. 그러기 위해 '위엄'(威)이라는 가치가 요구된다고 생각했을 것이다. 그런데 그리 되려면 우선 '중重'(무게)이라는 가치가 먼저 요구된다고/필요하다고 그는 말하는 것이다. 보통 진중하다고 번역되지만, 더 쉽게 더 정확하게 말하자면 무게가 있어야 한다는 말이다. 무거워야 한다는 말이다. 가볍지 말아야 한다는 말이다. 이건 무슨 뜻일까. 설마하니 체중을 말하는 건 아닐 터. 사람의 무게다. 실제로 살아 보면 우리는 안다. 세상에는 무거운 사람이 있고 가벼운 사람이 있다. 경박한/경솔한 사람이라고 하면 더 쉽게 이해될지도 모른 다. 그런 사람, 의외로 많다. 무엇이 그걸 결정하고 어떻게 그걸 알 수 있을까. 생각과 말과 행동에서, 특히 입에서 그게 너무나 자 연스럽게 드러난다. 누군가는 입이 가볍고 누군가는 입이 무겁다. 그게 행동으로도 연결된다. 입이 싼 사람, 촐싹거리는 사람, 그런 사람은 무겁지 못하다. 따라서 위엄스럽지도 못하다. '부중즉불위 不重則不威'인 것이다. 입이 가벼운 사람은 그 전에 이미 생각이 가볍다. 그래서 행동도 가볍다. 생각이 가벼운 것은 대개 무게 있 는 주제가 그의 머릿속에 가슴속에 들어 있지 않기 때문이다.

그렇다면 무게 있는 주제란 어떤 것일까. 그렇게 묻는다면 역시 간단한 이야기는 아니다. 단, 나 자신의 표피적인 욕심만 가득하 다면 그 머리와 가슴이 무거울 수는 없을 것이다. 그러나 예컨대 나라와 세상을 걱정한다면 그건 가벼울 수가 없다. 아니 그 전에 다른 사람을 고려하고 배려한다면 그것만 해도 두 배 세 배의 무 게는 될 것이다. 그런 것이 머리와 가슴을 채운다면 입도 가벼울 수가 없을 것이다. 그러니 일단 입부터 함부로 가볍게 나불거리지 말자. 남 생각을 하면서 조금씩이라도 내 머리와 가슴을 채워나가

자. 그리고 나라와 세상도 걱정해보자. 그러면 조금씩 나의 무게가 채워져 나갈 것이다. 그러면 아주 자연스럽게 위엄이라는 것도 풍겨 나오게 된다. 그것은 마치 그윽한 향기와 같아 거부할 수가 없다. 그렇게 된 사람을 공자는 기대하고 있는 것이다.

둘째, '학즉불고學則不固'(배우면 고지식하지 않다)다. '학學' 즉 배움을 공자는 또 입에 담는다. 권유이자 요구다. 배워야 한다, 배우라는 것이다. '학學', 이는 앞서 다루었으니 재론하지는 않겠다. 단, 공자는 여기서 '불고不固'라는 것을 추가로 언급한다. 보통 배우면 '고지식하지 않다'고 푼다. 틀린 번역은 아니지만, '고固'는 사실 '고지식'만을 지칭하지는 않는다. 좀 더 포괄적이다. 사람이 '딱딱한' 것이다. 굳은 것이다. 유연하고 말랑말랑하지 못한 것이다. 특히 머리가 그렇고 가슴이 그렇다. 실제로 그런 사람이 있다. 많다. 자기가 아는 게 전부다. 절대적이다. 다른 사람의 의견/생각, 말은 그 사람에게 들어갈 여지가 없다. 절대 용납하지 않는다. 그런 사람에게는 '배움'의 여지가 없다. 배움이란 애당초 본질적으로 자기가 아직 모르는 것을 알고자 하는 노력이니, 자기가 다 알고 모르는 게 없다고 생각하는 사람에겐 배움이라는 것 자체가 성립 불가능인 것이다. 그러니 만일 그가 배우기로 한다면, 그리고 실제로 배운다면, 즉 자기와 다른 생각을 알게 된다면, 이미 그 순간 굳게 닫힌 그 딱딱한 고집의 문을 열게 되는 것이다. 유연

해질 수 있는 것이다. 그것은, 타인을, 다른 사람의 의견을 받아들이고 고려한다는 것이다. 배움의 크나큰 효용이라고 아니할 수 없다. 공자는 이런 과정이랄까 메커니즘을 이미 꿰뚫어 알고 있었던 것이다. 그래서 이런 말을 한 것이다. '학즉불고學則不固'다.

  셋째, '주충신主忠信'(충실함[충성스러움]과 미더움에 주력하여라)이다. '주主'라는 말은 지금의 한국에서도 여러 형태로 널리 쓰이는 말이니 굳이 설명이 필요 없다. 다 이해를 한다. 단 여기서의 이 말은 동사적이다. '주로 하라', '주로 삼으라'는 말이다. '부副'가 아니라는 말이다. 선순위라는 말이다. 후순위가 아니라는 말이다. 가장 먼저 관심 대상, 고려 대상으로 삼으라는 말이다. 무엇을? '충신忠信'이다.(충신忠臣이[충성스런 신하가] 아니다) 일종의 가치판단이다. 그렇다면 '충忠'이란 무엇이고 '신信'이란 무엇인가. 이 말 자체는 역시 지금 한국에서도 여러 형태로(예컨대 충성, 충실, 신뢰, 신용 등으로) 사용되고 있으니 그 의미는 굳이 설명하지 않아도 자연스럽게 이해된다. 그런데 이 두 마디는 공자에게 있어 좀 특별하다. '충忠'이란 저 0415에 나와 있듯 '일이관지一以貫之'한 '공자의 도(夫子之道 一以貫之)라고 증삼이 해석한 바로 그 '충서忠恕'의 충이고, '신信'이란 저 0526에 나와 있듯 "선생님의 뜻을 듣고 싶습니다"라고 한 자공의 질문에 공자가 망설임 없이 대답한 말, "노자안지 붕우신지 소자회지老者安之 朋友信之 小

者懷之"의 그 '신信'이다. 미더움/믿음/믿게 함이다. 이 둘이 공자의 초미의 관심사요 주제였다는 증거다. 그런데 왜? 그는 왜 하필 충忠과 신信을 주主로 삼으라고 했을까. 무릇 군자에게는 불충不忠과 불신不信이 있어서는 안 된다는 문제의식이 그 배경/바탕에 깔려 있다. 충忠이란 애당초 중심 즉 '어떤 것 혹은 어떤 일 혹은 어떤 사람을 내 마음(心) 한가운데(中)에 두는 것'이다. 보통 우리가 충실, 충성이라고 말하는 것도 바로 그런 뜻이다. 마음 한 구석지가 아니라 한가운데니 대충 적당히 소홀히 할 수가 없는 것이다. 전심전력을 다하지 않을 수 없는 것이다. 신信이란 미더운 것, 믿을 수 있는 것이니 거짓이 있어서는 안 되는 것이다. 속임이 없는 것이다. 그런 상태 내지 그런 행위가 바로 신信인 것이다. 우리가 이런 태도 이런 자세로 어떤 일, 어떤 사람을 대한다면 그 결과가 과연 어떠하겠는가. 그 반대인 불충, 불신과 대비해 생각해본다면 대답은 불문가지다. 이게 군자의 최우선적 덕목이 안 될 수 없는 것이다. 그래서 공자는 말한 것이다. '주충신主忠信'하라고.

넷째, '무우불여기자無友不如己者'(자기만 못한 자를 벗하지 마라)다. 여기서 공자는 '우友' 즉 친구 내지 친구 삼기를 거론한다. 이 말 역시 지금도 우정 우애 등의 형태로 통용되고 있으니 군이 설명이 필요 없다. 곧바로 이해된다. 앞에서 설명한 '붕朋'과도 연결된다. 단, 여기서의 말은 좀 더 구체적이다. '무우毋友/無友'

'벗하지 말라'(벗함이 없으라)는 것이다. 사귀지 말라, 친구 삼지 말라, 어울리지 말라, 같이 놀지 말라는 것이다. 누구랑? '불여기자不如己者'(자기만 못한 자)다. 공자는 왜 굳이 이런 말을 했을까. 다른 무슨 심오한 의도가 있을지는 모르겠지만 특별히 그런 게 없다면 우리는 이 말의 의도를 비교적 쉽게 이해할 수 있다. 사람들이 흔히 자기만 못한 자들과 주로 어울리면서 나쁜 물이 들거나 시간 내지 인간관계를 헛되이 낭비하기 때문이다. 교우 관계는 최소한 자기와 엇비슷한 수준이거나 자기보다 나은 수준의 상대를 골라야 한다는 말이다. 거기서 '즐거움'도 얻을 수 있고 '배움'도 얻을 수 있다는 말이다. 살아보면 알지만 인간관계 특히 교우 관계는 우리의 인생에서 그 성패를 좌우하는 결정적인 조건의 하나가 된다. 친구로 인해 이 세상이 천국이 되기도 하고 지옥이 되기도 한다. 특히 군자라면 그 친구가 함께 일을 도모할 수 있는 그런 사람이지 않으면 안 된다. 자기만 못하다면 배울 게 뭐가 있겠는가. 나쁜 물이 들 따름이다. 근묵자흑近墨者黑, 근주자적近朱者赤,(먹을 가까이 하는 자는 검어지고, 인주를 가까이 하는 자는 붉어진다.) '향 싼 종이에서 향내 나고 생선 싼 종이에서 비린내 난다.' 그래서 공자는 이런 말을 한 것이다. '무우불여기자無友不如己者'라고.

다섯째, '과즉물탄개過則勿憚改'(잘못했다면 고치기를 꺼리지 마라)다. 역시 아주 구체적인 제언이다. 여기서 공자는 '과過'와 '개改'를 이야기한다. 잘못과 고침이다. 거기에 덧붙여 꺼리지 않음(勿憚)이다. 이해 못할 말은 한 마디도 없다. 그대로 100% 이해 가능한 말이다. 그러나 우리는 이 말을 한 공자의 심중도 100% 이해하는 걸까? 공자는 답답했을 것이다. 물론 사람들은 누구나 다 잘못을 한다. 그게 없다면 인간이 아닐 것이다. 서양에도 "잘못하는 것은 인간의 일, 용서하는 것은 신의 일"(To err is human, to forgive divine)이라는 말이 있다. 그러나 그다음은 사람에 따라 다르다. 그 잘못을 고치는 사람도 있고 고치지 않는 사람도 있다. 고치기를 꺼리는 자가 있는 것이다. 그런 사람은 잘못을 되풀이한다. 잘못을 잘못으로 인정하지도 않고 인지하지도 못한다. 보통은 그렇다. 그러나 군자라면? 잘못을 했더라도 그것을 고치라는 것이다. 고치기를 꺼리지 말라는 것이다. 물론 말이 그렇지 이러기가 쉽지는 않다. 자기의 잘못을 인정하는 것이다. 그게 잘못임을 깨닫는 것이다. 공자의 제자 중에서도 가장 아끼던 안연 정도가 "불이과不二過"했다(잘못을 두 번 되풀이하지 않았다)고 공자가 평가했을 정도다. 그런 점에서 안연은 과연 군자감이었던 모양이다. 명심해두자. 우리는 인간이므로 때로 잘못을 저지른다. 그러나 그게 잘못이라고 지적된다면, 혹은 스스로 깨닫는다면, 고치자. 고치기를 꺼리지 말자. 잘못을 지적했다고 누군가가 화를 내거나 싸움을 건다면 그는 아직 군자가 아니거나 군자감이 못 되는 것이다. 우리 주변에는 실제로 그런 사람이 넘쳐난다. 정계에는 특히 그렇다. 학계도 만만치 않다. 거의 대부분이 그런 모양새다. 자기의 잘못을 지적했다고, 자기를 비판했다고 소송을 제기하는 경우도 있고 평생 원수가 되는 경우도 있다. '어휴(噫)'. 공자라면 바로 탄식을 할 것이다. "나는 군자를 찾습니다." 저 디오게네스처럼 대낮에 등불을 켜들고 거리를 한번 다녀보고 싶다.

0114 子曰, "君子食無求飽, 居無求安, 敏於事而愼於言, 就有道而
正焉, 可謂好學也已."

"군자는 먹는 데에 있어서 배부름을 추구하지 않고 기거함에 있어서 편안함을 추구하지 않는다. 일에는 민첩하고 말에는 신중하며 도 있는 쪽으로 나아가 똑바로 한다면 배우기를 좋아한다 할 수 있다."

이것도 제법 알려진 말이다. '민사신언敏事愼言'의 형태로 유명하다. 아마도 『논어』 앞부분에 배치되어 상대적으로 자주 눈에 띄었기 때문일 것이다. 그러나 전문가들 사이에서 특별히 주목되고 강조되는 일은 별로 없다.

여기서 공자는 '호학好學' 즉 '배움을 좋아한다'는 것이 어떤 것인지를 이야기한다. 0101에서 말한 '학學'(배움)의 방향 내지 내용을 일부 말해주는 것이다. 특히 '군자君子'의 태도다. 앞부분에서 그는 네 가지 경우를 언급한다. '식食' '거居' '사事' '언言', 먹는 일, 기거함, 일 처리, 말, 이 네 가지다. 사람 됨됨이와 무관하지 않다. 단, 식食과 거居는 공자의 관심 치고는 좀 의외이기는 하다. '포飽'와 '안安'을, 포식과 안거를 경계하고 있다. 사람에 따라 고개를 좀 갸우뚱할 수도 있다. 사람이 맛있는 것, 먹고 싶은 것을 양껏 먹을 수도 있지, 집안에서 편안하게 드러누워 뒹굴뒹굴할 수도 있지, 공자씩이나 되는 분이 뭘 이런 거까지…라고 생각할 수도 있다. 아닌 게 아니라 그럴 수 있다. 단, 굳이 공자를 좀 편들자면, 그 심정이 이해되는 부분도 분명히 있다. 군자라는 사람은, 지도적 위치에 있으니, 다른 사람, 백성들을 항상 염두에 두고 있을터, 그들은 대개 굶주리고 집에서 몸뚱이를 편히 눕히는 것조차 쉬운 일이 아니다. 그런 걸 생각하면 포식이나 안거는 군자에게 마음 편히 할 수 있는 일이 아니다. 그렇지 못한 사람에게 미안한 일이다. 그렇게 이 말을 이해해주기로 하자.

한편 '민敏'과 '신愼' 즉 민사敏於事와 신언愼於言(민첩함과 신중함)은 충분히 공감할 수 있다. 왜냐면 우리의 현실을 둘러볼 때, 일에 굼뜨고 말에 신중치 못한 사람이 너무나 많기 때문이다. 그런 것이 문제를 일으키기 때문이다. 군자라면 마땅히 경계해야 할 일이다. 일을 할 때는 재빠르게, 말을 할 때는 신중하게. 훌륭한 가치가 아닐 수 없다.

'취유도이정언就有道而正焉'(도 있는 쪽으로 나아가 똑바로 함)은 다분히 공자답다. 그의 관심 방향, 처신 방향을 엿보게 한다. '취就'(나아감)는 그런 쪽으로 방향을 잡는다는 것이다. 간단한 이야기는 아니지만 유도有道와 무도無道는 사람과 세상을 결정적으로 달리 만드는 요인이다. 요즘 식으로 말하자면 정의와 부정이다. 각자의 선택지인 셈이다. 그때나 지금이나 세상은 별로 정의롭지 못하다. 별로? 아니 엄청이다. 세상에 얼마나 많은 무도함(부정)이 있었으면 공자가 이런 경계를 했을까. 지금은 상황이 훨씬 더 심각하건만 이런 말을 해주는 공자 같은 인물도 별로 없다. 그런 정의로운 쪽으로 나아가 똑바로 하라(正)는 것이다. '정正'이라는 것은 의외로 좀 소홀히 취급되는 공자의 핵심 가치다. 바로 하는 것, 바로잡는 것이다. '똑바로 해!'라는 그 똑바로다. 자기에 대해 말하자면 바른 길을 걷는 것이고 타인에 대해 말하자면 잘못을 바로잡는 것이다. 공자의 경우는 이 '바름正'에 대한 지향이 뚜렷하다. 유명한 저 '정명正名'도 이와 무관하지 않다. 사람들이, 세상이 바르지 못해 온갖 문제들이 생겨나고 사람들의 삶은 도탄에 빠져 있으니 바로잡아야 한다는 것이다. 지금인들 사람들과 세상이 바르다 할 수 있겠는가. 공자의 이 말은 따라서 21세기 지금도 여전히 유효한 말이 아닐 수 없다.

바로 이런 방향이다. 그리고 이런 가치관이다. 이런 자세와 태도다. 이런 사람이라면 군자君子라 할 수 있고 배움을 좋아한다(好學)고 할 수 있을 것이다. 그의 경우는 그 '배움'의 내용이 바로 이런 것이다. 국영수가 아니라 정치경제가 아니라 코딩이 아니라 인간학이요 가치론인 것이다. 요즘 이런 배움, 이런 공부, 이런 학문은 알다시피 무대에서 쫓겨나 노숙자 신세가 되고 말았다. 거의 빈사 상태다. 군자도 호학도 거의 없다. (일부 학자는 이 '호학'을 '인'보다 더 중요한 공자철학의 한 핵심으로 강조하기도 하는데, 가치들 간에 그렇게 우열을 매기는 것은 오류 가능성이 있으므로 극히 신중하지 않으면 안 된다.)

0116/1432

<sub 표기: 자 왈 불 환 인 지 불 기 지 환 부 지 인 아>
子曰, "不患人之不己知, 患不知人¹也."

"남이 자기를 알지 못하는 것을 아파할 일이 아니라 자기가 남을 알지 못하는 것을 아파할 일이다."

1519
<sub 표기: 자 왈 군 자 병 무 능 언 불 병 인 지 불 기 지 야>
子曰, "君子病無能焉, 不病人之不己知也."

"군자는 [자기의] 무능함을 아파할 뿐 남이 자기를 알아주지

---

1   1432에 같은 말이 있으나 부지인 不知人 대신에 기불능 其不能(자신이 능히 그리하지 못함)이라고 되어 있음.

않는 것을 아파하지 않는다."

언뜻 보면 '환患' '불환不患'이(1519에서는 '병病' '불병不病'이) 주제인 듯 보인다. 제일 먼저 입 밖에 나온 말인데 아닐 리야 있겠는가. 그런데 진짜 주제는 따로 있다. '지知' 즉 '앎/알아줌'이다. 뒷부분이 좀 다르긴 하지만 같은 취지의 말이 『논어』에서 세 번이나 나오는 것이다. 공자의 이 말을 들은 제자들이, 혹은 기록한 이가 중요한 말이라고 판단했다는 방증이다.

남이 나를 '안다/알아준다'(知)는 것은 사실 보통 사람의 경우는 대단히 의미 있는 사안이다. 누군가 나를 안다면/알아준다면 고무와 격려가 되고 위로와 보람이 될 수도 있다. 큰 기쁨이 된다. 안다/알아준다는 것은 자신의 존재 가치를 인정받는 것이다. 그런데 이게 참 쉬운 일이 아니고 흔한 일이 아니다. 남/사람들은 좀처럼 나를 모르며 알아주지 않는다. 존재, 능력, 노력, 성과, 인품 … 무엇이든. 웬만큼 대단해도 마찬가지다. 심지어 공자조차도 남들은/세상은 알아주지 않았다. 부처도 소크라테스도 예수도 마찬가지다. 위인들이다. 그러니 다른 사람(보통 사람)들이야 말해 무엇 하겠는가. 세상에 '알아줌'(知)이란 거의 없다. 공자는 세상 인심의 그런 야박함을 통찰하고 있었다. 그런데 그렇다. 남이 나를 알아주지 않으면 마음이 아프다. 속이 상한다. 화가 날 수도 있다. 그래서 마음 아파한다/병 삼는다.(患/病) 그게 사람이다. 공자는 그것도 꿰뚫어 알고 있었다. 그래서 이런 말을 한 것이다. '불환不患', 마음 아파하지 말라는 것이다. 속상해하지 말라는 것이다. 남에게 그걸 기대하지 말라는 것이다. 일종의 다독임이다. 저 유명한 "인부지이불온 불역군자호人不知而不慍, 不亦君子乎"(남이 알아주지 않아도 열받지 않으면 또한 군자가 아니냐)도 같은 취지다. 역시 '인부지人不知'(남이 알아주지 않음)를 언급한 것이다. 물론 그러기도(불환不患, 불병不病, 불온不慍도) 쉬운 일은 아니다. 군자의 경지에 이르러서야 가능한 일이다. 그래서 저 말을 했던 것이다. 공자는 인간 세상에 대해 너무 날카롭게 잘 알고 있었다. 정말 놀라운 인물이 아닐 수 없다.

　그런데 이런 다독임으로 끝나지 않는다. 공자는 거기서 한 걸음 더 나간다. 남은 나를 알아주지 않아도 나는 남을 알아주라는 것이다. 남의 훌륭함을 내가 모르지는 않는지, 알아주지 않는 건 아닌지, 그러지 못하고 있는 건 아닌지, 그걸 고민하라(患不知人)는 것이다. 그게 '환患/병病'[아파하라/병으로 삼으라]이라는 말에서 묵직하게 전해진다. 이건 문법적으로 명령형이다. 요구인 것이다. 과제로서 우리에게 들이미는 것이다. 특유의 적극성을 띠고 있다. '불환不患'과 '환患'은 그래서 이 문장의 주제가 맞다. 잘 살펴보면 주변에 알아줘야 할 사람들이 반드시 있다는 것을, 적지 않게 있다는 것을 발견하게 될 것이다. 그를/그들을 알아보기로/알아주기로 하자. 알아보지/알아주지 못함을 최소한 미안해하기라도 하자. 그런데 남은 나를…? 그런 건 신경 쓰지 말라는 거다. 그게 공자다. 보통과는 반대다. '나를'이 아니라 '내가'를 신경 쓴다. 그게 인품이다. 멋지지 아니한가.

0201 　子曰, "爲政以德, 譬如北辰, 居其所而衆星共之."

"정치를 덕으로써 하는 것은 비유하자면 북극성과 같다. 제 자리를 지키지만 뭇별들이 그와 함께한다."

　여기서 공자는 '정政'을 말한다. 거기에 덧붙여 '덕德'을 말한다. 이른바 '덕정德政'이다. 이 두 가지가 과연 이렇게 결합될 수 있는 걸까? 현실의 정치, 특히 현대 한국의 정치를 보면 어불성설인 듯이 느껴진다. 거의 물과 기름, 모순인 듯이 느껴진다. 갖다 붙일 걸 붙여야지….

　그걸 모르지 않았을 것이다. 그런데도 공자는 이걸 포기하지 않는다. 왜 그랬을까. 좀 차분히 따져서 생각해보자.

　공자는 아마 알고 있었던 것 같다. '정政'(정치)이라는 것이 우리 인간의 삶에, 특히 '세상'의 모습을 결정하는 데 결정적인 요인 내지 힘으로 작용한다는 것을. 『논어』 전편에 '정政'이라는 이 글자가 무려 40번 이상 등장한다는 사실이 그걸 알려준다. 그만큼 그가 이것에 관심이 깊었다는 확실한 증거다. 세상과 인민에 대해, 그 삶에 대해, 그 양상에 대해, 특히 그 문제에 대해, 그 해결과 변화에 대해 관심이 있다면, 의지가 있다면, 정치에 대해 무심할 수 없다. 정치는 분명히 그것을 좌우하기 때문이다. 그가 14년 세월, 이른바 주유철환周遊轍環, 주유열국周遊列國을 한 것도 다 그 때문이다. 저 플라톤이 머나먼 길 이탈리아로, 바다 건너 시켈리아로 시라쿠사이로 간 것도 다 그 때문이다. 단지 조국의 상황이 위태로워 피신한 것뿐만이 아니었다. 정치적 기회를 얻고 싶었던 것이다. 자리를 통해 힘을 발휘하고 싶었던 것이다.[1] 인간과 세상의 문제를 해결하고 변화를 가져올 수 있는 그런 힘을. 물론 두 사람 다 결과적으로 실패했다. 결국 조국(노나라/아테네)으로 돌아와 정치 대신 교육에서 그다음 가능성을 모색했다. 거기서는 둘 다 어느 정도 성취를 이루었다. 그런 점에서 둘 다 단순한 이상주의자는 아니었다. 현실주의자였다. 물론 현실과 이상은 불가분리적으로 얽혀 있다. 당연히 얽혀야 한다.

그 포기할 수 없는 이상이 공자의 경우는 '덕德'이었다. 그렇다면 '덕'이란 무엇일까. 이건 간단한 문제는 아니다. 제대로 짚어보

---

[1] 0815/1427의 부재기위 불모기정 不在其位, 不謀其政이라는 말도 이와 무관하지 않다.

자면 책 한 권은, 아니 최소한 논문 한 편은 필요한 내용이다. 그는 대개 이것이 어떤 것인지를 누구나 이미 아는 것으로 전제하고 이야기를 전개한다. 특별한 설명이 없다. 단 그의 문맥을 종합해서 굳이 정리하자면 대략, 중용, 철저한 무욕, 은닉, 무과시無誇示, '충신忠信'과 '의義', '선사후득先事後得', 민생에 치중하면서 정치적 성과를 이루는 것, … 이런 것들이 그 '덕'의 내용과 무관하지 않다. 이런 것으로, 이런 태도와 자세로, 정치를 하라는 것이다. 쉬운 일이 아니다. 세상 모르는 소리라고 비웃음 사기 십상이다. 현실은 거의 그 정반대이기 때문이다. 중용이 아니라 양극단, 무욕이 아니라 오로지 욕심, 은닉-무과시가 아니라 뻥튀기 과시, 충이 아니라 대충, 신이 아니라 배신, 의가 아니라 불의-부정, 선사후득이 아니라 일은 안중에도 없고 오로지 이득, … 그런 것만이 현실 정치에 가득하다. 하여간 그때 거기서나 지금 여기서나….

어쩌면 바로 그래서일지도 모르겠다. 그래서 비판주의자요 현실적 이상주의자인 공자는 그 대안으로 '덕정德政'을 제시하는 것이다. 그는 그 효용 내지 후과에 대해 어떤 확신을 갖고 있다. '거기소이중성공지居其所而衆星共之'다. 북극성처럼 그 자리에 가만히 있어도 뭇별이 [그것을 중심으로] 함께한다는 것이다. 글쎄…, 과연 그럴까. 잘 모르겠다. 아마 그럴 수도 있을 것이다. '누구나'는 아니지만, 인간에게는 분명 그런 경향도 있다. 덕을 보면 그것을 우러르고 그 주변에 다가가게 되는 그런 경향… 유유상종類類

相從이라고 그런 사람들이 그런 사람 주위에 모여 부류를/팀을 이루는 것이다. 요즘 우리 정치에서는 별로 본 적이 없어서 공자의 이 말에 크게 고개를 끄덕이기는 쉽지 않다. 그러나 크게 고개를 끄덕이고 싶은 마음은 크다. 그것이 당위이고 기대이며 희망이기 때문이다. 이 '공지共之'(이와 함께함)는 이른바 한국형 정치 '패거리'와는 다르다. 진영과는 다르다. '덕'의 유무가 그것을 판가름한다. 덕정을 하면 '거기소이중성공지居其所而衆星共之'할 것이 틀림없다. 우리가 자주 경험하지 못했을 따름이다. 우리도 기다려보자. 저 북극성 같은 덕성으로 자리를 지킬 지도자의 등장을. 우리도 그 별에게 다가가 직접 '공지共之'라는 걸 한번 해보고 싶다. 인민을 위한, 나라를 위한, 세상을 위한 그런 정치를. 우리 한국의 정치에도 세종世宗 이래 그런 인물이 아예 없는 건 아니었다. 눈이 있는 자는 알 것이다. 그게 누구였는지. 그리고 그 주변에서 '공지'한 뭇별들이 누구였는지도. 그리고 그 결과가 어떠했는지도. 그리고 그 반대는 어떠했는지도.

0202　子曰, "詩三百, 一言以蔽之, 曰, '思無邪.'"

　　　"시 삼백 편을 한마디로 총괄하자면 '삿됨[바르지 못함]'이 없는 걸 생각한다'는 것이다."

이것은 엄청 유명한 말이다. 특히 '사무사思無邪'가 그렇다. 선조가 퇴계에게 이것을 써준 글씨가 목판에 새겨져 도산서원 장서각에 보관돼 있다. 백범도 이 말을 유묵으로 남겼다. 김종필도 자작 묘비명에서 "사무사(思無邪)를 인생의 도리(道理)로 삼고 …"라며 이것을 언급하고 있다. 저들도 이것을 알고 있었고 좋아했고 중요하게 생각했다는 증거다. 이런 사례는 헤아릴 수 없이 많다. 이 말이 그만큼 인기가 있다는 말이다.

이것은 보다시피 공자의 시론詩論이다. 더 정확하게는 그가 편찬했다고도 하는 『시경詩經』의 평론이다. 공자는 참 별걸 다 안다. '시삼백 일언이폐지詩三百, 一言以蔽之'라고 했으니 아마도 그 전부를 다 읽어봤을 것이다. 정확하게는 305편이다. 6편은 제목만 있고 내용이 전해지지 않는다. '풍風', '아雅', '송頌'의 3부로 되어 있는데, '풍風'은 각국의 여러 지역에서 수집된 민요, '아雅'는 대개 조정에서 불렸던 연석宴席의 노래, '송頌'은 왕조·조상의 제사를 지낼 때 부른 노래라고 여겨진다. 대개 무명의 민중이나 지식인의 노래다. 이걸 제대로 다 읽고 이해하고 분석하고 논하는 혹은 평하는 것은 간단한 일이 아니다. 중요한 것은 공자의 반응이다. 혹은 결론이다. 공자는 그것을 한 마디로 압축해서(일언이폐지一言以蔽之) 말한다. "사무사思無邪"라고.

이건 무슨 뜻일까. 원래 시경 말미, 노송魯頌 중의 경駉, 그 마지막 행에 나오는 구절이다. 원문은 이렇다.

駉駉牡馬, 경경모마 : 살찌고 큰 수말

在坰之野. 재경지야 : 먼 들판에 있네

薄言駉者, 박언경자 : 꽉 살찐 것은

有驈有皇, 유인유하 : 오총이와 적부루마

有驪有魚, 유담유어 : 정강이 흰 말과 고리눈말

以車祛祛. 이차거거 : 수레 끌며 씩씩하네

思無邪,   사무사   : 아, 나쁠 것 하나 없네

思馬斯徂. 사마사조 : 아, 말은 이렇게 가네.

　'사무사思無邪'는 흔히 "생각에 사악함이 없다"고 번역되는데, 약간 달리, '사思'를 적극적으로 해석하여, 번역했다. 달리는 말을 생각하는 원시와 무관하게 논어에서는 공자의 해석이 곁들여져 있다. 원래 '사思'는 여기서 의미 없는 어조사 역할이나 공자는 글자 본래의 의미를 살려서 읽었다. 그는 아마도 이 시를 읽는 과정에서 '사思(생각한다)'와 '무사無邪(삿됨이 없다)'라는 말이 마음에 들었을 것이다. 그리고 시경 전체를 읽으면서 그 시들의 근본 특징 내지 성격이 바로 이 글자들이 의미하는 것, 즉 '무사無邪한 것'을 '생각하는 것'이라고 느꼈을 것이다. 그것을 이렇게 압축적으로 표현한 것이다.

　그렇다면 '사무사思無邪'란 어떤 뜻일까. '사思'는 무엇이고 '무사無邪'는 무엇일까. '사思'는 생각하는 것이다. 저 독일의 하이데거가 지겹도록 강조했듯이 생각Denken은 인간의 한 본질이다. 일거수일투족에 생각이 동반된다. 단, 중요한 것은 무엇을/어떤 것을 생각하느냐, 하는 것이다. 공자는 '무사無邪한 것'(사악함이 없는 것)을 생각하는 것이 시경 300편의 공통된 특징이라고 정리해 준 것이다. 읽어보면 알지만 아닌 게 아니라 그렇다. 시의 세계는 '사思(생각)의 세계'요 '무사無邪(삿됨이 없는 것)의 세계'다. 삿된 것으로 가득한 현실 세계와 달리 말하자면 '순수의 세계'다. "'시짓'은 모든 행위 중에서 가장 타락하지 않은[순결한] 것(Dichten : Diss unschuldigste aller Geschäffte.)"이라는 저 독일 시인 횔덜린Hölderlin의 말도 비슷한 취지다. 거기엔 사악한 생각이나 의도가 전혀 없다. 현실의 세계와 선명한 대비가 된다. 현실은 그렇지 못하다. 사악한 생각이 그득하다. 온갖 문제들이 넘쳐난다. 공자는 그런 것이 '없는' 세상, 즉 '무사無邪'한(삿됨이 없는, 순수한) 세계를 가슴속에 그린 것이다. 그게 시의 세계였다. 그래서 그는 시를 중시한 것이다. 그런 세계를 '생각해야 한다' '생각하라'고 말하고 싶었던 것이다. '생각한다(思)'라는 저 시평은 실은 '생각하라'는 암묵적 제언이기도 했던 것이다. 무엇을? '삿되지 않은 것'을. '바르지 않음이 없는 것'을. 공자는 이렇게 '시의 세계'에도 한 다리를 걸쳐놓고 있었던 것이다. '사무사思無邪' 이 세 글자는 짧지만 엄청난 시론이 아닐 수 없다.

0203 子曰, "道之以政, 齊之以刑, 民免而無恥, 道之以德, 齊之以禮, 有恥且格."

"정치 수단으로 이끌고 형벌로 다스리면 백성들은 면하려고만 하고 부끄러운 줄 모르게 된다. 덕으로 이끌고 예로 다스리면 부끄러움과 격이 있게 된다."

제법 알려진 이 말에서 공자는 '도道'와 '제齊'라는 걸 주제로 이야기한다. 이끌고 다스리는(질서 잡는) 것이다. '민民(백성)'을 대상으로 한 것이니 요즘 식으로 말하자면 소위 정치 행위다. 그런데 여기서 공자는 선명하게 대비되는 두 가지 서로 다른 방식을 지적한다. 한쪽은 '정政'과 '형刑'이고, 다른 한쪽은 '덕德'과 '예禮'다. 말하자면 이른바 '덕치德治' '예치禮治'를 말하고 싶은 것이다. 한쪽은 현실, 한쪽은 이상이라고 불러도 좋겠다. 그 기대하는 결과가 '유치차격有恥且格'(부끄러움과 격이 있음)이다.

'정政'과 '형刑'이 어떤 것이고 '덕德'과 '예禮'가 어떤 것인가 하는 것은, 그리고 전자로 '도道' '제齊'하는(이끌고 다스리는) 것과 후자로 '도' '제'하는 것이 어떤 것인가 하는 것은 간단한 문제가 아니다. 그러나 이것을 굳이 논문 쓰듯이 자료 조사를 해서 이런 것이다. 저런 것이다. 논할 필요는 없다. 그런 것은 공자 본인도 원하거나 요구한 바가 없다. 조사 연구를 해보면 알지만 공자 본인도 그런 것에 대해 특별한 설명이 없다. 어느 정도 아는 것으로 이미 전제하고 말하기 때문이다. '정政과 형刑'은 대체로 명령 통제 형벌 처벌 그런 것이다. 제-도로써 제약을 가하는 것이다. 반면 '덕과 예'는 베풂, 존중, 차림 그런 것이다. 설명, 설득, 호소 그런 것도 해당될 것이다. 누구에 대해? 당연히 백성, 국민, 인민, 시민이다. 그건 우리들 자신이기 때문에 어느 쪽이 좋고 어느 쪽이 나쁜지는 감으로 바로 알 수 있다. 전자가 좋을 턱이 없다. 후자는 당연히 좋다. 다만, 저쪽이 즉 이끌고 다스리는 정치인/권력자가 '정과 형'을 선호하고 '덕과 예'는 기피하기 때문에 현실은 대개 전자 쪽으로 기운다. 법을 만드는 국회와 그것을 집행하는 정부에 사람들이 몰려드는 까닭이 바로 그 때문이다. 인기가 있는 것이다. 그런 것을 요즘은 '권력'이라고 부른다. 세상에 판검사 변호사가 넘치는 것도 그 때문이다.

그런데 공자는 그 폐단을 너무나 잘 알고 있었다. 그게 '민면이무치民免而無恥'다. 그런 정치를 하면 백성들이 정政-형刑으로 하는 도道-제齊를 면하려고만 (그 온갖 규율에 걸리지 않으려고만) 하고 부끄러움이 없어진다는 것이다. 규제와 형벌을 피하기만 하면 된다고 생각하는 것이다. 뻔뻔해지는 것이다. 우리의 현실이다. 그런 모습이 거의 매일 뉴스를 장식하고 있다.

반면 후자 쪽 즉 덕과 예로 정치를 하면 '유치차격有恥且格' 즉 백성들에게 부끄러움과 격이라는 게 있게 된다. 말하자면 내면화된 윤리를 갖춘 제대로 된 '인간'이 되는 것이다. 그런 인간들이 모여 사는 게 제대로 된 세상인 것이다. 공자는 그런 세상을 꿈꾸었다. 마키아벨리나 홉스는 아마도 이런 공자의 정치철학에 찬성하지 않을 것이다. 그들은 군주(정치가)에게 '사자와 여우la volpe e il leone'가 되라고 했고, 이 세상을 애당초 '만인에 대한 만인의 투쟁Bellum omnium contra omnes'으로 규정했다. 이끌고 질서 잡는 자나 백성이나 어차피 '인간'이 아닌 것이다. 인간이 '욕망의 덩어리' 내지 '욕망의 노예', 그리고 권력의 노예임을 시인한다면 저들의 말이나 방식이 옳다. 그렇게 해야 한다. 사실, 그렇게 해도 될까 말까다. 알다시피 잘 안 된다. 이끌리고 질서 잡히지 않는다. 그러나…. 인간이 그 이상의 무엇임을 내세운다면 그게 제대로 된 방식이 될 수 없다. 우리는 공자와 함께 후자 즉 덕치와 예치라는 것을 포기할 수 없다. 부끄러움과 격이라는 것을, 즉 인간다움을 포기할 수 없기 때문이다. 우리는 인간이기 때문이다. 이 세상은 인간의 세상이기 때문이다. 부끄러움 등(인의예지의 단초인 측은지심惻隱之心/ 수오지심羞惡之心/ 사양지심辭讓之心/ 시비지심是非之心)이 없으면 "인간이 아니다(非人也)"라고 이미 저 맹자가 지적한 바 있다. 지금 이 세상에는 인간 아닌 인간이 저 법조문이나 정령만큼이나 많다. 우리가 다시 공자를 거론해야 하는 까닭이 바로 그런 현실 때문이다. 용산/세종과 여의도와 서초에, 공자주의자가 진입하는, 아니 장악하는 기적을 한번 봤으면 좋겠다. 그 전에 먼저 거기에 공자 학습회라도 좀 결성되었으면 좋겠다. 유치와

무치의 차이에서 그리고 품격의 차이에서 저 인간과 짐승의 차이
가 생겨난다.

0204 子曰, "吾十有五而志于學, 三十而立, 四十而不惑, 五十而知天命, 六十而耳順, 七十而從心所欲不踰矩."

"나는 열다섯에 배움에 뜻을 두었고 서른에 섰으며 마흔에는
미혹하지 않았고 쉰에는 천명을 알게 되었고 예순에는 귀가
순조로웠으며 일흔에는 마음 내키는 대로 따라도 법도를 넘지
않았다."

이것은 공자가 본인에 대해, 본인의 인생에 대해 술회한 말이
다. '나는'(吾)이라는 말이 그것을 알려준다. '칠십' 이후에[2] 자신
의 생애를 돌아보고 한 말임도 드러난다. 일종의 자서전인 셈이
다. 아마도 세상에서 가장 짧은, 그러면서도 가장 함축적인 자서
전일 것이다. 더욱이 그 내용을 보면 탄복하지 않을 수가 없다. 하
여간 대단한 인물이다.

그는 열다섯(15)에 "배움에 뜻을 두었다(志于學)"고 했다. 지금

---

2 73세에 세상을 떴으니 그 별세 얼마 전이다.

으로 치면 중3 쯤일까? '이유 없는 반항'이나 하고 있을 그 나이에 이런 방향을 잡았다니 요즘 같으면 (아니, 그때도?) 드문 사례일 것이다. 더욱이 그 내용이 '학學(배움)'이다. 기특하기가 이를 데 없다. 그는 이미 그때 그 '싹수'가 달랐던 것이다. 그런데 무엇을? 그 대답은 간단치 않다. 역시 하나의 연구 주제가 될 것이다. 그건 아마도 그 결과를 보고서 짐작할 수 있을 것이다. 『논어』에 가득한 그의 말들, 이를테면 도道, 덕德, 정正, 인仁, 의義, 예禮, 지智, 충忠, 서恕, 효孝, 제悌, … 등등 인간과 세상에 필수적인 가치들이다. 최소한 50개 이상이 있었다.[3] 그게 아마도 답일 것이다. 열다섯에 이미 이런 걸 배워야겠다고 방향을 잡은(志) 것이다. 대단한 친구다.

그리고 서른(30)에 "섰다(立)"고 그는 말한다. 그냥 한 마디다. 설명도 없다. 무슨 말일까. 아마도 '지우학志于學'과 무관하지 않을 것이다. "배움에서 섰다"는 뜻일 것이다. 그래도 좀 애매한 말이다. 섰다는 건 어떤 뜻일까. '홀로서기' '독립' 같은 말이 언뜻 연상된다. 어쩌면 '입장'이라는 말이 가장 근접한 것일지도 모른다. 그 배움에서 자신의 '입장' 같은 것이 확고해졌다는 뜻으로 해석될 수 있다. 서른이면 보통 사람이라도 그 정도는 가능하다. 서른이라는 나이는 만만한 숫자가 아니기 때문이다. 우리가 이미 논한

---

3   졸저 『공자의 가치들』, 에피파니, 2016. 참조.

바 있듯이,[4] 부처도 그 무렵에 득도를 했고, 예수도 그 무렵에 이미 저 위대한 가르침들을 베풀고 십자가에 매달렸다. 플라톤도 그때 이미 정치가와 작가의 꿈을 버리고 철학의 길로 접어들었다. 그러니 공자가 그 나이에 자신의 확고한 입장 내지 견해를 갖게 되었다는 것은 조금도 이상한 일이 아니다.

그리고 마흔(40)에는 "혹하지 않았다(不惑)"고 말한다. 여기서는 '혹惑'이라는 말이 좀 애매하기는 하다. 그러나 지금도 통용되는, 혹한다, 현혹, 유혹, 미혹 등의 말에서 우리는 충분히 그 의미를 짐작할 수 있다. 옳지 못한 그 무엇에 끌린다든지, 옳은지 그른지 헷갈려 한다든지, 헤맨다든지 하는 게 '혹惑'이다. 마흔에는 그렇지 않게 되었다는 것이다. 확고하여 흔들리지/헤매지/헷갈리지 않게 되었다는 것이다. 이런 확신은 아마도 단순한 고집과는 다를 것이다. '불혹'이라는 말에서는 자신의 입장에 대한 확고한 자신감이 느껴진다.

그리고 쉰(50)에는 "천명을 알았다(知天命)"고 말한다. 이런 건 아무나 할 수 없는 말이다. 무려 천명天命(하늘의 명)이다. '너는 이렇게 살아라'라는 하늘의 명이다. 그게 대체 뭐였을까. 궁금하다. 본인이 직접 밝히지는 않는다. 그러나 짐작은 가능하다. 그가 실제로 산 모양을 보면 된다. 그건 그의 '말'을 통해서도 드러난다.

---

4 졸저 『시대의 풍경』, 철학과현실사, 2021. 참조.

대체로 '세상을 바로잡는 것(正)/바꾸는 것(易)'이었을 것이다. 그걸 위해 '인간의 기본을 다시 세우는 것'이었을 것이다. 이른바 '수기안인修己安人'도 답이 될 수 있다. 아마 틀리지 않을 것이다. 하여간 공자라는 이 양반, 대단하다. 감히 '천명'이다. 그걸 '알았다'고 했다. 말이 그렇지 이게 보통 말인가. 물론 궁금하긴 하다. 그걸 '어떻게' 알았다는 말일까. 직접 하늘을 만났다는 말일까? 소리라도 들었다는 말일까? 계시? 저 기독교 성경에 나오는 선지자들처럼? 확인할 길은 없다. 아마 그런 '종교적'인 이야기는 아닐 것이다. 어떤 사명감 같은 걸 깨달았다는 말일 것이다. 그걸 '지천명知天命'이라고 표현했을 것이다. 그 자신의 해석이다. 그거야 누가 뭐라겠는가. 본인이 천명이라면 천명인 거고 알았다면 알았다는 거다. 그런 해석 자체가 이미 그의 사람됨의 일단을 보여준다. 요즘은 나이 50에 천명 운운하는 사람이 있는지 모르겠다.

그리고 예순(60)에는 "귀가 순조로웠다(耳順)"고 말한다. 이건 무슨 말인지 금방 알아들을 수가 없다. 전문가-권위자를 비롯해 해석도 구구하다. 심지어 주자 같은 이는 "듣는 대로 마음에 통하여 거슬리는 바가 없으니 앎이 지극한 데에 이르러 생각하지 않아도 알게 되는 것이다"(聲入心通, 無所違逆, 知之之至, 不思而得也)라고 해석하기도 한다. 과연 그런 말인지 어떤지 확인은 불가능하다. '지지지지 불사이득'이란 좀 오버일 수도 있다. 물론 천명을 안 10년 이후이니 하나의 경지, 대단한 경지일 것은 짐작된다. 다만 주자의 말은 너무 추상적이고 막연하다. 그의 해석은 공자를 이해할 때 별로 도움이 안 된다. 간명한 공자의 말을 쓸데없이 어렵게 만든다. 그의 문제의식을 희석시키고 중성화시킨다. 그러고는 설명이 엉뚱한 곳으로 간다. 중요한 것은 공자 본인의 의도다. 이럴 가능성이 있다. '귀(耳)'는 일단 '듣는 것'과 무관할 수 없다. 듣는 것은 '말'이다. 말에는 물론 별의별 말이 다 있지만 그중에는 '거슬리는' 말이 있는 법이다. 듣는 내 귀가 어떤 말을 거슬려한다는 것이다. 귀에 거슬리면 기분이 상하고 불쾌하고 귀를 막아버리고 싶어지기도 한다. 듣기 싫고 듣지 않게 된다. 자연스런 반응이다. 심지어 그런 말을 하는 사람을 적대시하고 비난-공격하고 죽여버리기도 한다. 권력자라면 충분히 그럴 수도 있다. 실제로 그런 사람이 많다. 그런데 공자는 이렇게 달랐다. 순조로웠다(順)라는 애매한 말은 그 반대를 생각해보면 이해의 실마리가 잡힌다. 그 반대가 '거슬린다(逆)'는 것이다. 그러니 그 반대의 반대인 '순順'은 '거슬리지 않는다'는 뜻이 된다. 따라서 '이순耳順'은 (귀에) '거슬리지 않게 되었다'고 해석하면 된다. 구체성을 갖게 된다. 마음에 안 드는 말을 듣게 되더라도 그 말을 헤아려보게 되었다는 뜻으로 해석할 수도 있는 것이다. 들리는 말/남이 하는 말에 부정적으로 반응하지 않게 되었다는 뜻이다. '순조로웠다'(順)는 말은 그런 점에서 심오한 말이다. 대단한 경지인 것이다. 역시 공자다. 요즘은 대부분의 사람이 대부분의 말을 '거슬려한다'. 대부분의 귀가 대부분의 말을 거슬리게 듣는 것이다.

　그리고 일흔(70)에는 "마음 내키는 대로 따라도 법도를 넘지 않았다.(從心所欲不踰矩)"고 말한다. 그의 최종 단계다. 별세 얼마 전이다. 이건 보통 말이 아니다. 눈을 동그랗게 뜨고 그를 다시 보지 않을 수 없다. 옷깃을 여미게 된다. 엄청난 경지다. 나이 문제가 아니다. 같은 70에도 애만도 못한 사람이 주변에 넘쳐난다. 그런데 이 양반은 어떤가. '불유구 不踰矩', 법도를 넘지 않았다고 말한다. 이건 자평인데, 스스로 합격점을 부여한 것이다. '문제없다'는 말이다. '위반 사항 없다'는 말이다. 물론 '구矩'(법도)라는 건 따져봐야 할 문제이기는 하다. 그러나 대체로 '인간이 마땅히 지켜야 할 선'인 건 누구나 인정할 것이다. 법률만이 아니다. 윤리 도리를 다 포함할 것이다. 그게 '구矩'다. 그걸 넘지 않았다는 것이다. 더욱이 경이로운 것은 그 앞에 붙은 조건문이다. '종심소욕從心所欲'이다. '마음이 원하는 대로 따라도' 그랬다는 것이다. 이게 인간? 실화? 그렇게 묻고 싶다. 누구나 알다시피 우리 인간이라는 건 욕망덩어리다. 욕망의 노예다. 마음이라는 것의 정체가 욕망인 것이다. 원하는 것(심소욕心所欲)이 얼마나 많은가. 뭔가를 하고 싶고, 갖고 싶고, 되고 싶고…. 그 싶음을 실현시키려고 우리 인간은 별의별 짓을 다 한다. 당연히 법도를 넘는 짓도 한다. 경찰서와 검찰청의 문이 닳아빠질 정도다. 심지어 감옥이 미어터질 정도다. 저 엄청난 수의 변호사가 엄청난 돈을 벌어들이는 것도 다 그 '종심소욕從心所欲'이 '유구踰矩' 하기 때문이다. 마음이 원하는 대로 따르면 법도를 넘기 때문이다. 심지어 법을 만드는 의원도 그것을 다루는 변호사도 법관도 걸핏하면 '유구踰矩'한다. 그게 인간의 현실이다. 그런데, 공자는 70에 이르러 그 틀을 벗어난 것이다. 나쁜 짓은 아예 마음도 안 먹게 되었다는 것이다. 그의 심소욕心所欲, 그의 마음이 원한 바, 그건 대체 어떤 것이었을까. 그 답을 우리는 이미 갖고 있다. 도, 덕, 정, 인, 의, 예, 지, 신, 충, 서, 효, 제 … 인간다운 인간이 되는 것, 문제를 바로잡아 살 만한 세상을 만드는 것, 그런 것이었다. 공자. 보면 볼수록, 알면 알수록 참으로 엄청난 인물이 아닐 수가 없다.

0206 　孟武伯問孝. 子曰, "父母唯其疾之憂."
　　맹무백이 효를 물었다. … 말씀하셨다. "부모가 오직 그의 질병에 대해서만 걱정하는 것입니다."

　요즘도 사람들 사이에 이런 대화가 오가는 일이 있는지 모르겠다. '효孝'가 주제다. 부모에 대한 자식의 도리다. 여기서는 노나라 대부인 맹무백이 효에 대해 물었고 공자가 이렇게 대답하고 있다. 맹무백은 아버지 맹의자孟懿子의 근심거리였던 것으로 추정

되는지라 그가 효에 대해 물은 것 자체가 좀 흥미롭다. 공자는 어쩌면 그런 그를 염두에 두고 이런 대답을 했는지도 모르겠다.

그런데 이 대답에 대해서는 그 해석이 구구하다. '걱정하는 것'(우憂)이 결국은 핵심인데 누가 누구의 무엇을 걱정하느냐 하는 점에서 해석자의 의견이 갈리는 것이다. '질疾' 즉 '아픈 것'(질병/질환)을 걱정하는 것은 공통이다. 그런데 한문이다. 중국어인데다 고대어이다. 문장이 애매하다. 그래서 해석이 구구해지는 것이다. 누구의 질병이냐. 그게 문제다. 부모가 아픈 것인가 자식이 아픈 것인가. 언뜻 생각하면 부모가 아픈 것을 자식이 걱정하는 게 효도인 것 같다. 그런 걸 효도가 아니라고 할 수는 없다. 그러나 문장구조상 그런 해석은 무리가 있다. 자연스럽지 못하다. 특별히 공자다움도 없는 밋밋한 말이 되고 만다. 일단 배제하는 것이 좋다. 그렇다면 자식이 아픈 것을 부모가 걱정하는 게 효도라는 말이 된다. 주자의 해석도 그런 쪽이다.(言父母愛子之心, 無所不至, 惟恐其有疾病, 常以爲憂也. 人子體此, 而以父母之心爲心, 自不容於不謹矣, 豈不可以爲孝乎? 舊說, 人子能使父母不以其陷於不義爲憂, 而獨以其疾爲憂, 乃可謂孝. 亦通.) 그러나 언뜻 납득하기가 쉽지 않다. 부모가 자식 걱정하는 게, 자식의 질병을 걱정하는 게 어떻게 효가 되는가. 그런데 잘 새겨봐야 한다. 여기서 '우憂' 즉 걱정하는 일 앞에 '유기질지唯其疾之'(오직 그 질병의)라는 말이 들어 있다. 이게 핵심이다. 부모가 걱정을 하는데, '기질其疾' '지우之憂' 즉

'자식의 질병'을 걱정하는 것'이다. 주자의 해석이 그것 아닌가? 아니다. 결정적인 차이는 '유唯' 즉 '오직 …만'에 있다. 마융馬融이 제기하고 형병邢昺이 지지하고 다시 이수태가 지지한 해석이다. 이게 맞다. 이래야 납득이 되는 말이다. 공자다운 대답이 된다. 부모의 근심거리였던 맹무백에 대한 대답이 된다.

참신하고도 날카로운 효도론이다. 이 말에는 이런 배경 내지 전제가 있다. 부모가 자식 걱정을 하는 것은 당연하다. 무릇 자식이란 존재는 이런저런 걱정을 부모에게 끼친다. 자식을 키우면서 부모는 마음 편할 날이 없다. 말을 안 듣고, 쌈박질을 하고, 때리고 들어오고, 맞고 들어오고, 나쁜 친구들과 어울리고, 밥도 잘 안 먹고, 때를 쓰고, 공부도 안 하고, 위험한 곳에 가고, 소식도 없이 늦게 들어오고, 심지어 가출을 하고, 취직도 못하고, 범죄를 저지르고 … 나열하자면 한도 끝도 없다. 하여간 이런저런 일들로 부모의 속은 편할 날이 없다. 설마하니, 부모에게 용돈 주고, 선물 주고, 꽃 달아준다고 그게 효도겠는가. 꼭 크게 출세해야만 그게 효도겠는가. 부모가 되어 자식을 키워본 자는 알겠지만, 자식이란 걱정만 끼치지 않아도 더 이상 바랄 게 없다. 딱 하나 간절히 바라는 게 있다면 자식이 아프지 않는 것이다. 그런데 이건 뜻대로 잘 안 된다. 인간이 육체적 존재인 한, 자식도 그런 것인 한, 병날까 걱정하는 것은 불가피하다. 그래서 '오직 그것만 걱정하는 것'이라고 공자는 말한 것이다. 됨됨이든 행동거지든 다른 걱정은 전혀 끼치지 않는다는 말이다. 알아서 제 할 바를 다 잘한다는 것이다. '효孝'의 핵심 중의 핵심이 아닐 수 없다. 효론은 이것 한 마디로 이미 족하다. 달리 무슨 군더더기가 필요하겠는가. 역시 공자! 하고 우리는 무릎을 칠 수밖에 없다. 그런 자식이 요즘 세상에 얼마나 있는지, 공자 때는 얼마나 있었는지, 그건 궁금하지 않을 수 없다.

0210 子曰, "視其所以, 觀其所由, 察其所安. 人焉廋哉? 人焉廋哉?"

"그 수단 삼는 바를 보고, 그 연유하는 바를 보고, 그 만족하는 바를 보라. 사람이 어찌 숨길 수 있겠느냐. 사람이 어찌 숨길 수 있겠느냐."

공자에 대해 탄복하게 만드는 명언 중의 명언이다. 이 말은 '사람(인人)'을 논하고 있다. 그 사람이 '어떤' 사람인지 어떻게 아는가를 논하고 있다. 공자의 답은 참으로 참신하다. 일단 살펴보라고 한다. '시視' '관觀' '찰察', 표현은 조금씩 다르지만 다 '보라'는 말이다. 보기의 이 세 방식에 어떤 차이가 있는지는 분명치 않다. 문맥상 그 차이나 순서는 그다지 중요하지도 않다. 그렇다면 무엇을 보라는 말인가. 그 사람의 '소이所以'와 '소유所由'와 '소안所

安'이다. 세 가지다. 이게 뭘까.

'소이所以'는 지금도 연유나 까닭이란 뜻으로 쓰이는 말이다. 그러나 주의해야 한다. 여기서는 그런 뜻이 아니다. 지금도 쓰이므로 더욱 주의해야 한다. 다른 의미로 쓰이므로 더더욱 주의해야 한다. (현대 중국어에서는 '그래서'라는 뜻이다.) 그렇다면 공자가 말한 뜻은? 글자 그대로 '무엇으로써' 즉 수단 삼는 바이다. '어떻게' 하는지를 살펴보라는 것이다. 예컨대 말썽꾸러기 학생이 문제를 일으켰다고 치자. 어떻게 대응할 것인가. 교사A는 달려가 주먹을 날린다. 교사 B는 조용히 불러다 자초지종을 들어본다. 교사C는 부모를 불러오라고 으름장을 놓는다. 교사 D는 문제가 바깥에 알려지지 않도록 언론에 손을 써서 문제를 덮어버린다. … 대처하는 그 '소이所以'가 각각 다른 것이다. 그걸 보면 그 교사가 '어떤' 교사인지 곧바로 드러난다는 것이다. 왕도 대통령도 마찬가지다.

'소유所由'는 물론 요즘 통용되는 소유所有와는 전혀 무관하다. 발음이 같아 주의해야 한다. 여기서는, 말미암는 바, 즉 연유, 이유, 동기 그런 뜻이다. 말이든 행동이든 왜, 무엇 때문에, 그걸 그렇게 하게 되었느냐를 살펴보라는 말이다. 예컨대 누군가가 크게 화를 내고 있다고 치자. 그 연유를 살펴본다. A는 지나가는 사람이 자기를 힐끗 쳐다봤다고 화를 내고 있다. B는 불량배들이 무고한 아이를 괴롭히는 장면을 목격하고 화를 내고 있다. C는 다른 차가 자기 차를 추월했다고 화를 내고 있다. … 그 행위의 '소유'가 각각 다른 것이다. 그걸 보면 그 사람이 '어떤' 사람인지 곧바로 드러난다는 것이다.

'소안所安'은 낯선 표현이다. 편안해하는 바, 마음 편해하는 바, 즉 그가 무엇에 만족하는가 하는 것이다. 어떤 결과를 기꺼워하는가 하는 것이 바로 '소안'이다. 이건 그 사람의 가치관을 확실히 알려준다. 예컨대 A는 돈을 많이 벌었을 때 비로소 만족해한다. 한편 B는 높은 자리에 올랐을 때 비로소 만족해한다. C는 명성을 얻었을 때 비로소 만족해한다. D는 돈도 지위도 명성도 없지만 가족이 단란하고 집안이 평온함에 만족하고 감사한다. … 그 만족해하는 바가 각각 다른 것이다. 그걸 보면 역시 그 사람이 '어떤' 사람인지 곧바로 드러난다는 것이다. 모든 '안安'에는 이미 그 사람의 가치관이 반영돼 있다.

이 세 가지, 즉 소이所以, 소유所由, 소안所安을 살펴보면, 그가 아무리 자기 정체를 꾸미려 하고 숨기려 해도 숨길 수가 없다는 것이다. '인언수재人焉廋哉'(사람이 어찌 숨길 수 있겠느냐)를 공자는 두 번이나 되풀이한다. 절대 숨길 수 없다는 강조다. 기가 막힌 인간 통찰이 아닐 수 없다. 이런 말을 듣고도 공자의 매력을 느끼지 못한다면 그 역시 이미 자신의 정체를 드러내고 있다. 오만한 사람이거나 무지한 사람이거나 … 그게 그 사람의 숨길 수 없는 정체인 것이다. 그런 종류인 것이다.

물론 이 세 가지가 다는 아니다. 이를테면 누군가가 무엇을 혹은 어떤 사람을 좋아하는가, 어떻게 평가하는가를 물어보라(문기소호問其所好/문기소평問其所評). 그 답에서도 아마 그 사람의 정체가 여지없이 드러날 것이다. 하여간 이런 말을 하는 공자 같은 사람은 좋아하지 않을 도리가 없다. 당신은 어떤가? 어떻게 평가하는가? 좋아하는가, 싫어하는가? 혹은 관심 없는가.

0211 子曰, "溫故而知新, 可以爲師矣."
　　　　자 왈　　온 고 이 지 신　　가 이 위 사 의

"옛것을 되살려 새것을 깨닫는다면 그것으로 스승을 삼을 수 있다."

온고지신溫故知新, 엄청 유명한 말이다. 소위 '가방끈'이 짧아도 이 말을 못 들어본 한국인은 거의 없을 것이다. 그러나 이것 역시 예외가 아니다. 오늘날 이 말은 별로 거론되지도 않고 그 의미를 새겨보는 경우도 거의 없다.

"태양 아래 새로운 것은 없다"라는 저 구약성서 전도서(1장 9절)에 나오는 말과 뭔가 내적인 연결성이 있을 것도 같다. 아주 쉽게 말하자면 '옛날 일에서 배울 게 있다'는 말이다. '가이위사可以爲師(그것으로 스승을 삼을 수 있다)'라는 게 그런 말이다. '옛것'(고故)이라는 건 그 범위가 넓다. 이른바, 역사도 그렇고 고전도 그렇고 고사도 그렇다. 그냥 과거 경험도 다 해당한다. '고故'라는 한 글자가 그 모든 것을 다 담는다. 그런데 그 '고故'가 그냥 '위사爲師'가 되지는 않는다. 조건이 있다. 그게 '온溫'이다. '데우는' 것이다. 즉 식은 밥을 혹은 냉동 밥을 데워서 햇반처럼 만들어 먹는 것이 '온'이다. 수고를 해야 되는 것이다. 그런데 데우기만 한다고 그게 스승이 되지는 않는다. 스승은 가르쳐주는 존재, 즉 알게 해주는 존재이니 데운 옛것이 스승이 되려면 거기서 새로운 것을 즉 지금 여기에(hic et nunc), 현실에 적용할 수 있는 무언가를 알아야/깨달아야 된다. 그게 '지신知新'이다. 그래야 비로소 그 옛것이 스승이 될 수 있는 것이다.

공자의 이 말은 은근히 저 가다머의 해석학Hermeneutik을 떠올리게 한다. '전승', '전통', '고전', '텍스트' 등 옛것[故]으로부터 '진리'를 '이해'하려는 것이, 거기서 '문답의 논리Logik der Frage und Antwort'를 읽어내려는 것이, 가다머의 해석학이었다. 공자가 말하는 '고故'와 '신新'은 가다머식으로 말하자면 '전통의 지평'과 '해석자의 지평' 비슷한 그 무엇이다. 진리란 고故와 신新 양쪽에 공통된 것이다. 보편적인 것이다. 그러니 그것을 아는/깨닫는 것이 의미를 갖는 것이다. 스승이란 그런 불변의 진리를 알게 해주는 존재다. '옛것을 데워 새것을 아는 것'은 그런 진리 이해의 과정인 셈이다.

'고故'(옛것)에 대한 지향은 공자의 가장 큰 특징 중 하나다. 그가 춘추春秋를 저술하고 시경詩經을 편찬한 것도 다 그런 노력의 일환이다. 요순우탕 문무주공堯舜禹湯 文武周公을 거론하는 것도 마찬가지다. 다 옛것을 데우는 일이다. '고故'는 단순히 지나가버린 과거로 끝이 아닌 것이다. 인간사 세상사의 근본 구조는 불변이다. 되풀이된다. 그래서 온고지신은 불가피하고 유효한 것이다. 공자가 만년에 『역경易經』을 끈이 닳도록 읽고 해설을 단 것도 그런 배경이 있기 때문이었다.

그는 옛사람인 '요순우탕堯舜禹湯'에게서도 '문무주공文武周公'에게서도 현실에 필요한 지혜를 배웠고 '시詩'에서도 '서書'에서도 '역易'에서도 새로운 것을 깨달았다. 온고지신溫故知新하여 스승으로 삼은 것이다. 공자는 이렇게 우리가 옛것을 공부해야 하는 이유와 의미를 확실하게 말해주었다. 그는 동양판 해석학자였던 것이다. 유명한 '술이부작述而不作'(풀이하되 짓지 않는다 0701)도 그런 맥락에서 들어야 한다.

자, 그렇다면 우리는 어떤가. 우리는 지금 우리의 '고故'를 스승으로 삼고 있는가. 그것을 데워 새로운 지혜를 얻고 있는가. 우리는 지금 고구려의 패망을, 중국의 역대 왕조에게 당한 온갖 수모를, 조선의 저 백해무익한 당쟁을, 속수무책으로 당한 임진-정유의 왜란을, 경술년의 국치를, 처참했던 6.25 남북전쟁을, … 기억이나 하고 있는가. 그냥 다 잊어버렸다. 마치 알츠하이머처럼. 우리는 공자에게 배워야 한다. 옛것을 데워(溫故) 새것을 깨달아야(知新) 한다. 그래서 그것을 스승으로 삼아야(爲師) 한다. 그것을 위해서라도 우리는 먼저 '고 故'인 공자를 스승으로 삼을 필요가 있다. 그만한 스승은 동서고금을 통틀어 정말 흔치 않다.

0212 子曰, "君子不器."

"군자는 그릇이 아니다."

역시 꽤나 유명한 말이다. 특히 식자층에서 많이 언급-거론되는 말이다. 그런데 그렇다 보니 이 말에 대한 해석이 일정치 않다. 그중에는 공자의 본의를 의심케 하는 해석도 있다. 대표적으로, "군자는 어느 한 가지 용도로만 사용되는 그릇과 같은 존재가 아니다."라는 게 있다. 이런 건 조심해야 한다. 뒷부분은 좋다. 그러나 앞부분이 문제다. '한 가지 용도로만'이라는 것은 공자의 말 어디에도 없다. 제멋대로 해석한 것이다. 이런 해석은 자연스레 '군자는 어떤 용도로도 사용될 수 있는, 모든 면에 다 통달한, 어떤 일을 맡겨도 잘 해낼 수 있는 능력자'라는 식으로 받아들여진다. 터무니없다. 군자가 만능 재주꾼이라는 말인가? 일일이 열거할 수는 없지만, 『논어』에 등장하는 군자 관련 다른 언급들을 보더라도 그 비슷한 그림자조차 없다. 공자의 말은 글자 하나를 옮기는 데도 신중해야 한다. '아'냐 '어'냐에 따라 원뜻을 크게 훼손할 위험이 크기 때문이다.

자, 그렇다면. 그 원뜻은 무엇일까. 말이 너무 짧고 설명도 없어 헤아리기가 쉽지는 않다. 그걸 인정하고 풀어야 한다. 그래도, 한 가지 분명한 것은 있다. "그릇이 아니다"라는 것이다. ('그 사람은 그럴 만한 그릇이 아니다'라고 하는 그런 의미는 아니다. 그런 건 애당초 그릇임을 전제로 한 말이다. 큰 그릇이 못 된다는 말이다. 공자의 이 말은 그런 뜻이 아니다.) 이건 애당초 '그릇' 같은 존재가 아니란 말이다. 그렇다면 그릇이란 무엇인가. 이걸 물어보지 않으면 안 된다. 이건 해석이 가능하다. 그릇이란 뭔가를 담는 것이다. 도구다. 그게 밥이든, 국이든, 술이든, 숭늉이든, 반찬이든, 후식이든, 과일이든, 차든, 커피든 … 하여간 뭔가를 담는 게 그릇이다. 담기는 그것이 주主이고 담는 그릇은 부副이다. 그릇이 아무리 좋고 비싸더라도 그걸 먹을 수는 없다. 다른 어떤 무언가를 위해 특정한 용도를 가지고 사용되는 게 그릇인 것이다. '무언가를 위한 용도로 쓰인다'는 게 그릇의 본질이다. 말하자면 공자는 그걸 부정한 것이다. '군자란 그런 어떤 특정한 용도를 위해 쓰이는 존재가 아니다'라는 것이다. 그러니 그에게 어떤 역할을 기대하거나 요구해서는 안 된다. 기술자나 예능인이나 변호사나 회계사나 문필가나 … 그런 건 말할 것도 없고 심지어 훌륭한 교사나 정치가의 역할을 기대하거나 요구해서도 안 된다. 군자란 그런 '재주'를 담는 그릇이 아니기 때문이다.

그렇다면? 그릇이 아닌, 용도를 갖지 않는 군자란 무엇인가? 공자는 여기서 그다음 말을 들려주지 않는다. 그러니 우리도 여기까지다. 더 이상은 해석할 수 없다. 해석하지 않아도 상관없다. 공자는, 적어도 여기서는 거기까지만 말하고 있기 때문이다. 그다음이 궁금하다면? 그러면 111번이나 등장하는 '군자' 관련 다른 말들을 들어봐야 한다. 쉽고 간단한 작업은 아니다. 최소한 논문 한 편은 써야 한다. 그중 몇 마디를 우선 들어보자. 군자란, '인부지이불온人不知而不慍'하는 존재다. '부중즉불위不重則不威. 학즉불고學則不固. 주충신主忠信. 무우불여기자無友不如己者. 과즉물탄개過則勿憚改'하는 존재다. '식무구포食無求飽, 거무구안居無求安, 민어사이신어언敏於事而愼於言, 취유도이정언就有道而正焉'하고 '호학好學'하는 존재다. '주이불비周而不比'하는 존재다. '무소쟁無所爭'하는 존재다. '화이부동和而不同'하는 존재다. … 이런 존재다. 이런 게 군자인 것이다. 그러면 대략 방향은 짐작된다. 군자란 공자가 생각하는 가치들을 체현한 존재, 아주 간단히 말하자면 '완성된 인격체', '훌륭한 인간'을 가리키다. 그런 인간에게 어떤 '역할' '용도' '쓸모'를 기대한단 말인가. 국영수 100점? 빅5병원 최고 의사? 김앤장 변호사? 대통령? 턱도 없다. 현대적 감각으로 보자면 가장 쓸모없는 인간이 군자일지도 모른다. 아닌 게 아니라 요즘 우리의 현실이 그렇다. 군자는 아무짝에도 쓸모가 없고 아무도 군자를 쳐다보지 않는다. 그 쓸모없음, 용처 없음, 외면, 그런 게 그런 인물의 군자임을 역설적으로 증명하는 것일지도 모르겠다. 그렇다면 계속 그렇게 외면/무시당해도 할 말 없는 걸까? 그럴 리야. 인간의 쓸모는 그런 게 다가 아니다. 그릇 만이 쓸모 있는 게 아닌 것이다. 군자의 용도는 다른 무언가를 위해서 있는 것이 아니다. 즉 수단(Mittel)이 아닌 것이다. 그러면? 목적(Zweck)인 것이다. 최종 지표인 것이다. 인간이라면 모름지기 이래야 한다는 그런 지표인 것이다. 그러니 그런 존재가, 군자가 '한갓된 그릇'일 수가 있겠는가. "군자는 그릇이 아니다." 공자의 이 간단한 말에는 이런 심오한 의미가 숨어 있다. 군자는 그릇이 아니라 그릇에 담겨야 할 최고의 음식 그 자체인 셈이다.

0214 子曰, "君子周而不比, 小人比而不周."

"군자는 두루 하고 견주지 않으며, 소인은 견주며 두루 하지 않는다."

　너무나 유명한 말이다. 이 말을 인용하는 사람도 너무 많고 해설하는 사람도 너무 많다. 모두 다 일가견이 있는 듯이 말한다. 그런데 사견이 스리슬쩍 끼어든다. 그러다 보니 고개를 갸우뚱하게 되는 경우도 많다. 공자의 원의를 벗어나는 해석은 그게 아무리 기발하고 참신하다 하더라도 그 사람의 생각인 것이지 공자의 생각과는 거리가 있다. 그래서 특별한 주의가 필요한 말이다.

　수많은 해설들 중에 단연 많은 것은 이것이 사람을 사귀는(與人) 태도로서 '보편普遍'과 '편당偏黨'을 가리킨다는 것이다. 군자는 두루 사귀고 소인은 치우쳐 패거리 짓는다고 읽는다. 공적이고 사적인 차이를 말한다. 이런 건 대개 저 주자의 『논어집주論語集注』를 근거로 삼고 있다. (周,普遍也。比,偏黨也。皆與人親厚之意,但周公而比私耳。[…]) '여인친후지의'(주는 보편이고 비는 편당인데, 모두 다른 사람과 서로 친(親)하여 정분(情分)이 두터움을 가리킨다. …)가 그런 말이다. 그런데 이 공사公私 어쩌고저쩌고를 포함해 주자의 『논어집주』는 공자 이해에 큰 도움이 되지 않을뿐더러 오독케 할 소지가 적지 않게 있다.

　자, 그렇다면? 여기서 공자가 말하는 '주周'와 '비比'는 대체 무슨 뜻일까. 즉각적으로 명료하게 이해되지는 않는다. 애매모호하다. 인정해야 한다. 각각 글자 하나뿐이다. 다른 설명이 없다. 화이부동和而不同이나 태이불교泰而不驕는 그래도 좀 낫다. 그 글자들이 지금도 비슷하게 쓰여 의미가 비교적 살아 있기 때문이다. 그러나 주이불비周而不比는 그 원의를 짐작하기가 모호하다. 우선 이게 동사인지 형용사인지도 모호하다. 원래 한문은 그 구별이 분명치 않다. 동사일 수도 있고 형용사일 수도 있다. 양쪽 다 가능하다. 동사라면 행동. 형용사라면 태도를 가리킨다. 주이불비周而不比는 아마도 양쪽 다일 것이다. 태도에서도 행동에서도 이런 대비가 보인다는 것이다. 군자와 소인의 차이가 확연하다는 것이다. 그게 주비周比다.

그렇다면 주周는? 비比는? 다시 원점으로 돌아온다. 우리는 공자의 심중을 헤아려야 한다. '주周'는 두루라는 말에서 짐작해야 한다. '비比'는 비교, 대비 같은 말에서 짐작해야 한다. 해석은 정확해야 하기 때문이다. 이쯤에서 해석이 필요해진다. 주와 비는 과연 어떤 차이일까. 결정적인 점은 '비'라는 말 자체가 알려준다. 비의 본질은 '이쪽과 저쪽' '이것과 저것'을 견주는 것이다. 비교하는 것이다. 이건 누구도 부인할 수 없다. 그 대상은 비단 사람뿐만이 아니다. 사물도 사안도 다 해당한다. 견주는 것은 당연히 평가 행위다. 이것은 좋고 저것은 나쁘다. 이것을 옳고 저것은 그르다. 이것은 좋고 저것은 싫다. 그런 기준이 작용하는 것이다. 이해득실도 따져본다. 그 연장 내지 결과로서 어떤 선택과 가담이 이루어진다. 그게 패거리 짓기가 되기도 한다. 거기서 '저쪽'에 대한 적대가 생기기도 한다. 저쪽은 고려 대상에서 배제된다. 이른바 차별도 공격도 바로 그 '비比'에서 생겨난다. 인종차별도 지역차별도 성차별도 … 다 포함된다. 이게 문제가 아닐 수 있겠는가. 그래서 그런 사람을 공자는 '비比'하다고(태도), '비比'한다고(행위), 견준다고, 소인이라고 그렇게 규정한 것이다.

그렇다면 이제 '주周'의 의미는 자연히 드러난다. '비比'하지 않은/않는 것이다. 견주지 않는 것이다. 이쪽과 저쪽을 구별하지 않고 차별하지 않는 것이다. 저쪽을 고려하고 이해하려는 것이다. 아우르는 것이고 품는 것이다. 함께하는 것이다. 그런 게 바로 '주周'(두루)인 것이다. 말 자체의 본질이 그런 것이다. 그런 사람을 공자는 '군자君子'라고 일컬은 것이다.

그는 왜 굳이 이런 말을 한 것일까. 세상에, 주위에, 이쪽과 저쪽을, 이것과 저것을 갈라서 비교하는, 그래서 저쪽을 고려 - 이해하려 하지 않고 칼질하는 사람이 많고 그들이 온갖 문제를 일으키기 때문이다. 이제 어느 정도 감이 잡힐 것이다. 그런 배경에서 그런 의미로 공자는 마치 신음처럼 이 말을 내뱉은 것이다. "군자는 두루 하고 소인은 견준다"(君子周…, 小人比…)라고.

0215   子曰, "學而不思則罔, 思而不學則殆."

"배우기만 하고 생각하지 않으면 침침하고 생각하기만 하고 배우지 않으면 위태롭다."

1531 子曰, "吾嘗終日不食, 終夜不寢, 以思. 無益, 不如學也."

"나는 일찍이 종일토록 먹지 않고 밤새도록 자지 않으면서 생각해보기도 하였으나 무익했고 배우는 것만 못하였다."

역시 엄청 유명한 말이다. 공자의 관심사, 생각의 방향, 가치관, 학문관, 표현 능력 등을 잘 보여주는 말이다. 특히 학자를, 특히 철학자를 탄복하게 만드는 말이다.

여기서 공자는 '학學'과 '사思'를 이야기한다. 배우는 것과 생각하는 것이다. 그리고 그 어느 한쪽에 치우치는 것을 경계하고 함께 병행하기를(즉 학이사學而思하기를) 권유한다. 기막힌 대비다. 옳은 방향이다. 단, 1531에서는 보다시피 '사思'보다 '학學'을 더 중시하기도 한다. '사'가 '학'만 못하다는 것이다.(不如學也)

먼저 따져보자. 학學이란 무엇이고 사思란 무엇인가. 이 둘은 왜 이렇게 대비가 되는가. 그 본질을 간단히 말하자면 이렇다. 학이란 내가 지금/아직 모르는 것을, 알고 싶은 것을, 알아야 할 것을, 다른 누군가에게, 이미 알고 있는 누군가에게(=를 통해), 배워서 알게 되는 것이다. 그런 지적-정신적 과정 혹은 노력을 배움이라고 한다. 그래서 그런 사람을 학생學生이라 하고 그런 장소를 학교學校라 하고 그런 내용을 학문學問이라고 한다. 모두 '학'자가 들어가 있다. 그런데 공자는 묘하게도 이것을 '사思'라는 것과 대비시키고 있다. 사란 나 자신이 직접 생각하는 것이다. 알고 싶은 것, 알아야 하는 것, 문제되는 것을 스스로 알려고 하는 그런 지적-정신적 과정 내지 노력이다. 어느 쪽이든 쉽지 않은 일이고 고귀한 일이다.

그런데 공자는 여기서 그중 어느 한쪽에만 치우친 경우를 지적하며 그 폐단을 경계한다. '학學'만 하고 '사思'를 하지 않는 경우, 반대로 '사'만 하고 '학'을 하지 않는 경우. 전자는 '망罔'하고 후자는 '태殆'하다고 단언한다. 즉 침침하다/위태롭다는 것이다. 그의 평가다. '학이불사學而不思'란 선생님 말씀이든 책이든 달달 외우기만 하고 무조건 믿고 그 내용을 실제 현실 속에서 스스로 따져보고 확인하지 않는 태도-자세다. 반대로 '사이불학思而不學'이란 자기 생각만 옳다 여기고 남의 말은, 선생님 말씀이나 책 같은 건 듣지 않고 읽지 않고 고려하지 않는 그런 태도-자세다. 자기 생각과 다른 견해는 용납하지 않는 것이다. 그 결과가 전자의 경우는 '망罔'인 것이고 후자의 경우는 '태殆'인 것이다. '망罔'이란 폭삭 망한다는 그런 뜻이 아니고 그물에 갇힌 것처럼 '걸려있다' '헤어나지 못한다' '종잡을 수 없다' '막막하다' '뭐가 뭔지도 모른다' '공허하다' '선명하지 않고 어둡다' '잘 안 보인다' '얻는 바가 없다'라는 뜻이다. '태殆'는 말 그대로 위험하고 위태롭다는 것이

다. '문제가 될 수 있다' '나쁜 상태에 빠질 수 있다' '무익無益하다'
는 것이다. '이사, 무익, 불여학야 以思, 無益, 不如學也'(생각해보
기도 하였으나 무익했고 배우는 것만 못하였다)도 그 점을 말해
준다. 양쪽 다 문제적인 상태다.

우리 주변에는 이런 인사들이 실제로 있다. 적지 않게 있다. 잡
다한 지식을 과시하면서 거기에 갇혀 문제 그 자체에 대한 진정한
관심도 뚜렷한 자기 주관도 없는 이가 전자(學而不思)고 남의 생
각이나 말은 안중에 없고 자기 확신에 빠져 고집을 부리는 이가
후자(思而不學)다. 극단적으로 쉽게 정리하자면 남의 생각만 있고
자기 생각은 없는 게 전자고 자기 생각만 있고 남의 생각은 없는
게 후자다. 공자는 이 양단에 대해 경계를 하고 있는 것이다. 이
말은 곧 그러지 말고 양쪽을 아울러 갖추고 병행하라는 권유이기
도 하다. 즉 '학이사學而思'하라는 말이다. 배우기도 하고 생각하
기도 하고. 배우며 생각하고 생각하며 배우고. 양자의 균형과 조
화. 그게 바람직한 학문의 태도라는 것이다.

사실 그렇다. 학문이란 게 애당초 진리를(문제를) 탐구하는 거
라면 그것엔 두 가지 길이 있다. 그 진리를 향해 나 자신이 직접/
곧장 다가가 그것과 일대일로 맞상대해보는 길, 그리고 이미 나
이전에 그 진리와 대결한 다른 사람의 경우를, 그의 경험을 살펴
보는 길, 말하자면 에둘러 가보는 길, 이 두 길이다. 전자가 말하
자면 '사思'이고 후자가 말하자면 '학學'이다. 서양철학에서 보자

면 진리와(현상과) 직접 맞상대해보는 것이 이를테면 '현상학 Phänomenologie'이란 것이고 전통을 매개로 그 경험을 이해해보려는 것이 이를테면 '해석학Hermeneutik'이란 것이다. 현상학은 "문제 그 자체를 향하여Zu den Sachen selbst"라는 구호를 내건 후설과 하이데거, 혹은 "나는 그 누구의 제자도 되지 않았다" " 나에게 묻지 말고 로고스logos에게 물어서 진리가 하나라는 것을…" 운운한 헤라클레이토스, 직접 마차를 타고 내달려 진리Alethia의 여신을 만나 존재의 모습을 전해 들은 파르메니데스, "세계라는 커다란 책le grand livre du monde과 나 자신moi même … 이외에는 아무것도 믿지 않기로 했다"고 말한 데카르트 같은 이들이 그런 의미의 현상학 즉 '사思'의 전형을 보여주었고, 전통/전승/텍스트로 남은 과거의 진리 경험을, 그 지평을 해석자 자신의 지평에서 헤아려 '이해verstehen'함으로써 진리를 파악해보려는 가다머, 그리고 각 시대별 지의 전형(에피스테메)을 파헤쳐 진리의 상대성을 이해하고자 이른바 '지식 고고학'을 시도한 푸코, 그리고 대부분의 연구자들이 말하자면 그런 의미의 해석학 즉 '학學'의 전형을 보여주었다. 이 양자는, 비유하자면 진리를 제대로 잘 보기 위한 안경의 양쪽 렌즈와 같고 학문이라는 수레가 잘 굴러가기 위한 양쪽 바퀴와 같은 것이다. 혹은 학문의 하늘을 잘 날기 위한 양쪽 날개와도 같다. 어느 한쪽이 없는 상황을 눈앞에 그려보라. 이런 균형을 말했으니 공자는 얼마나 대단한 인물인가.

공자의 말대로 어느 한쪽에 치우치면 '망罔'과 '태殆'(침침함과 위태로움)라는 폐단이 있는 만큼, 진정한 학문, 진리 탐구의 길은 양쪽을 아울러야 한다. 배우며 생각하고 생각하며 배우고. 이른바 식자라고 하는 사람은 이 말을 들으며 스스로를 점검해보아야 한다. 나는 '학이불사學而不思'가 아닌가, '사이불학思而不學'은 아닌가, 나는 과연 학이사學而思하고 있는가. '망罔'하지는 않는가, '태殆'하지는 않는가. 나는 과연 제대로 학문을 하고 있는 것인가. 공자의 이 말은 이른바 식자라는 사람의 귀에 지금도 경계의 종소리처럼 낭랑히 울려오고 있다.

0216 　子曰, "攻乎異端, 斯害也已."

　　"다른 쪽에게 공격을 하는 것, 이는 해로울 뿐이다."

일반인에겐 좀 낯설지 모르지만 공자에 관심 있는 이들에겐 이 말도 제법 유명하다. 그런데 이 말이 유명한 것은 그 해석에 논란이 있기 때문이다. 대표적으로 "성인의 도와 다른 이설을 전공하는 것은 해롭다"는 것이 있다. 상대적으로 가장 우세한 해석이다. 이는 한-중-일 삼국 공통이다. 네이버, 바이두, 야후재팬을 검색해보면 바로 확인된다. 아마도 그렇게 해석한 저『주자집주朱子集

注』의 영향일 것이다. 한편 '공호이단'을 '이단을 공격하는 것'으로 읽는 해석도 있다. 논란이 되는 것은 무엇보다 '공攻'과 '이단異端'의 의미를 다 다르게 읽기 때문이다. 어느 것이 맞는지 옳은지 정답은 없다. 공자 본인에게 물어보는 것이 유일한 해결책인데 그건 불가능하기 때문이다. 어차피 해석이다. 해석은 어차피 선택이다. 우리는 위의 번역과 같은 해석을 선택한다.

공자는 여기서 '공攻'과 '이단異端'과 '해害'를 말하고 있다. 하나씩 풀어본다.

'공攻'은 골치 아프게도 최소한 두 개 이상의 서로 다른 독립적 의미를 가지고 있다. 한쪽은 지금도 살아 있는 '공격' '공세' '공방' 등의 말에서 바로 이해된다. 다른 한쪽도 '전공' 등의 말에 살아 있다. 한쪽은 상대를 치는 것이고 한쪽은 깊이 파고들어 공부하고 연구하고 배우는 것이다. 따라서 둘 다 가하다. 단 그 의미는 완전히 달라진다. 거의 반대다. 한쪽은 네거티브고 한쪽은 포지티브다. 우리는 여기서 '공격'한다는 의미로 이 말을 받아들인다. 해석이고 선택이고 문장 전체의 의미에서 자연스럽다고 판단한 것이다. '공은 전공이다(攻, 專治也)'라는 주자 및 '범씨'(范仲淹)와는 다른 판단/선택이다.

'이단異端'도 골치 아프다. 지금도 이 말은 사용된다. 주로 종교, 특히 기독교에서 교리를 권위 있는 정통(orthodoxy) 교회에서 공인하는 것과 다른 식으로 해석하여 배척되는 비정통 세력(heterodoxy)을 일컫는다. 공자가 이런 의미로 이 말을 했을 가능성은 거의 없다. 공자 내지 유학에 그런 '이단'이 있었다는 말은 들어본 적이 없다. 후대라면 양명학陽明學 같은 것이 그런 취급을 받은 것일까? 그렇다 하더라도 양명 왕수인王守仁은 공자보다 대략 2000년이나 후대의 인물이다. 일단 배제해야 한다. 그렇다면? 『주자집주』에 소개된 범중엄의 말처럼, '비성인지도非聖人之道' 예컨대 양주楊朱 묵적墨翟 같은 사람의 설을 말할 수도 있다. 그런데 이는 선뜻 수긍하기가 쉽지 않다. 공자가 이들과 사상적–현실적으로 대립했다는 흔적은 어디에도 없다. 심지어 이들을 의식했다는 증거조차도 없다. 납득하기 어렵다. 그렇다면 또다른 대립 세력? 불교와 도교? 역시 터무니없다. 공자는 불교를 알지도 못했다. 도교는 당시로서는 그 정체조차도 분명치 않다. 심지어 노자가 공자보다 더 후대의 인물이라는 설도 있다. 공자가 언급한 노팽老彭이 만일 그라면, 대립은커녕 공자는 그를 칭송하기까지 했다.(『논어』 0701 述而不作, 信而好古, 竊比於我老彭 참조) 그리고 (비록 믿기 힘든 기록이긴 하지만) 사마천의 사기에 따르면 공자는 노자를 만나본 후 심지어 극찬을 하고 있다. '해롭다'고 말할 이유가 없다. 또 일부에서는 이 이단이 중용의 양단 즉 과와 불급이라고 읽기도 한다. 그걸 굳이 공격하거나 굳이 공부하거나 하는 것이 해롭다는 말인데, 이쪽이든 저쪽이든(공격이든 공부든), 그게 해롭다는 말은 자연스럽지 못하다. 선뜻 납득하기 어렵다. 그래서다. 우리는 여기서 이 말을 말 그대로 읽는다. '이異' '단端'. 다른 끄트머리 즉 '대립하는 저쪽'이다. 이쪽과, 즉 나/우리와, '다른'(異) 쪽이다. 반대편이다. 그건 사람일 수도 세력일 수도 학설일 수도 사상일 수도 나라일 수도 있다. 이단異端은 그런 모든 것을 다 포괄한다. 이해관계의 대립도 포함될 수 있다. 그러면 의미 내지 대상이 상당히 넓어진다. 이렇게 읽는 것이 가장 합리적이다. 그리고 철학적으로 가장 유의미하다. 실제 상황이기 때문이다. 이단을 이런 의미로 읽으면 공攻은 공부보다는 공격이 더 자연스럽다. 그래서 위와 같은 판단/선택을 하는 것이다.

그렇다면 '해害'는? 이게 '해롭다'는 뜻이라는 데는 별 이견이 없다. 부정적으로 보는 것이다. 단 '도움이 안 된다'는 소극적 부정이 아니라 해롭다고, 더욱이 해로울 '뿐'(也已)이라고 이중의 강조까지 한다. 적극적 부정인 것이다. 확실한 배제인 것이다. 이익보다 폐해가 더 크니 이단을 공격하지 말라는 것이다.

자, 그렇다면. 공자는 왜 이런 말을 한 것일까. 아마도 이런 상황을 실제로 목격했을 것이다. 경험했을 것이다. '공호이단攻乎異端'(다른 쪽을 공격하는 것)의 폐해에 대해 진저리를 쳤을 것이다. 전통적 질서가 무너져 세력들이 서로 치고받고 하는 혼란의 와중에서 인생을 살았으니 공자는 그 폐해를 누구보다 잘 알았을 것이다. 그래서 이런 말을 했을 것이다. 과연 어떤 경우? 그 사례 찾기는 하나의 연구 과제가 될 수 있다. 단 우리는 그런 연구를 포기한다. 왜냐면 굳이 공자 당시의 문헌을 뒤지지 않더라도 지금 우리 주변에서 그런 실제 사례는 너무나 흔히 발견되고 공자의 이 말은 너무나 금방 확인되기 때문이다. 말하자면 저 가다머가 말한 해석자의 지평이다.

우선 저 6.25 남북전쟁을 보자. '공호이단攻乎異端'이었다. 그 결과가 어떠했는가. 백해무익했다. 수많은 피만 흘렸다. 김일성이 이 말을 들었어야 했다. 그뿐인가. 저 5.18을 보자. 역시 공호이단이었다. 그 결과는 물문가지다. 전두환도 이 말을 들었어야 했다. 저 중국의 소위 '문화혁명'을 보자. 홍위병들의 문화 파괴는 '해害'라는 말로도 감당이 안 된다. 모택동도 이 말을 들었어야 했다. 저 우크라이나 전쟁도 보자. 아직 진행 중이지만 러시아의 일방적 승리로 끝나지는 않을 것이다. 역시 '공호이단攻乎異端'이고 '사해야이斯害也已'다. '이는 해로울 뿐이다.' 역사상의 종교전쟁도 그 사례가 될 수 있다. 정작 예수가 그 전쟁을 지지했을 턱이 없다. 조선 중기의 저 당쟁도 마찬가지다. 그런 바보짓이 없다. 지금 거의 매일 뉴스로 접하고 있는 저 여의도의 좌우공방도 마찬가지다. 국민과 국가에 무슨 도움이 된다는 말인가. 얼마나 크고 많은 폐해를 끼치고 있는가. 또… 또…, 한두 가지가 아니다. 위의 말은 이 모든 것을 다 꿰뚫고 있는 것이다. 우리는 또 한 번 공자에 대해 탄복을 하지 않을 수 없다. 어쩌면 대화, 토론, 협상, 설득, 양보, 타협…, 하버마스와 롤즈가 강조한 그런 것들이 이 말의 뒤에 생략되어 있는 것일지도 모르겠다.

0217 子曰, "由! 誨女知之乎! 知之爲知之, 不知爲不知, 是知也."
（자왈 유 회여지지호 지지위지지 부지위부지 시지야）

"유야, 너에게 안다는 것을 가르쳐 주마. 아는 것을 안다고 하
고 모르는 것을 모른다고 하는 것, 그것이 바로 안다는 것이
다."

공자가 제자 중유仲由(＝자로子路＝계로季路)에게 한 말이다.
옛날 서당에서 아이들이 장난삼아 말하던 이른바 '지지배배장구'
다. 여기서 공자는 '지知'(안다)라는 것을 논한다. 그게 주제임을
그 자신이 분명히 밝히고 있다.(誨女知之乎)

핵심은 너무나 간명하다. '지지위지지 부지위부지知之爲知之,
不知爲不知'(아는 것을 안다고 하고 모르는 것을 모른다고 하는
것) 즉 지知와 부지不知의 인식과 인정이다. 너무나 쉬운 말 같
지만 실은 이게 그렇게 간단한 문제가 아니다. 이 말의 진짜 핵심은
실은 '위爲'(라고 한다)라는 말이다. 안다와 모른다를 자기 스스로
인지하고 인정하는 것이다. 이게 어려운가? 어렵다. 무지하게 어
려운 일이다. 사람들을 보면 안다. 자기가 아는지 모르는지를 모
른다. 그게 세상의 풍경이다. 모르면서 모르는 줄도 모르고 안다

고 한다. 아는 체하는(pretend to) 것이다. 척하는 것이다. 아니 안다고 확신하고 떠벌린다. 여기엔 껍데기만 아는 것도 포함된다. 이른바 암기한 지식만 있는 경우도 포함된다. 그런 사람들이 설치고 행세한다. 그 '안다-함'이 '잘난-체함'으로 이어진다. 꼴불견이다. 심지어 싸우며 문제를 일으킨다. 그런 소위 '지식인'이 세상에는 넘쳐난다. 공자식으로 표현하자면 '부지위지지不知爲知之'(모르면서 안다 함)인 것이다. 이 말의 배경에는 그런 사정이 깔려 있다. 실은 모르면서 안다고 스스로 생각하고 자부-자만하는 것이다.

아마 곧바로 연상되는 경우가 있을 것이다. 저 소크라테스를 법정에 고발하고 죽음으로 몰아넣은 사람들이다. 멜레토스, 아뉘토스, 뤼콘, 그리고 그 젊은이들을 부추겨 전면에 내세운 그 뒤의 노회한 정치가, 문인, 기술자(지식인)들이다. 보라. 그들의 '부지위지지不知爲知之'가 위인의 목숨까지도 거두어가지 않았던가. 예수를 십자가에 이르게 한 저 바리새인들도 율법학자들도 그런 부류였다. 껍데기 지식을 가지고 '안다고 한' 경우였다. 역시 '부지위지지不知爲知之'다. 이른바 '무지의 지'와는 다르다. 표현은 비슷하지만 실은 정반대 경우다. 그러니 공자의 이 말이(지지위지지 부지위부지 知之爲知之, 不知爲不知가) 간단할 수가 있겠는가.

그래서 우리는 '안다'고 나서는 사람들을 주의-조심-경계하지 않으면 안 된다. 특히 그들이 자신의 부지/무지를 인정하는 경우가 있는지 유심히 살펴보지 않으면 안 된다. '모른다' '모르겠다'고 하는 사람이 있다면 그는 자신의 무지를 스스로 인지하고 인정하는 것이다. '부지위부지不知爲不知'(모르는 것을 모른다고 하는 것)이다. 공자는 그런 것이야말로 제대로 '아는 것'(知)이라고 가르친 것이다. 참으로 큰 스승이 아닐 수 없다.[5] 이런 말을 직접 들을 수 있었던 중유가 부럽다.

한 마디만 더 보태자. 안다 모른다는 말은 단순한 지식의 유무나 양의 문제가 아니다. 그 앎의 내용과 깊이가 결국은 문제다. 정작 중요한 것은 무엇을 아느냐, 무엇을 모르느냐 하는 것, 제대로 아느냐 모르느냐 하는 것이다. 그 점은 저 소크라테스가 잘 알려준다. 덕이란 무엇인가를 비롯해 진, 선, 미, 정의, 지혜, 용기, 절제, 우정, 사랑, 준법 그런 것을 제대로 알아야 한다는 것이다. 인간과 인생과 세상을 위한 진정한 가치다. 그런 건 저 돈, 지위, 명성 그런 것을 갖는 법, 그런 것과는 종류와 차원이 다른 '앎'이었다. 쓸데없고 잡스런 것을 많이 들어 기억하고 있다고 그걸 '안다(知之)'라고 말할 수는 없을 것이다. 이런 해석에 대해, 공자라면

---

5   의외로 잘 알려져 있지 않지만 실은 노자도 비슷한 취지의 말을 한 적이 있다. 『도덕경』 71장 참조. "지부지, 상의, 부지지, 병의. 성인불병, 이기병병. 시이불병. 知不知, 尙矣, 不知知, 病矣. 聖人不病, 以其病病. 是以不病. 모르는 게 뭔지 아는 것은 우러를 일이다. 아는 게 뭔지 모르는 것은 병이다. 성인은 병이 아닌데, 그건 병을 병으로 여기기 때문이다. 그래서 병이 아니다."

아마 미소로 고개를 끄덕여주지 않을까 싶다. 그리고, 안다고 나서는 세상의 저 '잘난 지식인'들을 본다면 공자는 아마 굳은 표정으로 이 말이 적힌 옐로카드 혹은 레드카드를 치켜들지 않을까 싶다.

03
팔일八佾

0308 　자 하 문 왈　　교 소 천 혜　미 목 반 혜　소 이 위 현 혜　　하 위 야　　자
子夏問曰, "巧笑倩兮, 美目盼兮, 素以爲絢兮.' 何謂也?" 子
　왈　　회 사 후 소　　왈　　례 후 호　　자 왈　　기 여 자 상 아　시 가 여 언
曰, "繪事後素." 曰, "禮後乎?" 子曰, "起予者商也! 始可與言
시 이 의
詩已矣."

자하子夏가 물었다. "'짓는 웃음 고와라, 반짝이는 눈매 어여
뻐라, 순수한 바탕으로 고운 눈부심 이루었네' 하는 것은 무엇
을 말한 것입니까?" … 말씀하셨다. "그리는 일은 바탕 후다."
자하가 말하였다. "예는 후라는 뜻인가요?" … 말씀하셨다.
"나를 일깨워 주는 자는 상商이다. 비로소 함께 시를 말할 수
있게 되었구나."

0303 　자 왈　　인 이 불 인　여 례 하　　인 이 불 인　　여 악 하
子曰; 人而不仁, 如禮何? 人而不仁, 如樂何?

"사람이 되어 어질지 못하면 예 같은 게 다 무엇이냐? 사람이
되어 어질지 못하면 음악 같은 게 다 무엇이냐?"

1709   子曰, "<ruby>禮<rt>레</rt></ruby><ruby>云<rt>운</rt></ruby><ruby>禮<rt>레</rt></ruby><ruby>云<rt>운</rt></ruby>, <ruby>玉<rt>옥</rt></ruby><ruby>帛<rt>백</rt></ruby><ruby>云<rt>운</rt></ruby><ruby>乎<rt>호</rt></ruby><ruby>哉<rt>재</rt></ruby>? <ruby>樂<rt>악</rt></ruby><ruby>云<rt>운</rt></ruby><ruby>樂<rt>악</rt></ruby><ruby>云<rt>운</rt></ruby>, <ruby>鐘<rt>종</rt></ruby><ruby>鼓<rt>고</rt></ruby><ruby>云<rt>운</rt></ruby><ruby>乎<rt>호</rt></ruby><ruby>哉<rt>재</rt></ruby>?"

"예禮, 예禮 하지만 구슬과 비단을 말하겠느냐? 음악, 음악 하지만 종과 북을 말하겠느냐?"

일반인에게 아주 낯익은 말은 아니지만 식자층에선 제법 유명한 말이다. 여기서 공자가 한 '회사후소繪事後素'란 말은 고사성어, 사자성어로 취급되기도 한다. 사전에도 올라 있다. "그림 그리는 일은 흰 바탕을 마련한 다음에 해야 한다는 뜻으로, 내적인 아름다움을 먼저 갖춘 다음에 외적인 아름다움을 가꿀 수 있음을 이르는 말."(네이버 국어사전)이라고 설명되어 있다.

그런데. 이 말의 의미는 사실 그렇게 명확하지 않다. 간단명료한 게 아니다. 공자의 이 말 자체가 모호하기 때문이다. 일종의 수수께끼 같다. 사전이라고 100% 무조건 정확한 것은 아니다. 인터넷 자료를 검색해보면 위의 사전 설명을 위시해 "그림 그리는 일은 흰 바탕을 손질한 이후에 채색을 한다는 뜻이다." "먼저 바른 바탕을 갖춘 뒤에 형식을 더해야 한다는 뜻이다." 등등 그 해석이 각양각색이다. 심지어 이 말을 거의 반대로 해석하는 견해도 있다. "그리는 일이 있은 후에야 순수함이 살아난다는 뜻이다."[1] "그림은 흰색이 마지막으로 받쳐줘야 더욱 빛날 수 있는 것이다."[2]

---

1   이수태, 『새번역 논어』, 생각의나무, 1999. 51쪽.
2   이상국, asiae.co.kr/article/2015080611143848785

"그림을 그릴 때, 여러 가지 색을 칠한 다음, 마지막으로 흰 분을 써 색채를 선명히 돋보이게 하듯이, 인간도 여러 가지 교양을 쌓은 다음 예를 배우면 교양이 뚜렷해져 인격이 완성된다."(일본 소학관小学館, 디지털 대사전デジタル大辞泉) 등등. 혼란스럽다. 여러 차례 강조하지만 공자의 말은 글자 하나에 따라 그 의미가 엄청나게 달라진다. 깊은 성찰 없이 함부로 이렇다 저렇다 말하면 거의 반드시 왜곡이 일어난다. 그래서 조심해야 한다.

그렇다면 공자의 본의는 무엇일까. 생각해보자. 공자는 여기서 '회사繪事'와 '소素'를 즉 그리는 일과 (흰)바탕을 언급하고 있다. 그리고 '후後'라는 말로 그 관계를 규정한다. 그런데 이 '후後'가 문제다. 그 의미에 대한 해석이 분분하여 일정치 않다. 그 선후 관계가 불명확한 것이다. 위의 해석들 중 전자는 대체로 '소素'가 먼저, 후자는 대체로 '소素'가 나중이라고 본다. 전자는 송대 이후의 견해 특히 저 주자의 『논어집주』를 추종하고 있다. ([…] 繪事, 繪畫之事也. 後素, 後於素也. 考工記曰:「繪畫之事後素功.」謂先以粉地爲質, 而後施五采, 猶人有美質, 然後可加文飾.) 후자는 당대 이전의 견해일까? 주자에 비판적이고 일반적 견해에 맞서고 있다는 점에서 참신할 수도 있다.

자, 그렇다면. 어느 쪽이 맞는 말일까. 역시 정답이 없다. 공자 본인에게 물어볼 수밖에 없지만 그건 불가능하다. 그렇다고 주자의 '권위'에 기대는 것도 능사는 아니다. 그라고 '무조건' 옳을 수는 없기 때문이다. 그도 그럴 것이 공자의 언어는 무려 2500여년 전의 것이다. 공자와 주자 사이에도 대략 1680년의 시차가 있다. (공자 B.C. 551년, 주자 1130년) 중국어/한어이지만 공자는 노나라 말을 했고 주자는 송나라 말을 했다. 그 시차를 생각하면 같은 중국어라고 할 수가 없을 정도다. 현대 한국어와 고대 고조선어보다 더 큰 차이가 있다. 그래도. 우리는 생각해보아야 하고 생각해볼 수 있다. 공자 자신의 문맥이 있기 때문이다. 오직 그것이 근거가 된다.

본문에서 보다시피 제자인 자하子夏(＝商)가 『시경』에서 시의 일부를 인용하며 그 의미를 물었고 그 질문에 대해 공자가 "회사후소繪事後素"라고 대답한 것이다. 일종의 회화론? 미술론? 일단 '회사'(그리는 일)라는 말이 있으니 아니라고도 할 수 없다. 또한 시에 대한 해석이니 일종의 시론이라고 할 수도 있다. 더 특별한 것은 이 인용과 해석에 대해 자하가 "예후호禮後乎?"라고 다시금 해석하여 질문했고 공자는 훌륭한 시론이라고 자하를 칭찬하였으니 이건 일종의 '예론/도덕론'이기도 하다는 것이다. 바로 이것이 실마리가 될 수 있다. 공자의 말 '회사후소'는 단순한 회화론이 아니라 인간론/윤리학의 맥락에서 들어야 한다는 것이다.

그래서? 결국 뭐란 말인가. 회사繪事(그리기)가 먼저란 말인가 소素(바탕)가 먼저란 말인가. 여기서도 우리는 선택을 강요받는다. 그 의미를 선택할 수밖에 없다. 단, 그 선택에는 근거가 있어야 하고 그 근거는 납득할 수 있어야 하고 합리적이어야 한다. 사람들의 이성이 듣고서 고개를 끄덕여야 한다.

우리는 선택한다. 그 결과가 위의 해석이다. "그리는 일은 바탕 후다(바탕보다 나중이다)." "더 중요한 것은, 그리는 일보다 그 바탕이다."('후後'를 동사로 읽든 전치사로 읽든 그 취지는 비슷하다.) 일단은 주자 쪽에 줄을 서는 모양새다. 회사를 문식文飾에, 소를 미질美質에 배당한다. 그리기(繪事)보다 바탕(素)에 강조점을 찍는 것이다. 단, 이 말은 단순한 회화론도 아니고 전자 즉 주자식 해석에 대한 일방적 지지나 손들어주기도 아니다. 듣기에 따라 "그리는 일 다음의 바탕"이라는 뜻도 될 수 있기 때문이다. 응? 무슨 말? 이런 말이다. 회사후소繪事後素의 후後는 시간적 전후나 행위적 선후를 지시하는 것이 아니다. 사안의 선후를 말하는 것이다. 즉, '후'가 회사繪事에 대한 '소素'(바탕)의 우선성/중요성을 지시/강조한다는 말이다. 그 점에서 양자는 공통이다. 그게(그 '소素'가, 바탕이) 기초라는 점에서는 전자의 해석에 가깝고 그게 결과여야 한다는 점에서는 후자의 해석에 가깝다. 일종의 양시론, 둘 다 일리 있다는 말이다.

이렇게 해석하는 근거는 무엇인가. 우리는 자하가 인용한 그 시경의 시를 들여야 보아야 한다. '짓는 웃음 고와라, 반짝이는 눈매 어여뻐라, 순수한 바탕으로 고운 눈부심 이루었네(巧笑倩兮, 美目盻兮, 素以爲絢兮)'라는 것이다. 특히 그 마지막의 '순수한 바탕

(素)'이라는 말이 중요하다. 이 '소이위현'이라는 표현을 보면 '바탕'은 기초라는 전자의 해석이 타당하다.

원시는 이렇다.

「碩人」(석인: 훌륭하신 분)－詩經衛風시경위풍

碩人其頎석인기기 : 훌륭하신 분 훤칠하시고

衣錦褧衣의금경의 : 비단 홑옷을 입으셨다

齊侯之子제후지자 : 제나라 제후의 자식이고

衛侯之妻위후지처 : 위나라 제후의 아내요

東宮之妹동궁지매 : 제나라 동궁의 누이고

邢侯之姨형후지이 : 형나라 제후의 이모요

譚公維私담공유사 : 담나라 담공이 형부이시다

手如柔荑수여유이 : 손은 부드러운 띠 싹 같고

膚如凝脂부여응지 : 피부는 엉긴 기름같이 윤택하고

領如蝤蠐령여추제 : 목은 흰 나무벌레 같고

齒如瓠犀치여호서 : 이는 박씨 같이 가지런하고

螓首蛾眉진수아미 : 매미 이마에 나방 같은 눈썹이고

巧笑倩兮교소천혜 : 짓는 웃음 고와라

美目盼兮미목반혜 : 반짝이는 눈매 어여뻐라

碩人敖敖석인오오 : 훌륭하신 분 날씬하시고

說于農郊설우농교 : 도성 밖에 머물러 사신다

四牡有驕사모유교 : 수레 끄는 네 필 말은 장대하고

朱幩鑣鑣 주분표표 : 붉은 끈을 감은 재갈은 아름답고

翟茀以朝 적불이조 : 꿩깃 덮개 덮고 조정에 간다

大夫夙退 대부숙퇴 : 대부들아 일찍 물러나

無使君勞 무사군로 : 임금님을 피곤하게 하지 말라

河水洋洋 하수양양 : 강물은 넘실거리고

北流活活 북류활활 : 북쪽으로 콸콸 흘러간다

施罛濊濊 시고예예 : 물 깊은 곳에 고기 그물 던지면

鱣鮪發發 전유발발 : 잉어와 붕어 파닥거리고

葭菼揭揭 가담게게 : 갈대와 풀달이가 길게 자란다

庶姜孽孽 서강얼얼 : 따라온 여인들 곱기도 하고

庶士有朅 서사유걸 : 수행관원들도 늠름하구나

(*이 원시에는 자하가 말한 '소이위현혜素以爲絢兮'라는 말은 없다.)

　이른바 '석인碩人'(훌륭하신 분), 아름다운 귀부인(衛莊公夫人 莊姜)에 대한 묘사다. 공자가 시경을 편찬하였다고도 하니 그게 일부라도 사실이라면 이 시를 모를 턱이 없다. 공자는 이 시 자체를, 이 인물 묘사를 '회사繪事'라고 규정한 것이다. 멋진 그림을 그리고 있는 것이라고 본 것이다. (그래서 이건 단순한 회화론이 아닌 것이다.) 그리고 공자는 거기에 덧붙여 '후소後素'(바탕보다 뒤後於素)라고 언급한 것이다. 그러니까 이건, 좀 파격적이지만, "그림보다 바탕이지!"라는 말이다. "멋진 그림이지만, 정작/더 중요한 건 그 그림 뒤의 바탕(즉 사람 됨됨이) 아니겠어?" 그런 말이다. 물론 이 인용과 공자의 이 해석/논평상에는 약간의 논리적 비약이 있다. 그게 공자다. 그러면 이제 비로소 이 말의 수수께끼가 약간은 풀린다.

그런데 자하도 공자의 제자답게 만만치는 않다. 그도 스승처럼 또다른 비약을 하는 것이다. 느닷없이 '예禮'를 거기에 갖다 붙인다. "예는 [바탕]다음이라는 말입니까(禮後乎?)?" 즉, 예를 '회사繪事'(그리는 일)와 연결시킨 것이다. 공자도 좋은 의미로 한방 먹은 것이다. 그래서 '어, 이 녀석 봐라. 제법인데?' '시와 내 해석/논평에서 그런 뜻도 읽어낼 줄 알다니' '나도 거기까지 생각하고서 한 말은 아닌데' '아닌 게 아니라 그런 면도 있지' 하고서 저 칭찬을 한 것이다. ("나를 일깨워 주는 자는 상商이다. 비로소 함께 시를 말할 수 있게 되었구나.") 자하의 말을 수긍한 것이다.

아닌 게 아니라 그렇다. 그것은 공자의 평소 지론이기도 했다. 예禮도 물론 중요하지만, 공자는 누구보다도 그것을 잘 아는 사람이지만, 그보다 더 중요한 것은 '인仁'과 같은 사람의 '바탕素'이라고 그는 생각한 것이다. 그것을 알려주는 것이 저 0303과 1711의 말이다. (人而不仁, 如禮何? 人而不仁, 如樂何?／ 禮云禮云, 玉帛云乎哉? 樂云樂云, 鐘鼓云乎哉?) 이 말들이 다 일맥상통한다. 그림繪事도 예禮도 악樂도 다 좋지만, 중요하지만, 그것보다 더 중요한 것이 결국은 사람의 본바탕(素)이다. 공자는 그 말을 하고 싶었던 것이다. 그게 바로 저 '회사후소繪事後素'의 참뜻이었다.

만일 독자들의 건전한 이성이 이 설명을 듣고 고개를 끄덕인다면, 이게 그에게는 정답이 된다. 그래도 고개를 갸우뚱하다면? 가로젓는다면? 그러면 도리 없다. 타임머신을 타고 공자를 찾아가 직접 물어볼 수밖에 없다. 그의 대답도 아마 크게 다르지는 않을 것이다.

그림도 좋지만 더 중요한 것은 그림 뒤의 그 본바탕이다. 바탕이 없는 그림은 성립 불가능이다. 무의미하다. 그래서 '회사후소'다. 바탕이 먼저고 그림은 그다음인 것이다.

04
이인里仁

0403   子曰, "唯仁者能好人, 能惡人."
<small>자 왈   유 인 자 능 호 인   능 오 인</small>

   "오직 어진 자만이 남을 좋아할 수 있고 남을 싫어할 수 있다."

   이 말도 보통 사람들에게 아주 유명하지는 않다. 그러나 뭔가
심상치 않은 말이다. 여기서 공자는 '호인好人'과 '오인惡人'을 말
한다. 사람을/남을 좋아하는 일, 싫어하는 일이다. 그것을 '할 수
있는(能) 사람'을 말한다. 그게 '인자仁者'라는 것을 말한다. 그냥
도 아니다. '오직 인자만이(唯仁者)' 그것을 할 수 있다고 말한다.
이러쿵저러쿵 친절한 해설들도 많지만, 잘 와닿지 않는다. 무사심
과 공정 운운하는 주자의 해설(唯之爲言獨也. 蓋無私心, 然後好惡當
於理, 程子所謂 '得其公正' 是也. 유지위언독야. 개무사심, 연후호
오당어리, 정자소위 '득기공정' 시야.)도 포함해서다. 정말 그런
뜻일까? 사실 공자의 이 말은 좀 수수께끼다. 왜 '오직 인자만이'

그것을 할 수 있다는 건지, 곧바로 이해될 수 있는 이야기가 아니기 때문이다. 그래서 우리는 생각을 좀 해봐야 한다. 왜 '유인자능唯仁者能…'(오직 인자만이 능히)일까.

우리는 그 답을 이 말 안에서 찾아야 한다. '유인자唯仁者'다. 오직 인자만이 갖는 특징/특성은 뭘까. 인자의 본질은 뭘까. 인仁은 "애인愛人" 즉 남/사람을 사랑하는 것이었다.(1223 참조) 그런 품성을 갖춘 인자仁者만이 호인好人 오인惡人할 수 있다는 건 무슨 말일까. 호인도 오인도 사람을 대하는 태도다. 사람을 좋아하고 사람을 싫어하는 것이다. 호인好人은 그렇다 쳐도 오인惡人을 할 수 있다는 건 무슨 뜻일까. 여기서 우리는 정신이 번뜩 들어야 한다. 인자도 오인할 수 있다는 것이다. 어진 사람도 사람을 싫어할 수 있다는 말이다. 어쩌면 당연하다. 인자라고 모든 사람을 무조건 좋아한다는 법은 없다. 상대에 따라(그가 누구냐 어떤 사람이냐에 따라) 그를 좋아할 수도 싫어할 수도 있는 것이다. 좋은 사람은 좋아하고 나쁜 사람은 싫어할 수 있는 것이다. 아니 나쁜 사람은 싫어해야 한다. 예컨대 저 예수도 성전에서 장사하는 사람들에게 화를 내며 채찍을 휘둘렀다. 제사장과 바리새인들을 비난했다. 그런 사람들을 싫어한 것이다. 왜? 그냥 기분이 거슬려서? 인자에게 그런 건 있을 수 없다. 그런 짓이 사람들에게 해악을 끼치기 때문이다. 그런 짓을 못하게 하는 것이 간접적으로-궁극적으로 사람들을 사랑하는 결과가 되기 때문이다. 그러니 나쁜 자/

나쁜 행위를 싫어하는 건 인자가 할 수 있는 일이고 해야 하는 일이다. 사람에 대한 사랑이 없으면 즉 인자가 아니면 그런 싫어함에는 관심도 없고 할 턱도 없고 할 수도 없다. 바로 이게 '유인자…능오인唯仁者…能惡人'(오직 인자만이 사람을 싫어할 수 있다)의 의미다.

그렇다면 '능호인能好人'은? '호인好人'은 꼭 인자仁者가 아니라도 누구나 다 하는 일이고 할 수 있는 일이 아닌가? 아니다. 사람을 좋아하는 것에도 종류가 있기 때문이다. 사람을 좋아하는 것이 사람을 망칠 수도 있다. 예컨대 자식을 무조건 좋아해서 뭐든 다 들어주다가 결국은 자식을 망치는 것도 그런 경우고 독일 국민들이 히틀러를 좋아하다가 모두가 폭삭 망한 것도 그런 경우가 될 수 있다. 그런 건 그 사람을 제대로 사랑하는 것이 아니다. 인자는 어떻게 하는 것이 그 사람을 제대로 사랑하는지를 안다. 그래서 무조건 누구나 다 좋아하지 않고 좋아해줄 바만, 좋아해줄 만한 사람만 좋아하는 것이다. 그런 제대로 된 좋아함은 오직 인자만이 할 수 있다.(能好人) 그만이 어떤 게 진정한 '호인好人'(사람을 좋아함)이고 '애인愛人'(사람을 사랑함)인지를 알기 때문이다. 이게 바로 '유인자 능호인唯仁者能好人'(오직 인자만이 사람을 좋아할 수 있다)의 의미다.

그런 점에서 공자의 이 말은 인자의 '안목'을 전제하고 있는 것이다. 사람에 대한 안목뿐만이 아니다. 진정한 좋아함, 진정한 싫어함, 그리고 무엇보다도 진정한 '애인愛人'(사람 사랑)에 대한 안목이다. 이런 걸 제대로 간파할 때 우리는 비로소 공자의 이 말을 이해할 수 있다. 수수께끼의 답은 대략 이렇다. 사견 공정 운운하는 주자의 주석도 제대로 된 답은 아니다. 공자의 이 말은 절대 함부로 쉽게 아는 척할 수 있는 말이 아니다.

0404 子曰, "苟志於仁矣, 無惡也."

"진실로 어짊에 뜻을 둔다면 악은 없다."

일반인에게 아주 유명한 말은 아니다. 그러나 여기서 공자는 엄청난 말을 하고 있다. 주제는 '인仁'과 '악惡'이다. 우리가 익히 아는 그 인이고 그 악이다. 묘한 조합이다. 인과 악이 어떤 연관 관계가 있단 말인가. 인이 있으면 악이 없다는 말이다. 인仁이 무악無惡의 조건이 되는 것이다. 필요충분조건이라고 해도 좋다. 어째서 그렇다는 걸까. 차분히 따져보자.

'악惡'이란 굳이 설명할 필요도 없다. 거짓말에서 살인에 이르기까지 온갖 나쁜 짓들이 다 악이다. 형법에 등장하는 저 범죄들은 말할 것도 없다. 다 악이다. 그런데 공자는 그게 다 사라진 '무악無惡'(악이 없음)을 말하고 있다. 그러니 엄청난 말인 것이다.

그게 가능해? 가능하다. 단 조건이 있다. 그게 '지어인志於仁'이다. 인에 뜻을 두는 것이다. '어질어야지'라고 생각하고 노력하는 것이다. 여기서 지志는 당연히 의지意志의 지다. 그쪽으로 방향을 잡는 그리고 실제로 노력하는 어떤 적극성이다. 그런데 그 방향이 인仁이다. 인은 무엇인가. 그것을 논하자면 한도 끝도 없다. 단, 한 가지 분명한 것은 공자 본인의 설명대로 인은 '애인愛人' 즉 남/사람을 사랑하는 것이다. 남을 사랑하는 것이 악의 가능성을 원천적으로 차단하는 것이다. 사랑하는 사람에게 나쁜 짓을 할 수가 없기 때문이다. 아주 간단한 논리다. 어질고자 하면, 남/사람을 사랑하고자 하면, 그 순간 '무악 無惡'이 된다. 결국 무악이 된다.

단, 이 조건에서도 한 가지 추가 조건이 있다. 그 지어인志於仁이 '진실되어야 한다'는 것이다. 그게 '구苟'(진실로)다. 진실되지 않은 의지도 있나? 있을 수 있다. 순수하지 않은 것이다. 다른 의도가 있는 경우다. 뭔가 기대를 하거나 보상을 바라고 하는 사랑이다. 가짜 인仁이다. 그런 것은 그 기대가 깨지면 변하거나 없어지기도 한다. 반대로 사랑이 증오로 바뀔 수도 있다. 그러면 악으로 연결되기도 한다. 진실로 어진 것은 다른 의도 없는 순수한 사랑이다. 이를테면 저 예수가 말했듯이 '네 오른손이 하는 일을 왼손도 모르게 하는' 그런 사랑이다. '속옷을 달라면 겉옷도 벗어주는' '오리를 가달라면 십리를 가주는' 그런 사랑이다.

가장 중요한 것은 인仁이라는 것이 '남/다른 사람'에 대한 사랑이라는 사실이다. '남/다른 사람'은 또한 악의 대상이기도 한 것이다. 악이라는 것도 본질적으로 '남/다른 사람'에 대해 저지르는 나쁜 짓이다. 그러니 거기엔 갈림길이 있는 것이다. 선택지인 것이다. '남/다른 사람'에 대해, 인仁이냐 악惡이냐 하는 선택지다. 두 갈래 길이므로 만일 이 길을 선택하면 저 길은 버려지고 저 길을 선택하면 이 길은 버려진다. 그러므로 인을 선택하면(그 선택이 바로 '지어志於'[…에 뜻을 둠]다.) 악은 버려지는 것이다. 고로 무악無惡인 것이다. 공자의 말은 참으로 한 마디 한 마디 예사로운 게 없다. 괜히 성현이 아니다. 그의 방향은 보다시피 이렇게 인仁을 향한, 사랑을 향한, 선한 방향이다. 그 언어 표현도 또한 이렇게 절묘하다. 게다가 간명하다. 이런 그를 좋아하지 않을 도리가 있겠는가.

0405 子曰, "富與貴, 是人之所欲也, 不以其道得之, 不處也. 貧與賤, 是人之所惡也, 不以其道得之, 不去也. 君子去仁, 惡乎成名? 君子無終食之間違仁, 造次必於是, 顚沛必於是."

"부귀는 모든 사람이 바라는 바이지만 정도로 이룬 것이 아니면 처하지 않는다. 가난하고 천한 것은 모든 사람이 싫어하는 바이지만 정도로 이룬 것이 아니면 떠나지 않는다. 군자가 어짊을 떠나서야 어떻게 이름을 이루겠느냐? 군자는 밥 다 먹을 사이에도[잠시 동안도] 어짊에 어긋남이 없어야 하니 위급한 경우에도 반드시 이를 기준 삼아야 하고 파탄 난 경우에도 반드시 이를 기준 삼아야 한다."

엄청 유명하고 중요한 말이다. 공자와 우리 사이엔 대략 2500년의 시차가 있다. 그러기에 그가 한 이 말은 더욱 놀랍다. 그 시차를 느낄 수 없는 발언이기 때문이다. 이런 걸 우리는 진리라고 부른다. 불러도 좋다. 불러야 한다.

그는 여기서 '부귀富與貴'와 '빈천貧與賤'을 논한다. 그런데 이와 관련해서 '도道'를 함께 언급한다. 아울러 '군자君子'와 '인仁'도 언급한다. 그의 핵심 개념, 핵심 가치들이다. 길게 논하자면 한도 끝도 없다. 일단 주제를 확인만 하고 넘어간다.

'부귀富貴'가 사람의 '바라는 바(人之所欲)'이고 반대로 '빈천貧賤'이 사람의 '꺼리는 바(人之所惡)'라는 언급은 2500년간 변함없는 인간의 실상을 새삼 확인해준다. 참 인간이란 그때 거기서나 지금 여기서나 한결같다. 부귀를 추구하고 빈천을 면하려고 온 인생을 건다. 이걸 굳이 언급한 걸 보면 공자는 봐야 할 걸 제대로 보고 있는 것이다. 세상과 인간을 모르고 고담준론만 늘어놓은 소위 '먹물'이 아닌 것이다. 인간이 부귀를 추구한다는 건 그와 비슷한 시기 저 그리스의 소크라테스도 확인해준 바 있다.(『소크라테스의 변론』자식들의 미래를 당부하는 마지막 부분 참조.)

그런데 공자가 흥미로운 건 부귀를 얻으려는 욕망이나 빈천을 면하려는 욕망이나 일단 좋다는 것이다. 단, 그에게는 피해야 할 조건이 있다. 그게 '불이기도득지不以其道得之'(그 도로써 이를 얻는 것이 아님)다. 쉽게 말하자면 '부당하게' 그것을 이루려 해서는 안 된다는 것이다. 그러지 말라는 것이다. '불처不處' '불거不去'는 그런 말이다. 처하지 않는다, 떠나지 않는다. 즉 그런 결과를 만족스럽게 생각하지 말라는 말이다. 더 쉽게 말하자면 오직 '도로써 (以其道)' 즉 '정당하게' 추구하라는 말이다. 요즘 식으로 말하자면 '합법적으로' '정의롭게' 하라는 말이다.

그의 조건은 더욱 까다롭다. 이 조건 자체가 일회성이나 임시방편이어서는 안 되고, 항상, 상시적이어야 하고, 모든 경우에 적용되어야 한다는 것이다. 아무리 다급하고 엄중한 상황이라도 그렇다는 것이다. 말하자면 불법 위법 부정은 어떤 경우에도 어떤 이유로도 어떤 핑계로도 용납되어서는 안 된다는 말이다. '이러저러 여차여차해서 어쩔 수 없이 …' 그런 건 안 통한다는 말이다. 그게 '무종식지간無終食之間'이고 '조차造次'이고 '전패顚沛'이다. '잠깐'이나 '위기'나 '파탄'의 경우라도 예외일 수 없다. 반드시 '정당하게'라는 그 기준을 지켜야 한다.(必於是) 부정은 손톱도 들어갈 틈이 없다.

만일 이 조건을 위배한다면? 그건 '거인去仁'이고 '위인違仁'이다. 인을 떠나는 것이고 인을 위배하는 것이다. 그의 핵심 가치에 어긋나는 것이다. 이런 가치관 이런 삶의 태도를 그는 '군자君子'의 조건으로 내거는 셈이다. 거인去仁하고 위인違仁하면(인을 떠나고 인을 위배하면) 군자라는 이름을 가질 자격이 없다는 말이다. 그게 '오호성명惡乎成名'이다. 어찌 [군자라는] 이름을 이룰 수 있겠느냐는 것이다.

자, 그러면 생각해보자. 공자는 왜 이런 말을 한 것일까. 쉽게 짐작된다. 사람들은 누구나 부귀를 즉 돈 많이 벌고 높은 자리에 올라가는 걸 원하고 추구한다. 또한 빈천을 즉 가난하고 미천해서 고생하는 걸 싫어하고 면하려 한다. 그런데 그게 어디 쉬운 일인가. 엄청난 복/운/능력을 받았거나 엄청난 노력을 기울였거나 하는 경우가 아니라면 이쪽이건 저쪽이건 그 결과를 얻기가 만만치 않다. 세상도 그렇게 호락호락하지 않다. 그러다 보니 사람들은 쉬운 길을 찾는 것이다. 그게 '불이기도득지不以其道得之' 즉 '부정한 방법으로' 그 결과를 얻으려 하는 것이다. 우리 주변에 그런 사람들이 얼마나 많은가. 티비와 신문 등등의 뉴스에는 거의 매일 그렇게 하다가 죄를 지어 잡혀 들어가는 사람들의 이야기가 넘쳐난다. 종식지간終食之間이다, 조차造次다, 전패顛沛다, (잠깐이다, 위기의 경우다, 파탄의 경우다) 온갖 핑계도 난무한다. 요즘 법률이나 재판에서는 소위 '정상참작'이라는 것도 있다지만, 공자에게는 통하지 않는다. 그러면서 '군자'라는 이름을 얻을 생각은

말아야 한다. 군자는 원래 지위 높은 정치 지도자의 이름이기도
했다. 그 점을 고려하면 부당-부정하게 부귀를 추구하는 사람은
최소한 고위 정치인이 되려 하거나 그 자리에 계속 앉아 있으려
해서는 안 되는 것이다. 지금 우리나라의 부자나 정치인들 중에는
공자의 이 말을 별로 듣고 싶지 않은 사람이 많을지도 모르겠다.

　우리는 여기서 시대를 넘어 여전히 타당한 귀중한 진리 하나를
만나고 있다.

0407　子曰, "人之過也, 各於其黨. 觀過, 斯知仁矣."

　　　"사람의 잘못이란 각자 자기(말)의 정당함에 기댄다[버티고
　　　있다]는 것이다. [이] 잘못을 보는 것, 이것이 곧 어짊을 아는
　　　것이다."

　이 말은 공자의 철학에서 엄청나게 중요한 말이다. 그런데 너무
나 크게 오해되고 있는 말이기도 하다. 그 오해의 핵심은 '당黨'이
다. 이 말의 의미를 잘못 읽은 것이다. 보통 대부분은 이것을 '무
리 내지 무리 지음'으로 읽는다. 그렇게 각자 자기 무리에 기대는
게 그게 사람의 잘못이라는 것이다. 공자가 그런 의미로 말했다는
것이다. 물론 그런 의미도 있을 수 있다. 실제로 그런 잘못을 인간

들이 저지르고 있는 것도 맞다. 공자가 바로 그런 잘못을 지적한 것일 수도 있다. 특히 우리나라의 고질병인 이른바 패거리주의를 생각하면 그런 지적에 기립 박수라도 쳐주고 싶어진다. 그러나. 그렇게 읽으면 이게 도저히 그 뒤의 말, '지인知仁'(어짊을 앎)과 연결이 안 된다. '무리 지음'과 '어짊을 아는 것'이 어떻게 연결되는지 논리적으로 설명이 안 되는 것이다. 공자는 맥락 없이 이런 말을 하는 사람이 절대 아니다. 한 마디 한 마디에 다 깊은 뜻이 있다. 그래서 우리는 이 말을 위와 같이 이렇게 읽는다. 이렇게 읽어야 한다. 그 연결의 수수께끼를 풀기 위해서다. (물론 2500년간 공자의 이 말을 이렇게 읽은 이는 아무도 없었다.)

여기서 그는 '인지과人之過'(사람의 잘못)를 논한다. 그 잘못의 내용이 '각어기당各於其黨'이다. 사람은 각자(各) 그[자기의] '당黨' 즉 [말의]정당함/바름/옳음에 기댄다는 것이다. 기가 막힌 지적이다. '어於'는 여기서 단순한 어조사가 아니라 '기댄다/의거한다/거기에 머무른다[버틴다/고집한다/기준 삼는다]'는 뜻이다. '당黨'은 여기서 '무리/무리 지음'이라는 것과는 전혀 무관한 별개의 의미다. 여기서 '당黨'은 '당當' 또는 '당讜'의 의미다. '당연함, 마땅함, 바른 말, 말의 옳음'이라는 뜻이다. 옥편에도 그렇게 나와 있다. 이런 뜻의 '당정黨正'이라는 말이 현대 중국어에서도 '당진当真'의 형태로 일상적으로 쓰인다. '정말이다. 맞다'라는 뜻이다. 아마도 당黨과 '당當/当 또는 당讜'의 발음이 같아 '무리/무리 지음'

으로 오독하게 되었으리라 짐작된다. 특히 당黨dǎng과 당讜dǎng
은 그 성조까지도 완전히 일치한다. 어쩌면 최초의 기록자가 공자
의 이 말뜻을 제대로 이해하지 못하고 잘못 적었을 가능성도 배제
할 수 없다. 그러니 '각어기당各於其黨'이란 '각자 자기가 맞다, 자
기 말이 바르다/옳다는 데 기댄다[머문다]'라는 뜻이 된다. 아닌
게 아니라 그렇다. 인간이 거의 대부분 그렇지 않은가. 각자 자기
가, 자기 말이 옳다고 생각한다. 그게 기당其黨이다. 거기서 한 치
양보가 없다. 제각기 그 입장에 굳게 머물고 버틴다. 고집한다. 그
게 '각어各於'다. 그게 온갖 문제를 일으킨다. 문제의 화근이다.
남/다른 사람에 대한 이해와 고려가, 귀 기울임이 전혀 없기 때문
이다. 그러니 공자가 이걸 '인지과人之過'(사람의 잘못)라고 지적
한 것이다. 얼마나 날카롭고 놀라운 통찰인가.

　사람의 이런 잘못은 거의 아무도 보지 못한다. 자기의 잘못을
보는 것은 소크라테스가 그토록 강조한 자기의 무지를 보는 것(무
지의 지)보다 더 드문 일이고 더 어려운 일이다. 그래서 공자는
자기의 잘못을 보는 일, 이것(斯)은 '지인知仁' 즉 인을 아는 것이
다(觀過, 斯知仁矣)라고 말한 것이다. 여기서 우리는 다시 한번 자
세를 가다듬어야 한다. '잘못을 보는 것(觀過)'이, 이게 '인을 아는
것(知仁)'이라고? 좀 생뚱맞은 연결이라고 느낄 수도 있다. 그런
데 아니다. 생뚱맞은 연결이 아니라 제대로 된 연결이고 필연적인
연결이다. 이 둘이 연결되기 위해 저 '당黨'이 무리라는 뜻이어서

는 안 되는 것이다. 각자의 (말의) 정당함(當/讜)이어야 하는 것이다. 그래야만 그 의미가 연결되는 것이다. 어떻게? 이렇게다. 즉 인仁이란 게 무엇인가. 공자의 거의 유일한 설명으로는 그게 곧 '애인愛人'이다. '사람을/남을 사랑하는 것'이다. 그런데 사람이 각자 자기(자기 말)의 정당함에 머물러 있으면(각어기당各於其黨 하면) 남의 말이, 남의 처지가, 남의 존재가 눈에 들어오겠는가. 아예 고려 대상이 될 수가 없는 것이다. 거기서 남에 대한 사랑인 인仁이 성립될 수가 없는 것이다. 인이 뭔지도 알 수가 없는 것이다. 그런데. 공자의 말대로 만일 '각어기당各於其黨'이 잘못이라는 걸 보게 된다면, 즉 '관과觀過'를 하게 되면, 비로소 남이, 다른 사람이 눈에 들어올 수가 있게 된다. 그때 비로소 인仁(남을 사랑함)이 뭔지를 알게 되는 것이다. 그래서 그 관과觀過가 곧 지인知仁이 되는 것이다. 기가 막힌 논리가 아닐 수 없다.

　정리하자면 이렇다. 사람은 각자 자기(말)의 정당함에 기대고 고집한다. 그건 잘못이다. 그 자기 옳음이 온갖 문제를 일으키기 때문이다. 그 잘못을 (스스로) 보는 것은 어려운 일이다. 그러나 만일 이걸 즉 자기가 옳다는 자기중심이 잘못임을 본다면 거기서 벗어나 남의 존재를, 남의 말을, 남의 옳음을, 특히 남의 딱한 처지를 알 수 있게 된다. 거기서 남에 대한 사랑을 이해할 수 있게 된다. 즉 인仁을 알게 된다. "인지과야, 각어기당. 관과, 사지인의. 人之過也, 各於其黨. 觀過, 斯知仁矣"는 바로 이런 뜻이었다.

지금도 세상을 보면 '각어기당各於其黨'은 여전히 현실이다. 사람들은 각자 자신의 옳음에 머문다. 그건 잘못이다. 사람들은 그런 잘못을 여전히 저지르고 있고 (자기 말의 정당함에 대해 한 치 양보도 없고) 그 잘못을 전혀 보지 못한다. 절대 인정하지 않는다. 따라서 인仁(남에 대한 사랑) 같은 것은 당연히 알지 못한다. 그래서 요즘은 어진 사람을 그토록 보기가 힘든 것이다. 회개하라. 자기의 잘못을 보라. 자기(말)의 정당함을 고집하고 있다는 그 사실을 깨달으라. 그러면 비로소 남의 존재가 눈에 들어올 것이다. 거기서 사랑이라는 것이, 인仁이라는 것이 비로소 싹트기 시작할 것이다. 인을 알게 될 것이다. 자기(말)의 정당함에 끝끝내 버티고 있으면, … 결국 남에 대한 사랑은 없다. 문제의 지속이 있을 뿐이다.

공자가 2500년의 시간을 넘어 우리에게 건네는 귀하디귀한 한마디가 아닐 수 없다.

0408   子曰, "朝聞道, 夕死可矣."

"아침에 도를 들으면 저녁에 죽어도 좋다."

역시 너무나도 유명한 말이다. 그렇다 보니 이 말에 대한 사람들의 언급도 너무 많다. 해석도 너무 다양하다. 온갖 견해가 난무한다. 저마다 다 일가견이 있다. 그래서 정작 공자 자신은 이 말에서 사라져버리기도 한다. 그래서야 되겠는가. 그래서 여기서는 되도록 타설을 언급하지 않겠다. 가장 유명한 주자의 해설도 굳이 무시한다.(道者, 事物當然之理. 苟得聞之, 則生順死安, 無復遺恨矣. 朝夕, 所以甚言其時之近. 도자, 사물당연지리. 구득문지, 즉생순사안, 무부유한의. 조석, 소이심언기시지근.) 공자의 진의 파악과 이 말의 진정한 이해에 별 도움이 되지 않기 때문이다. 공자 자신의 심중을 헤아리면 다른 사람의 해석 따윈 실은 다 필요 없다.

제대로 공자 본인의 뜻을 헤아리려면 어설픈 지식 헤집기나 사견보다 공자 본인의 다른 말들을 참고해볼 필요가 있다. 그게 좋다. 이 말 한마디로는, 그 앞뒤 문맥이 잘려 있기에, 이 말의 배경을 알 수가 없기 때문이다. 그러나 그런 참고도 간단하지는 않다. 『논어』 전체에 도道라는 글자만 무려 94번이나 등장하기 때문이다. 그 자세한 내용을 다 말할 수는 없다.(『공자의 가치들』 참고) 다만 한 가지 주의할 것은, 공자가 말하는 이 도가 노자-장자 등 이른바 '도가道家'의 도와 그 내용이 일치하지는 않는다는 것이다. 공자는 이른바 '천도天道'를 말하지 않기 때문이다.(0513 子貢曰, "夫子之文章, 可得而聞也, 夫子之言性與天道, 不可得而聞也." 자공왈, "부자지문장, 가득이문야, 부자지언성여천도, 불가득이문야." 참조) 그리고 '문도聞道'가 가장 흔히 언급되듯, '도를 깨달아 안다'는 의미는 아니라는 것이다.

이 말에서 공자는 '문도聞道' 즉 '도를 들으면'이라는 희망/소망 내지 기대를 피력한다. 그게 핵심이다. '석사가의夕死可矣'(저녁에 죽어도 좋다)는 해석에 별 문제가 없다. 조석朝夕을 대비시키면서 아침에 도를 들으면 저녁에 죽어도 좋다는 것이니까, 문도聞道가 죽음死보다 더 우선적인 관심사라는 일종의 강조 혹은 간절함의 표현이다.

자, 그렇다면. 그렇게도 간절한 그 '문도聞道'란 도대체 무엇일까. 무엇이기에 그것만 이루어지면 죽어도 좋다고까지 그는 호들갑을 떠는 걸까.

'문도聞道'란 도를 듣는다는 것이다. 참 모호한 말이다. 도는 뭐고 듣는다는 건 또 뭔가. 중국인인 공자는 이렇게 추상적인 언어를 구사한다. 그런데 이런 게 그의 매력일 수도 있다. 해석의 여지를 남겨주기 때문이다. 그는 도를 전혀 들은 적이 없는 걸까? 전혀 모른다는 말인가? 그래서 그 도가 무언지를 들어보고 싶다는 것인가? 그건 아니다. 그는 이미 "나의 도는 하나로 관통한다(오도 일이관지吾道 一以貫之)"고 말한다. 증삼은 그게 충서忠恕라고 해석했다. 또한 도의 구체적인 내용을 언급하는 경우도 많다. 공자 본인도 그게 의衣나 식食이나 빈貧과는 다른 종류임을 시사했다.(0409 "士志於道, 而恥惡衣惡食者, 未足與議也" "사지어도, 이치 악의악식자, 미족여의야" 참조) '정의'라는 뜻으로도 이 말을 사용한다.(0405 "富與貴, 是人之所欲也, 不以其道得之, 不處也. 貧與賤, 是人之所惡也, 不以其道得之, 不去也." 참조) 그가 여러 차례 '유도有道'와 '무도無道'를 언급한 것도 그런 맥락이다. 그리고 그의 다른 개념들도 그렇지만 그 의미 내용을 이미 다 아는 듯이 전제로 하고 관련 발언을 하는 게 그의 통상이다. 전혀 들은 적이 없어서야 그런 게 어떻게 가능하겠는가. 그렇다면. 이 '문도聞道'는 모르는 그 도라는 걸 처음으로 들어보고 싶다는 그런 것은 아니라는 게 드러난다.

그렇다면 뭘까. 가능성은 두 가지다. 하나는, 이미 들은 바 있고 아는 것이지만, 항상 듣고 싶은 것이고 들어야 하는 것이고, 한 번만 들어도 바로 죽어도 좋을 만큼 가치 있고 중요한 것이 도라는 말이다. 강조도 이런 강조가 없고 간절함도 이런 간절함이 없다. 말하자면 '문도聞道'는 도 그 자체에 대한 그 자신의 강렬한 지향인 것이다. 방향 설정인 것이다.

다른 하나는, 이 도라는 것에 대한 세상의 무관심을 역설적으로 질타하는 것이다. 도무지 도라는 것이 들리지 않는다는 것이다. 사람이 어떻게 살아야 하는지 어떤 길을 걸어야 하는지 전혀 거론되지도 않는다는 말이다. 도에 대해서는 모두가 오불관언吾不關焉 경이원지敬而遠之다. 그저 구름 위의 신선들 이야기지 내 이야기나 이 세상 이야기는 아닌 것이다. 이런 상황에 대한 안타까움 내지 한탄이 저런 표현으로 나온 것이다. 세상에서 도의 거론을 들어보고 싶다는 것이다.

그 연장에서 생각되는 또다른 하나는, 그 도를 구현/실현한 사람이나 현실에 대한 이야기가 들리지 않는다는 것이다. 세상이 너무나 무도無道하다는 것이다. 그러니 그걸 그렇게 간절히 듣고 싶다는 것이다. 유도有道한 사람, 유도한 세상, 즉 정의로운 사람, 정의로운 세상에 대한 소식을 듣고 싶다는 말이다. 그런 간절함이 역시 '죽어도 좋다'는 과격한 표현으로 내뱉어진 것이다.

'문도聞道'가 이 셋 중 과연 어떤 의미인지는 정답이 없다. 듣는 이의 관심과 일치하는 것이 듣는 이 각자에게 답이 된다. 어쩌면 이 셋이 다 정답일 수도 있다. 그렇게 공감하는 이가 많았으면 좋겠다.

물론, 아무리 공자라도 실제로 죽기가 쉽기야 하겠는가. 그게 간단한 문제는 아니겠지만, 도道(에 관한 이야기)를 들어보고 싶다는 그의 간절함은 우리에게도 심정적으로 충분히 이해된다. 2500년이 지난 지금도 상황은 전혀 달라진 게 없으니까. 반복되고 있으니까. 아니, 가속도가 붙은 것인지, 더더욱 악화되고 있으니까. 바야흐로 무도無道가 판치는 세상이니까. 우리가 매일 접하는 저 뉴스들이 그것을 증명하고도 남음이 있지 아니한가. 아마 지금 이 순간도 신문을 읽거나 티비를 보다가 공자의 심정으로 저 말을 내뱉고 싶은 사람이 적지 않을 것이다. '조문도 석사가의朝聞道, 夕死可矣'(아침에 도를 들으면 저녁에 죽어도 좋겠다)다.

0415 子曰, "參乎! 吾道一以貫之." 曾子曰, "唯." 子出, 門人問曰,
"何謂也?" 曾子曰, "夫子之道, 忠恕而已矣."

"삼參아, 나의 도는 하나로써 꿰어져 있다." 증자가 말했다.
"그렇습니다." 선생님이 나가시자 문인들이 물었다. "무슨 말
씀인가?" 증자가 말했다. "선생님의 도는 충忠과 서恕일 따름
이지."

1503 子曰, "賜也, 女以予爲多學而識之者與?" 對曰, "然, 非與?"
曰, "非也, 予一以貫之."

"사賜야, 너는 나를 많이 배워서 아는 자로 보느냐?" "그렇습
니다. 그렇지 않습니까?" "그렇지 않다. 나는 하나로써 모든
것을 꿰고 있다."

이것도 '도道'에 관한 언급이다. 역시 유명하다. 같은 말을 두
번(증삼에게 자공에게) 거듭한 걸 보면 공자의 염두에 깊이 박힌
생각인 것 같다. 자신의 도가 '일이관지一以貫之'(하나로 꿰고 있
다)라는 것이다. '일관된一貫'이라는 표현이 여기서 나온 것이다.
말투가 단호해서 그의 확신이 느껴진다.

여기서 '관貫'(꿴다)이라는 말이 인상적이다. 하나의 실이 여러
개의 구슬을 꿰어 목걸이를 이루듯이 공자의 도道라는 목걸이도
여러 개의 구슬이 있지만 그것을 꿰는 실 내지 줄은 오직 하나라

는 말이다. 그 구슬에 해당하는 것으로 사람들은 아마도 인의예지신 충효仁義禮智信 忠孝 … 그런 것을 먼저 연상할 것이다. 그렇다면 그것들을 꿰는 그 일관되는 줄은? 당연히 궁금해진다. 그건 뭘까? 여기서 '충서忠恕'라는 게 등장한다. 이것도 유명하기는 하다. 그런데 이 말은 공자 본인의 말이 아니다. 제자인 증삼이 그렇게 해석한 것이다. 공자 본인이 그것을 인정했는지는 확인할 수 없다. '충서'도 나름 중요한 것은 틀림없다. 물론 그것도 해석이 필요한 것들이기는 하다. 지금 그 순서가 아니므로 이것에 대해 길게 논할 수는 없지만 최대한 간략하게 설명하자면 '충忠'은 일이든 사람이든 당면한 그것을 자기 마음 한가운데 두는 것(중中＋심心)이다. 모든 것을 다하는 태도다. 충성도 충실도 … 다 그런 의미다. 한편 '서恕'는 자기가 상대방의 마음과 같은 마음이 되어보는 것(여如＋심心)이다. 용서의 서도 결국 그런 것이다. 바로 그런 충서가 부자지도夫子之道(＝공자철학)의 핵심이라고 증삼은 해석한 것이다.

한편 15장에서는 이 '일이관지一以貫之'를 언급하면서 공자 자신이 그 배경을 살짝 내비친다. '다학이식지자多學而識之者'(많이 배워서 그걸 알고 있는 사람)를 갖다 대는 것이다. 자기가 그렇게 비칠 수도 있다는 것을 스스로 알고 있다는 말이다. 그런데 실은 그렇지 않다는 말이다. '많이 배워서 그걸 알고 있는 사람'이 아니라는 말이다. 그것을 스스로 부정하면서 그 대신 내세운 것이 '일이관지'인 것이다. 여기서 선명하게 대비되는 것은 '다多'와 '일一'이다. '많이'가 아니라 '하나'라는 것이다. 많이 배우고 많이 아는 것이 중요한 게 아니라는 뉘앙스도 살짝 들어가 있다. 학자 내지 식자들(특히 많이 배워 잘 안다고 인정받은 '박사'들)이 듣기에는 좀 거북한 말일 수도 있다. 그런데도 공자는 자신이 그렇지 '않다 (非也)'라고 단호하게 부정한다. '다학이식'에 대해 은근히 거리를 둔다. 일관하는 것, 하나로 꿰뚫는 것, 그게 중요하다는 말이다. 그게 뭘까. 구체적으로 뭘까. 증삼의 말대로 정말 그게 충서忠恕일까? 굳이 아니랄 수도 그럴 필요도 없지만 본인의 말이 아니므로 그렇다고 단정할 수는 없다. 다른 대답도 가능할 것이다. 많은 사람들이 '그거야 "인仁" 아닌가?'라고 생각할 수도 있다. 그게 사실 가장 유명하니까 그럴 수도 있다. 그러나 공자가 강조한 이념/가치들은 그것 말고도 많다. 굳이 그거라면 의義나 예禮나 지智나 신信이 혹은 충忠이나 효孝가 서운해할 수도 있다. '군자君子'도 슬그머니 '어흠' 헛기침을 하고 싶을 것이다. 수기안인修己安人이 그것일 수도 있다. 아니, 어쩌면 그보다도 오히려 도道나 덕德이나 그런 것이 그 '일一'에 해당할 가능성이 더 크다면 크다. 더 포괄적이기 때문이다. 우리는 개인적으로 '정正' 즉 바로잡음이 그 '일'의 구체적 내용이 아닐까 생각하는 편이다. 문제적인 인간을, 어지러운 세상을 바로잡아 보겠다는 일념이, 그의 모든 언행의 바탕에 깔려 있었다. 혹은 '역易' 즉 '바꾸기'가 그것일 수도 있다. 세상을 바꾸는 것이다. '무도한 세상'을 '유도한 세상'으로 즉 정의로운 세상으로 바꾸는 것이다.(1807 참조) 그것으로 그의 전 생애가 설명되기 때문이다. 그런 게 '일이관지一以貫之'가 아니면 무엇이겠는가. 그러나 이 모든 것도 결국은 하나의 해석이다. 추량이다. 공자 본인이 직접 답해주지 않는 한 어차피 정답은 없다.

단, 그게 저 노자 『도덕경』의 '일一'(도생일 일생이 이생삼 삼생만물 道生一 一生二 二生三 三生萬物의 그 일一)과 내용적으로 다른 것임은 분명하다. 저 헤라클레이토스가 말한 ("나에게 묻지 말고 로고스에게 물어서 만물이 하나라는 것을 알아야 한다"의) 그 하나와도 다른 것이고, 저 플로티노스가 말한 소위 '일자一者'(to hen)와도 다른 것임은 주의해야 한다. 철학에서는 그런 언어적 유사성으로 인해 발생하는 의미의 혼란이 적지 않고 작지 않기 때문이다. 일종의 '시장의 우상idola fori'이 우리를 헷갈리게 한다.

공자의 '일이관지一以貫之', 그 '일一', 그것은 과연 무엇일까. 그 파악은 아직도 우리 모두에게 물음표로 남아 있다. 공자의 전체 맥락을 이해해야만 비로소 그 윤곽이 어렴풋이나마 드러날 수 있다. ('충서'라는 게 멋지고 의미 있는 해석이기는 하지만) 증삼을 너무 믿지는 말아야 한다.

0416　子曰, "君子喩於義, 小人喩於利."

　　　　　자왈　　군자유어의　　소인유어리

"군자는 의로움에 기뻐하고 소인은 이로움에 기뻐한다."

　　역시 유명한 이 말은 군자君子와 소인小人을 또 대비적으로 거
론한다. 당연히 군자를 긍정적으로 말하고 소인을 부정적으로 말
한다. 공자에게서 이 대비는 아주 선명하다. 군자가 되자는, 소인
이 되지 말자는 방향 제시다. 그렇다면 '어떤' 사람이 군자고 '어
떤' 사람이 소인인가. 여기서는 '의義'와 '이利'가 동원된다. 의와
이라는 이 대비도 논의의 주제가 되겠지만, 공자 본인이 대개 그
렇듯이 이미 그게 뭔지 누구나 대개 이해한다는 것을 전제로 이야
기를 진행하자. 의로움과 이로움(정의와 이익)이다. 그게 뭔지 모
를 사람은 거의 없다. 이게 각각 군자와 소인에게 할당되어 있다.
　　그런데 여기서도 좀 문제가 있다. '유어喩於'의 의미에 대한 해
석이다. 흔히 '…에 밝다'고 풀이된다. 주자의 견해다.(喩, 猶曉也)
의미가 선명하게 이해된다. 그런데 문제는 옥편을 열심히 뒤져봐
도 이 글자 자체에 '밝다'는 의미가 없다는 게 좀 걸린다. 깔끔한
해석이지만, 그리고 그 의미가 크게 틀린 것도 아니겠지만, 뭔가
좀 공자답지 않게 밋밋하다. 정확하지 않으면 그것도 일종의 오독
이 된다. 공자의 원의와는 다른 것이다. 다른 일부는 '…에서 깨우
친다'는 해석이다. 이런 풀이가 가장 많기도 하다. 이 글자 자체의
가장 대표적인 의미다. 그런데 이건 뭔가 더 어색하다. 표현도 의

미도 금방 다가오지 않는다. 공자는 언어의 천재라 이런 어색함은 별로 공자답지 않다. 그래서 고민이 필요하다.

　그런데 옥편을 잘 살펴보면 이 글자에는 '기뻐한다' '즐긴다'는 의미가 있다. 장자 제물론齊物論에도 그 용례가 보인다.(自喩適志與) 이것을 적용하면 제대로 의미가 통한다. 이 말이 공자다워진다. 군자는 의義에 기뻐하고 소인은 이利에 기뻐하는 것이다. 뭘 보고 좋아하느냐 하는 그 기뻐함/즐김의 내용 내지 종류에 따라 그 사람의 종류가 판별된다. 의義와 이利는 확연하게 다른 종류다. 그런데 군자는 전자를 좋아하고 소인은 후자를 좋아한다. 아닌 게 아니라 정말 기뻐한다. 그 반대는 없다. 소인은 의義를 즐기지 않는다. 군자는 이利를 즐기지 않는다. 돈이든 자리든 명성이든 그 이득을 취하겠다고 눈에 불을 밝히는 군자를 본 적이 있는가. 정의를 위해 발 벗고 나선 소인을 본 적이 있는가. '여기 있다'고 증거로 데려오는 사람이 만일 있다면 그는 이미 더 이상 군자가 아니고 더 이상 소인이 아닌 것이다. 의義를 기뻐하는 한 그는 그 순간 이미 군자고 이利를 기뻐하는 한 그는 그 순간 이미 소인인 것이다. 그 반대의 경우도 마찬가지다. 이 양자는 얼마든지 교환 가능하다. 그래서 우리는 항상 공자의 이 말을 염두에 둘 필요가 있다. 잘 살펴보자. 나는 지금 무엇을 보고 입꼬리가 올라가는가. 악당이 체포됐다는 소식인가. 아니면 주가가 상한가를 쳤다는 소식인가. 혹은 무엇을 보고 분개하는가. 부정한 인사가 당선됐다는 소식인가. 우리 집 아파트가 강남보다 더 싸게 팔렸단 소식인가. '의義와 이利'에 대한 지향은 지금 여기서도 여전히 우리의 선택을 기다리고 있다. 우리는 지금 어느 쪽에 줄을 설 것인가. 의義 쪽인가 이利 쪽인가. 군자 쪽인가 소인 쪽인가. 그 선택은 우리의 자유의지에 맡겨져 있다. 기준은 명확하다. "군자는 의義에 기뻐하고 소인은 이利에 기뻐한다."

0424 子曰, "君子欲訥於言而敏於行."

"군자는 말에는 서투르고 실천에는 민첩하고 싶어 한다."

아주 유명하지는 않지만 이 말도 식자들 사이에서는 제법 입에 오르내린다. '눌언민행訥言敏行'이다. 특별히 어려운 말은 없다. '눌訥'이 좀 낯설지만, '어눌하다'는 그 눌이다. 역시 주제는 '군자君子'이고 그 모습의 일단을 묘사하는 것이다. 그 내용이 바로 '눌언訥言'과 '민행敏行'이다. 서투른 말, 재빠른 행동이다. '언행言行'에 대한 언급이다. 이 말은 지금도 100% 우리말로서 통용된다. 이 말을 이해 못 하는 사람은 아무도 없다. 말과 행동이다. 언어와 실천이라고 해도 좋다. 굳이 설명도 필요 없다. 중요한 것은 그 내용이다. 무릇 군자는 말은 '눌訥'하고 행동은 '민敏'하기를 바란다는 것이다. '욕欲'이라는 건 의욕 욕구 욕망 욕심 …의 그 '욕'이다. 원하고 바라는 것이다. 싶어 하는 것이다. 역시 특별한 설명이 필요 없다. 그런데 그 내용이 좀 특이하다. 군자가 바라는 게 하필 '눌언'과 '민행'인 것이다. 다른 곳에서 '민어사이신어언敏於事而慎於言'이라고도 말한 적이 있는데, 표현은 조금 달라도 그 취지는 같은 것이다. 그 '민사신언敏事慎言'과 이 '눌언민행訥言敏行'이 다른 게 아닌 것이다.

내용을 조금 구체적으로 생각해보자. 민사敏事든 민행敏行이든 이건 크게 어려울 게 없다. 일처리든 행동이든 군자는 민첩하게-재빨리-신속하게 하려 한다는/해야 한다는 말이다. 그 배경도 이해된다. 일이든 행동이든 그것은 본질적으로 어떤 문제와 연관되어 있다. 문제란 역시 본질적으로 그 해결을 기대하는 것이다. 문제란 불편을 야기하는 것이다. 그 해결이 긴급하다는 말이다. 빨리 해결되기를 기다린다는 말이다. 그러니 '민첩敏捷/기민機敏'해야 하는 것이고 군자라면 그러고 싶어 해야 한다는 말이다. 그건 그렇지 않은/그러지 않는 현실, 즉 민첩하고 신속하게 일이 처리되지 못하는, 그렇게 행동하지 않는, 그런 사람들을 보면 곧바로 이해된다. 답답하고 속 터진다. 문제에 대한 의식이 없는 것이다. 그 답답함이 이런 민첩-신속을 당연히 요구하는 것이다. 그 일에 대한 자세가 군자는 애당초 남다른 것이다. 해결에 대한, 처리에 대한, 아니 그 이전에 문제에 대한 이해와 의지가 전제돼 있는 것이다.

한편 눌언訥言-신언愼言은? 이것도 크게 문제될 것은 없다. 단, 그 배경에 대한 이해는 필요하다. 공자가 군자에 대해 굳이 이런 덕목을 배당한 것은 역시 그 배경에 이 말들의 반대 현상이랄까 반대 경향이 있기 때문이다. 즉 말을 아주 잘하는, 말만 아주 잘하는 사람이 있기 때문이다. 저 '교언영색巧言令色'의 그 '교언巧言'과 대비되는 것이 이 눌언-신언인 것이다. 교언은 '선의인鮮矣仁(인이 드물다)'이라고 공자는 지탄했다. 그렇다면 그 대치점의 눌언-신언은 어떤 식으로든 '인仁'과 연결이 있을 것이다. 요컨대 남을 사랑하는 사람은 말을 쉽게 함부로 하면 안 되는 것이다. 왜냐면 말이라는 게 온갖 문제를 일으키는 화근이기 때문이다. 최소한 그 말이 남/타인에게 상처를 줄 수가 있기 때문이다. 심하면 일을 그르칠 수 있기 때문이다. 공자는 그걸 알고 있었던 것이다. 그래서 굳이 눌언-신언을 군자의 덕목으로 배당한 것이다. 말은 어설프고 신중한 것이 번지르르한 것보다 차라리 백배 낫다는 것이다.

우리는 걸핏하면 설화舌禍를 일으키는 21세기 한국의 정치가들에게서 그 전형을 너무나 쉽게 자주 많이 발견한다. 다들 교언巧言에는 도가 텄다. 그러나 결국 그 세치 혀로 인해 패가망신하는 사람들이 얼마나 많은가. 얼마나 많은 민폐를 끼치는가. 얼마나 세상을 시끄럽게 하는가. 그러니 남을(백성을) 사랑하려는 군자라면 그 말을 함부로 내뱉을 수가 있겠는가. 용산과 여의도에 공자를 모시고 특강을 하든지 아니면 선거 대신 다시 공자학으로 과거 시험을 치든지, 문득 그런 생각이 들기도 한다.

이 문제는 아마 반드시 출제되어야 할 것이다. 국민을 위하려는 정치가에게 반드시 요구되는 필수 덕목은 무엇인가? 정답은? "눌어언이민어행訥於言而敏於行"이다. 혹은 "민어사이신어언敏於事而慎於言"이다. 입을 함부로 놀리는 자, 그 입으로 망하리라.

0425 子曰, "<ruby>德<rt>덕</rt></ruby><ruby>不<rt>불</rt></ruby><ruby>孤<rt>고</rt></ruby>, <ruby>必<rt>필</rt></ruby><ruby>有<rt>유</rt></ruby><ruby>鄰<rt>린</rt></ruby>."

"덕은 외롭지 않다. 반드시 이웃이 있다."

꽤나 유명한 말이다. 언젠가 시내의 한 카페 주점 간판에서도 이 말(필유린必有鄰)을 만난 적이 있다. 그 사장이 공자의 팬인지는 모르겠지만 아무튼 그 센스에 미소를 지었었다.

말은 아주 간단한데 남기는 여운은 진하고 길다. 그 표현이 살짝 문학적이기도 하다. 멋있다. 여기서 공자는 '덕德'을 언급한다. 공자의 주제 중의 주제다. 『논어』 전체에서 무려 41번이나 언급된다. 덕이란 일종의 인격적-인간적 '훌륭함'인데 구체적으로 그게 뭔지는 이렇다 할 친절한 설명이 없다. 다른 주요 개념 대부분처럼 이것도 이미 다 아는 것으로 전제하고 논의가 전개된다. 자세한 내용은 여기에서 다루지 않겠다. 대략 중용中庸, 삼이천하양參以天下讓, 충忠, 신信, 의義 … 그런 것이 덕德의 내용 내지 구체적 모습이라고 할 수 있다. 이 말에서 공자가 언급하는 '덕'은 아마도 이런 덕을 갖춘 '사람'을 일컫는 것이리라. (물론 좀 추상적이지만 덕 그 자체에 해당하는 말이기도 하다.) 그런 인물에 대해 공자는 '불고不孤' '필유린必有鄰'이라고 말한다. '외롭지 않다' '반드시 이웃이 있다'는 것이다. 외로운 덕에 대한 일종의 위로이고 격려다. 일종의 '화이팅!'이다. 공자의 따뜻함과 토닥임이 느껴진다.

그런데 왜? 왜 그는 굳이 이런 말을 했을까. 어렵지 않게 짐작할 수 있다. 그 자신이 외로웠을 것이다. 제자들을 포함해 이런 길을 걷고 있는 도반들이 외로울까 염려됐을 것이다. 그래서 이런 위로와 격려가 필요하다고 느꼈을 것이다. 그렇지 않다면 굳이 이런 말을 할 필요가 없다. '외롭다'(孤)는 것은 덕을 추구하는 사람이 많지 않다는 이야기다. 혹은 그런 노력을 알아주는 사람이 많지 않다는 이야기다. 그래서 화가 나거나 의기소침할 수도 있다. 그러지 말라는 이야기다. 외로워 말라는 이야기다. 이웃이 있다(有鄰)는 것이다. 혼자가 아니라는 것이다. 심지어 공자는 그런 이웃이 '반드시 있다'(必有)고까지 말한다. 누구를, 어떤 사람을 염두에 두고 한 말일까. 구체적으로 딱히 떠오르는 이름은 없다. 어쩌면 '덕행德行'으로 거론한 안연顔淵을 그런 '이웃'(鄰)으로 여겼을 수도 있다. 민자건閔子騫, 염백우冉伯牛, 중궁仲弓도 해당자일 수 있다.(1103 참조) 물론 확인은 불가능이다. 혹은 어쩌면 이 말은 역설적으로 그런 사람의 드묾을, 이웃이 없음을, 그로 인한 현실적인 외로움을 가리키고 있는 것일지도 모른다. 단, 그렇다고 해도 거기서 고독한 단독자로 끝날 수는 없는 일이다. 공자의 길은 기본적으로 수기안인修己安人의 길이었다.('안인을 위한 수기'다. 1445 참조) 근본적으로 자기뿐만 아니라 타인과 세상에 정향한 철학이었던 것이다. 그래서 아마도 이건 세상과 인간에 대한 그의 일말의 희망/기대를 반영한 것일지도 모른다. 신뢰일 수도 있다. 그래서 '반드시 있을 것이다'를 '반드시 있다'(必有)고 표현했을 것이다. 눈물겨운 자위일 수도 있다. 자기 자신에 대한 격려일 수도 있는 것이다. "공구 힘내자. 넌 혼자가 아니야. 반드시 이웃이 있어. 지금 당장은 없더라도, 좀 외롭더라도, 반드시 나타날 거야. 그와 함께 좋은 세상을 만들 수 있어. 너의 그 노력을 알아줄 사람이, 함께할 사람이 반드시 있을 거야" 그렇게 그는 자기 자신을 토닥였을 것이다. 다잡았을 것이다.

지금 우리의 현실을 보면 이런 가정이 사실일 수도 있다는 생각을 지울 수 없다. 덕은 참으로 외롭다. 전혀 아니 거의 이웃이 없다. 아무도 덕德을 거론하지 않는다. 아무도 덕을 추구하지 않는다. 아무도 덕을 알아주지 않는다. '그까짓 돈도 안 되는 것'으로서 외면당한다. 기껏해야 경이원지敬而遠之다. 철저히 외롭다. 위로

와 격려가 필요하다. 공자의 이 말에 다시금 스위치를 켜고 그 볼
륨을 좀 더 높여야겠다. 그리고 공자 본인에게도 이 말을 들려줘
야겠다. "덕불고 불유린 德不孤. 必有鄰"이다. 덕은 외롭지 않다.
반드시 이웃이 있다. 어쩌면 저 노자, 부처. 소크라테스, 예수(가
나다순)가 그 이웃인지도 모르겠다.

05

공야公冶

0526 　顔淵季路侍. 子曰, "盍各言爾志?" 子路曰, "願車馬衣輕裘,
與朋友共, 敝之而無憾." 顔淵曰, "願無伐善, 無施勞." 子路
曰, "願聞子之志." 子曰, "老者安之, 朋友信之, 少者懷之."

안연과 계로가 모시고 있는데 선생님께서 말씀하셨다. "각자
자기 뜻하는 바를 말해보지 않겠느냐?" 자로가 말하였다. [⋯]
안연이 말하였다. [⋯] 자로가 말하였다. "선생님의 뜻하시는
바를 듣고 싶습니다." ⋯ 말씀하셨다. "늙은이는 편안케 하고,
벗들은 미덥게 하고, 어린이는 품어주는 것이다."

이 말은 『논어』에 기록된 다른 말들과 달리 제법 문맥이 있다.
제자들과의 문답이다. 제자들의 소망(志 뜻하는바)을 물어보고
그 답을 들어보다가 느닷없이 자로가 되받아 공자의 소망을 물어
보자 이렇게 답한 것이다. 결정적으로 중요한 발언 중 하나다.

이 말을 통해 우리는 공자라는 사람이 '어떤' 인간인지를 확실히 알 수가 있다. 앞서 공자는 '사람의 소이所以, 소유所由, 소안所安(말하자면, 수단, 연유, 만족)을 살펴보면 그가 어떤 사람인지 숨길 수가 없다'는 말을 한 적이 있었다.(0210 참조) 거기에 덧붙여 '사람의 소망(志)'을 살펴봐도 역시 그가 어떤 사람인지 숨길 수가 없는 셈이다.

여기서 '지志'란 소망/소원/지향/뜻하는 바 그런 뜻이지만 일단 의지意志의 지이니 확고하고 굳건하고 적극적인 그 무엇이다. 그냥 단순한 희망 사항이 아닌 것이다. 그 대답이 바로 '노자안지 붕우신지 소자회지老者安之, 朋友信之, 少者懷之'였다. 언뜻 들으면 평이해서 별것 아닌 것처럼 들릴 수도 있다. 그런데 아니다. 공자의 이 말은 절대 별것 아닌 것이 아니다. 참으로 별것 중의 별것이다. 생각해보자. 공자는 여기서 노자老者 붕우朋友 소자少者를 언급한다. 이건 사실상 모든 인간이다. 자기보다 윗사람, 동년배, 아랫사람을 망라하고 있다. 그는 위와 옆과 아래를 다 함께 보고 있는 것이다. 그 상대는 사람이다. 그들의 '상태'를 염려하고 있는 것이다. 어떤 상태? 늙은이는 편안하기(안安)를, 벗들은 미덥기(신信)를, 젊은이[혹은 어린이]는 품어지기(회懷)를 소망하는 것이다. 그들을 그렇게 해주고 싶다(…之)는 것이다. 이게 어디 보통 소망인가. 그는 사람의 삶이 이런 삶이기를, 세상이 이런 세상이기를 바라고 있는 것이다.

이게 왜 보통 소망이 아닌가. 우리는 생각해봐야 한다. 안安과 신信과 회懷가 왜 공자의 소망이 되었는지를. 이런 게 얼마나 크고 중요한 가치인지를. 그건 자신이 편안하지 못하고, 속거나 배신당 하고, 품어지지 못하는 그런 처지가 되어보면 곧바로 드러난다. 엄청난 가치들인 것이다. 자신이 다행히 그렇지 않다면 그건 천복 이니 하늘과 주변에 감사하고 또 감사해야 할 일이다. 공자의 그 때나 우리의 지금이나 우리 바로 주변에 따뜻하게 품어지지 못하 는 어린이는 너무나 많다. 심지어 학대당하고 버려지고 목숨을 잃 는 경우도 비일비재하다. '회懷'(품어줌)의 소중함을 역으로 말해 주고도 남음이 있다. 또 그때나 지금이나 우리 주변에는 못 믿을 친구들이 얼마나 많은가. '우리가 남이가' 하면서 속이고 배신하고 심지어 폭행하고 죽이는 사건도 역시 비일비재하다. 이른바 왕따 나 학교 폭력도 다 그런 경우다. '신信'(미더움)의 가치가 얼마나 소중한 것인지를 역설적으로 증명하고도 남음이 있다. 또 그때나 지금이나 우리 주변에는 몸과 마음이 편안치 못한 늙은이들이 얼 마나 많이 목격되는가. 살아보면 알지만 세상에 '안安'(몸과 마음 이 편안한 것)보다 더 큰 가치는 없다. 그게 편안하면 신세가 편 안한 것이다. 더 이상 바랄 게 없는 지극한 가치다. 만천하의 인간 들이 바란다는 부귀도 명성도 몸과 마음이 편안치 못하다면 다 아 무 의미 없다. 말짱 도루묵이다. 공자는 그걸 꿰뚫어보고 있는 것 이다. 늙은이가 되면 특히 그렇다. 그러니 늙은이를 편안하게 해주고 싶다는 건 그야말로 성인의 경지인 것이다.

'노자안지 붕우신지 소자회지 老者安之, 朋友信之, 少者懷之' 이
말을 가볍게 보면 절대 안 된다. 공자는 실로 엄청난 소망을 이야
기한 것이다. 절로 고개가 숙여지는 위대한 한 마디가 아닐 수 없
다. 이 말을 들은 안연과 자로의 표정이 어떠했는지 그 반응이 좀
궁금하기도 하다.

0527   子曰, "已矣乎, 吾未見能見其過而內自訟者也."

"다 끝났구나! 나는 아직 능히 자신의 잘못을 보아 속으로 스
스로와 쟁송할 수 있는 사람을 보지 못하였다."

일반인들의 입에 자주 오르내리는 말은 아니지만 공자를 좀 아
는 사람들에겐 역시 유명한 말이다. 이 말의 주제는 '과過' 즉 잘
못이다.

이 말은 '이의호已矣乎(다 끝났구나!/끝장이구나!)'라는 말로
인해 '인간 공자'의 자연스러운 한 면모를 보여준다. 탄식을 하는
것이다. 0917/1513에서도 같은 표현을 볼 수 있고,("已矣乎, 吾未
見好德如好色者也.") 1726에서도 그 비슷한 '기종야이其終也已(다
끝났다)'라는 표현을 볼 수 있다.(年四十而見惡焉, 其終也已)

그는 왜 탄식을 하고 있을까. 그 내용이 '나는 아직 능히 자신의 잘못을 보아 속으로 스스로와 쟁송할 수 있는 사람을 보지 못하였다'(吾未見能見其過而內自訟者也)는 것이다. 그런 사람이 있어야 하는데, 사람은 마땅히 그래야 하는데, 그런 사람이 도무지 안 보이니 '세상 끝장이구나' 하는 탄식이다. 그의 가치관이고 지향점이자 기대치이다. 그게 어떤 상태인지는 특별히 설명도 필요 없다. 들으면 곧바로 이해된다. 스스로의 잘못을 스스로 깨닫고 자기 자신을 탓할 수 있는 사람이다. 이게 말이 그렇지 쉬운 일이 아니고 흔한 일이 아니다. 알다시피 공자는 "과이불개 시위과의過而不改, 是謂過矣"(잘못을 하고도 고치지 않는 것, 이것을 바로 잘못이라 한다)라고 말하기도 했다. '과過'(구체적으로는 '불이과不貳過')는 공자의 중요 주제 중의 하나다. 이 '과'와 무관한 인간은 거의 없다. 서양에도 "잘못은 인간의 몫이고 용서는 신의 몫이다(To err is human, to foegive divine)"라는 말이 있다. 잘못이 없는 인간이 있다면 한번 손을 들어보라. 그런데 세상을 보면 그 잘못은 전부 '남의 탓'이다. '자기 탓'이 아닌 것이다. 오죽하면 "잘 되면 내 덕이요 못 되면 남의 탓"이라는 속담까지 있겠는가. 세상의 적나라한 실상을 보여주는 말이다. 자기 잘못을 스스로 볼 수 있다는 것은 크나큰 덕이다. 저 예수의 공식적인 첫마디, "회개하라"(μετανοειτε)도 말하자면 그런 취지다. 공자의 '관과觀過'(잘못을 보는 것)와 비슷한 취지다. 공자는 거기에 '내자송內自訟'(속으로 스스로와 쟁송한다)을 한 마디 덧붙인다. 자기를 법정에 세우는 것이다. '내 탓이요' 하는 것이다. 쉽게 말하자면 '반성'이다. 그게 그토록 어려운 것이다. 표현은 좀 뭣하지만 공산주의자들이 잘 써먹던 이른바 '자아비판'의 원형이 이 '내자송'인 것이다. 이른바 '남탓주의'가 세상의 기조다. 그런 세상은 이미 끝장이라는 게 공자의 인식이었던 것이다.

지금 우리의 현실은 어떠한가. 자기의 잘못을 보고 인정하고 깨닫고 반성하는 사람은 눈을 부릅뜨고 찾아봐도 잘 보이지 않는다. 공자의 탄식 소리가 사방에서 들려온다. '이의호己矣乎!' 누가 좀 공자에게 다 끝났다는 '이의己矣' 대신에 그렇지 않다고 '이의異議'를 제기해주었으면, 그럴 수 있었으면, 제발 좋겠다.

1530 子曰, "過而不改, 是謂過矣."

"잘못을 하고도 고치지 않는 것, 이것을 바로 잘못이라 한다."

역시 아주아주 유명한 말이다. 이 말도 '과過'(잘못)에 대해 언급한다. 이 말은 그 '과過' 중의 '과過'가 바로 '불개不改' 고치지 않음, 잘못을 고치지 않음이라는 것을 알려준다. 이 말은 동시에 자기 스스로의 잘못을 인식하고 인정하고 고치는 게 보통 사람들에게 얼마나 어려운 일인지도 시사한다. 고친다는 것은 반성/회개한다는 것을 전제한다. 그것은 저 예수의 첫 공식적인 활동으로 평가되는 말 "회개하라. 천국이 가까웠나니"와도 통하는 것이다. 그의 이 호소는 2000년도 더 지난 지금까지도 아직 그 결실을 보지 못하고 있다. 우리 한국에서는, 우리 한국의 정치판에서는 특히 그렇다. 그들의 잘못은 산더미처럼 쌓여 있는데, 그걸 스스로 고발하고 스스로 고쳤다는, 아니 고치려 했다는 이야기는 거의 한 번도 들어본 적이 없다.

0917/1513

子曰, "已矣乎, 吾未見好德如好色者也."

"다 끝났구나! 나는 아직 색을 좋아하듯 덕을 좋아하는 사람을 보지 못하였다."

저 0527처럼 여기서도 공자는 '다 끝났구나(已矣乎)' 하고 탄식을 한다. 1513에서도 같은 말이 보인다. 단, 그 탄식의 내용은 0527("已矣乎, 吾未見能見其過而內自訟者也.")과는 좀 다르다. 거기서는 자기 잘못을 보고 스스로 탓할 수 있는 사람이 '안 보임(未見)'을 탄식했는데, 여기서는 '호덕여호색자 好德如好色者'(색을 좋아하듯 덕을 좋아하는 사람)가 '안 보임(未見)'을 탄식한다. 말의 구조는 똑같다.

주목할 것은 그 탄식의 내용이다. 이 말도 들으면 곧바로 그 의미가 이해된다. 아니 그렇지 않을 수도 있겠다. '덕德'과 그에 대비되는 '색色'의 의미가 꼭 명확하지만은 않기 때문이다. 덕에 대해서는 같은 말을 반복하기는 뭣하므로 앞(0201 爲政以德/0203 道之以德 등)의 논의를 참조해주기를 바란다. 공자로서는 사람들이 그 덕이라는 것을 '좋아해'주기(好德)를 바라는 것이다. 얼마나? '엄~청'이다. 자연스럽게, 본능적으로, 최우선적으로, 너무너무 좋아해주기를 바라는 것이다. 마치 저 '색色'처럼. 색을 좋아하듯이(好色). 그와 똑같이(如). 그런데 이 '색色'에 대해서는 좀 갑론을박이 있다. 보통은 '여색' '미색'을 좋아하는 것으로 풀이되고 이해된다. 그런데 논어의 다른 구절들(예컨대 교언영색巧言令色 등)과 견주면서 이것을 '보임새' '겉모양'으로 해석하기도 한다. 충분히 일리는 있다. 더 점잖기도 하다. 단, 공자의 이 발언 자체의 효과 내지 임팩트를 생각하면 역시 지금도 그대로 통용되는 일반적인 의미의 '호색好色'으로 읽는 것이 가장 좋다.[1] 확실한 대비가 되기 때문이다. 더 이상 좋은 대비가 없다. '호색'은 본능이라

---

1   『맹자』에도 이런 의미로 이 말이 사용되는 용례가 있으니 그 얼마 전인 공자 때에 이런 의미가 없었다고도 할 수 없다. 중국어는 본래 이런 다의적 언어라 문맥에서 그 정확한-진정한 의미를 찾을 수밖에 없다.

권하지 않아도 다들 너무 잘한다. 말릴 수도 없다. '그 정도로' '그만큼' '그처럼' '그와 같이' '호덕好德'하기를 공자는 기대하는데, 그런 사람이 안 보인다(未見)는 것이다. 말하자면 덕의 실종이다. 그래서 '이의호已矣乎'(다 끝났구나)라는 탄식을 내뱉는 것이다.

역시 지금의 현실을 돌아보자. 2500년이 지났건만 조금도 달라진 게 없다. 호색자好色者는 세상에 가득하건만 호덕자好德者는 눈에 띄지 않는다. 어딘가에 있겠지만 안 보이는 것이다. 인기가 바닥인 것이다. 구석으로 밀려나 있고 조명도 받지 못한다. '이의호已矣乎'라는 공자의 탄식은 2500년 넘도록 지금도 지속되고 있다.

한 가지 신기한 것은 있다. 이미 2500년 전에 '끝났구나' 했는데, 2500년 동안 세상은 아직 끝나지 않고 여전히 건재하다는 것이다. 여전히 같은 모습으로. 아니 더한 모습으로. '끝났구나' 하는 말의 철학적 의미를 다시 따져봐야 할 이유가 거기에 있다. 이건 세상의 종말이라는 종말론적인 이야기가 아니라, 인간의 '지경'을 의미하는 것이다. 말세라는 말이다. 인간 세상이 그때나 지금이나 '그런' 지경인 것이다. 호덕자는 정말 드물다.

* '호색好色'에 대한 공자의 이런 부정적 시선은 물론 (딱히 부정적이 아닐 수도 있지만) 따로 연구해볼 필요가 있는 주제가 된다.

1726 　　子曰, "年四十而見惡焉, 其終也已."

"나이 사십이 되어서도 나쁘게 보인다면 그 사람은 다 끝난 것
이다."

저 0527/0917/1513처럼 여기서도 공자의 탄식 소리가 들린
다.('기종야이其終也已') 그런데 여기서는 이야기가 좀 더 구체적
이다. 초점이 좀 구체적으로 좁혀져 있다. '년사십이견악年四十而
見惡'이다. '나이 사십이 되어서도 나쁘게 보이는' 그런 사람을 지
탄한다. 그런 사람은 다 끝났다. 어쩔 도리가 없다는 것이다.

　대체 어떤 사람일까. 공자는 지금 여기서 어떤 사람을 염두에
두고 이런 말을 하고 있는 것일까. 일단 분명한 것은 나이 사십이
된 사람(年四十)이다. 게다가 '견악見惡'인(나쁘게 보이는) 사람
이다. 응? 여기서 눈꼬리가 올라가는 사람이 있을 것이다. "견악
이라고? 무식한 녀석. 이건 '견오'라고 읽는 거야."라고 말하고 싶
을 것이다. "'미움을 받는다면'이라는 뜻이야, 에헴" 하고 유식한
척을 하고 싶을 것이다. 그건 당연히 안다. 아닌 게 아니라 대부분
이 그렇게 읽는다. 그리고 당연히 그럴 수도 있다. 의미도 통한다.
철학적인 의의도 있다. 그런데, 그렇게 간단한 문제가 아니다.
한-중-일 가리지 않고 대개 그렇게 읽지만, 우리는 좀 고개를 갸
우뚱하게 된다. 왜? 걸리는 게 있기 때문이다. 생각해보자. '남에
게 미움을 받는 것'과 '나이 사십'이 무슨 관계일까. 사십이 왜 그

기준이 되는 걸까. 사십이 넘으면 남에게 미움을 받는 일이 없을까? 훌륭한 사람은 그렇게 될까? 그렇지 않다. 세상을 보면 사십이 넘어도 남에게 미움을 받을 수 있다. 훌륭한 사람이라도 마찬가지다. 오히려 훌륭한 사람이기 때문에 미움을 받는 경우조차 없지 않다. 소크라테스는 성인임에도 나이 칠십에 미움을 받아 죽임을 당했다. 공자 본인도 주유열국 중에 환퇴桓魋와 공손여가公孫餘假의 미움을 받아 위기에 처하기도 했다. 남이라는 게, 세상이라는 게, 그렇게 엄정하고 거룩한 존재가 아니기 때문이다. 자, 그렇다면. 그렇다. 사십이 넘어서 남에게 미움을 받지 않는다는 건 훌륭함의 절대적 기준이 못 되고 또한 미움을 받는다는 게 훌륭하지 못함의 지표가 되지도 못하는 것이다. 심지어 '끝났다(其終也已)'고 지탄을 받을 이야기가 더더욱 못 되는 것이다. 그런 건 사람을 미워한다/싫어한다(惡)는 것이 완벽하게 정당하고 객관적인 경우를 전제로 한다. 그런데 그런 경우는 없다. 세상 사람들은 고약한 사람도 사랑하고 훌륭한 사람도 미워한다. 그러니 공자처럼 천재적인 인물이, '사십이 되어 미움을 받는다면 그 사람은 끝났다'는 그런 어설픈 이야기를 했을 턱이 없는 것이다. 그건 저 유명한 1324의 발언을 보더라도 그렇다.(子貢問曰, "鄕人皆好之, 何如?" 子曰, "未可也." "鄕人皆惡之, 何如?" 子曰, "未可也, 不如鄕人之善者好之, 其不善者惡之." "고을 사람들이 모두 좋아한다면 어떻습니까?" "아직 못 된다." "고을 사람들이 모두 싫어한다면 어떻습니까?" "아직 못 된다. 고을 사람들 중에서 선한 자는 좋아하고 선하지 못한 자는 싫어하는 것만 못하다.")

그래서다. 그래서 공자의 이 말은 '견오'(미움을 받는다)로 읽으면 안 되고 '견악'(나쁘게 보인다)이라고 읽어야 한다. '견見'은 기본적으로 '본다'는 뜻이지만, 중국어인 한문에서는 문맥에 따라 '보인다'는 뜻도 되고 '보여준다'는 뜻도 되고 '나타난다'는 뜻도 된다. 문맥을 봐야 제대로 된 의미가 드러나는 것이다. 여기서는 뒤의 말 '악/오惡'에 따라 앞의 말 '견見'의 의미가 좌우된다. 이게 '미워한다'는 뜻이라면 '견'은 받는다, 당한다는 뜻이 된다. 그게 맞다. 그러나 이미 생각해보았듯이 그건 문맥이 합리적이지 않다. 부자연스럽다. 그렇다면? '惡악/오' 이 글자가 '오'가 아닌 '악' 즉 나쁘다/나쁘게/나쁜 것이라는 의미라면? '견見'은 보인다는 뜻이 된다. 단, '악惡'이라는 게 지금 우리가 쓰고 있듯, 구체적이고 적극적인 (악독한) 악행, 죄악, 범죄, 그런 뜻은 아니다. 그것도 견오와 마찬가지로 합리적이지 않다. 죄악은 나이와 상관없기 때문이다. 사십이 특별히 그 기준이 될 일도 아니기 때문이다. 그렇다면? 그냥 '나쁜'이라는 뜻이다. 그렇게 읽으면 의미가 맞아떨어지고 문맥이 통하게 된다. '악惡'이라는 말이 '나쁜/안 좋은'이라는 의미로 쓰인다는 건 0409의 "士志於道, 而恥惡衣惡食者, 未足與議也."(선비가 도에 뜻을 두고도 나쁜 옷 나쁜 음식을 부끄러워하는 자라면 아직 더불어 의논하기에 족하지 않다)를 비롯해 『논어』의 도처에서도 무수히 많이 확인된다. 의복과 식사가 죄악일 수는 없는 것이다. 그냥 '나쁜' '안 좋은' 것이다.

그래서 공자가 여기서 말하는 이 '견악見惡'은 '나쁘게 보이는, 나쁜 사람으로 보이는' 그런 뜻이 된다. 그러면 이제 비로소 제대로 의미가 통하게 된다. 어떻게? 이렇게다. 사람은 태어날 때부터 인상이 다 다르다. 누구는 처음부터 잘생기고 누구는 처음부터 못생겼다. 좋은 사람으로 보이기도 하고 나쁜 사람으로 보이기도 한다. 그건 하늘이 하는 일이고 팔자소관이니 우리 인간이 어쩔 수가 없다. (물론 성형은 일단 논외다.) 그런데 인간이란 게 참 묘하다. 이게 절대적이 아니다. 세월이 흐르면서 그 인상이 달라질 수 있는 것이다. 실제로 달라진다. 누구는 좋았다가 나빠지기도 하고 누구는 나빴다가 좋아지기도 한다. 그런데 이 변화가 참 신기하다. 그가 살면서 어떤 생각을 하고 어떤 말을 하고 어떤 행동을 하는가에 따라, 즉 어떻게 사느냐에 따라, 그 인품/인격이 달라지고 그게 반영되어 얼굴을 비롯한 인상에 드러나게 되는 것이다. 스며 나온다고 풍겨 나온다고 말해도 좋다. 인품이 생기면 더 이상 '나쁜 사람'으로 보이지 않게 되는 것이다. 그 기준점이 대략 사십이다. 당연히 절대적인 나이는 아니다. 대략 그 즈음이라는 말이다. 사십은 그 상징이다. 공자는 바로 그 점을 지적한 것이다. 그러니 그때까지도 나쁜 인상이 그대로라면 그건 그 변화의 노력이, 즉 인격적 수양이 없었다는 증거가 된다. 그 나이쯤 되면 새삼

스럽게 어떻게 해주기도 참 쉬운 일이 아니다. 인격이 고착되는 것이다. 그러니 '끝났다'고 지탄을 한 것이다. 놀라운 인간 통찰이 아닐 수 없다. 공자는 그런 면에서 거의 천재였다.

이쯤에서 연상되는 이야기가 있다. 저 유명한 링컨A. Lincoln의 이야기다. "사십이 넘은 모든 사람은 자기 얼굴에 대해 책임이 있다.(Every man over forty is responsible for his face.)"라고 그는 말했다. 그 배경도 잘 알려져 있다. 1860년, 에이브러햄 링컨이 대통령에 당선되고 내각 구성을 위해 각료 인선을 시작했다. 그 과정에서 비서관에게서 한 사람을 추천받았다. 그런데 링컨은 그 사람의 이름을 듣고 단번에 거절했다. 비서관이 궁금해 이유를 묻자 링컨이 대답했다. "나는 그 사람의 얼굴이 마음에 들지 않습니다." 그러자 비서관이 반문했다. "하지만 그 사람은 얼굴에 책임이 없지 않습니까? 얼굴이야 부모가 만들어준 것이니 어쩔 수 없는 일 아닌가요?" 그러자 링컨은 고개를 저으며 다시 말했다. "아니오, 세상에 처음 나올 때는 부모님이 만들어준 얼굴이지만, 그다음부터는 자신이 얼굴을 만드는 것이죠." 대충 그런 이야기다. 그래서 저 말이 나온 것이다. 공자와 링컨, 시간적-공간적으로 뚝 떨어져 아무 관련도 없는 두 인물의 입에서 이런 비슷한 취지의 말이 나왔다는 게 놀랍기도 하다. "사람의 얼굴은 하나의 풍경이다. 한 권의 책이다. 얼굴은 결코 거짓말을 하지 않는다."는 저 오노레 드 발자크의 말도 그 취지가 비슷하다.

사십이 넘은 사람이라면 공자의 이 말을 듣고 한번쯤 가슴이 뜨끔할 필요가 있다. 거울 앞에, 타인이라는 거울, 평판이라는 거울 앞에 한번 서보기로 하자.[2] 그리고 물어보고 들어보자. 자기가 어떤 사람으로 보이는지. 좋게 보이는지, 나쁘게 보이는지. 견선見善인지, 견악見惡인지.

2　물론 타인/평판이라는 거울이 절대적이지는 않다. 일그러진 거울도 있다. 거울도 거울 나름이다. '누구'에게 '어떤 사람'에게 물어보느냐에 따라 평판은 당연히 달라진다. 그래서 공자도 저 1324의 말(不如鄕人之善者好之…)을 한 것이다.

0603 　哀公問, "弟子孰爲好學?" 孔子對曰, "有顏回者好學, 不遷怒,
不貳過. 不幸短命死矣, 今也則亡, 未聞好學者也."

　애공이 물었다. "제자 중에서 누가 배우기를 좋아합니까?" 공
자께서 대답했다. "안회라는 자가 있어서 배우기를 좋아했습
니다. 그는 노여움(怒)을 옮기지 않았고 잘못을 두 번 하지 않
았는데 불행히도 단명하여 죽고 말았습니다. 지금은 아무도
없어 배우기를 좋아한다는 자를 아직 들어보지 못했습니다."

　애공哀公과의 대화이다. 주제는 '호학好學'이다. '배움을 좋아한
다'는 것이다. 제자 중 그런 사람을 묻는다. 공자는 안회顏回가 그
런 사람이라고 대답한다. 안회顏回(=안연顏淵)에 대한 공자의 사
랑은 유명하다. 중요한 것은 그다음이다. '배움을 좋아한다'는 그
내용이랄까, 그 증거가 무엇이냐 하는 것이다. 공자의 말이 흥미

롭다. '불천노 불이과 不遷怒, 不貳過'다. '노여움(怒)을 옮기지 않았고 잘못(過)을 두 번 하지 않았다'는 것이다. 말하자면 이런 게 그가 생각하는 '배움'(學)의 내용인 셈이다. '인간'이고 '태도'다. 국영수의 지식이 아닌 것이다. 요즘과는 참 많이 다르다. 달라도 한참 다르고 너무 다르다. 누구나 알다시피 철학이 이런 배움인 건데 요즘 이런 배움은 좋아하는 자가 별로 없다. 완전 찬밥 신세다. 아니 공자의 말을 들어보면 그때도 이미 일찍 죽어버린 안회 말고는 이런 걸 좋아하는 사람은 없었던(망亡/미문 未聞) 모양이다. 원래 인간들의 경향이 이런 데는 별로 관심이 없는 모양이다.

안회가 모범을 보였다는 그 내용이 가슴에 와닿는다. '불천노 불이과 不遷怒, 不貳過'다. 정말 말이 그렇지 이러기가 어디 쉬운 일인가. 살다보면 누구나 '노怒'와 '과過'(노여움과 잘못)에서 자유롭지 못하다. 거의 예외 없다. 화도 나고 잘못도 한다. 게다가 보통은 그 화를 남에게 옮긴다. 잘못도 두 번 세 번 거듭한다. 그런데 배움을 좋아하는 자는 다르다. 그 화를 남에게 옮기지 않는다(不遷怒). 잘못도 두 번 거듭하지 않는다(不貳過). 그런 걸 가치로 친다. 그런 가치관이다. 공자는 왜 굳이 이런 말을 했을까. 그의 가르침이 이런 것이다. 이런 가치를, 인간적 가치를 가르치는 것이다. 인간이라면 마땅히 이래야 한다는 가치관이다. 여기서도 당연히 그 배경이 짐작된다. 우리 인간의 현실이 그렇지 못하다는 것이다. 그 반대라는 것이다. 즉 사람들은 화가 나면 어떤 형태로

든 그 화를 다른 사람에게 옮긴다(遷怒). 다른 사람에게 화를 내는 것이다. 성질을 부린다. 그로 해서 그런 불쾌와 불행은 쉽게 퍼져 간다. 관련된 여러 사람이 편치 않게 되는 것이다. 그런데 호학자 는 그렇지 않다. 화를 옮기지 않는다. '불천노不遷怒'는 혼자서 삭 이는 것이다. 혼자서 노여움의 문제를 해결하는 것이다. 여러 방 법이 있을 것이다. 그런 노력을 하는 게 배움인 것이다. 불이과不 貳過도 그렇다. 누구나 잘못을 하지만 대개는 자기 잘못을 잘못인 줄도 모른다. 거의 인정하지 않는다. 잘못에 대한 자기 인식과 자 기 인정이 없는 것이다. 그러니 그 잘못을 두 번 세 번 되풀이할 수밖에 없다(貳過). 이런 것도 실은 공부와 연습이 필요한 것이다. 그래서 그러지 않으려는 것이 '호학好學'이 되는 것이다.

사람들은 의외로 어리석다. 천노遷怒와 이과貳過의 문제성이 명백한 데도 거기에 '불不'자 하나 붙이기가 즉 '그렇게 하지 않기' 가 그렇게 싫은 것이다. 안 하는 것이다. 안 되는 것이다. 그래서 문제적 상황은 계속 확대되고 되풀이된다. 이과貳過 삼과三過 사 과四過 …하는 것이다. 상황은 계속 문제적일 수밖에 없다. 일이 든 인간관계든 다 그렇다.

그래서 세상은, 인간은, 아직도 여전히 이렇게 문제 투성이인 것이다. 안회 같은 호학자가 지금도 없지는 않을 텐데, 뉴스 같은 데는 도무지 등장하지를 않는다. 물어보는 애공 같은 정치지도자 도 없다. 그런 존재가 있다는 이야기는 들어본 바가 없다. 그들의 관심은 호학이 아니라 어디에 있는 것일까. 지금 그들은 어디서 누구에게 무엇을 묻고 있는 것일까.

0620 子曰, ^{자왈} "知之者不如好之者, 好之者不如樂之者."

"그것을 아는 자는 그것을 좋아하는 자만 못하고 그것을 좋아 하는 자는 그것을 즐기는 자만 못하다."

꽤나 유명하다. 공자의 이 말은 어떤 대상 내지 내용을 대하는 우리 인간의 태도를 문제로 삼고 있다. '지知'와 '호好'와 '낙樂'이 그것이다. 안다–좋아한다–즐긴다. 이 세 가지가 가지런히 세 단 계를 이루고 있다. 셋 다 의미 있는 일임은 물론이다. 그런데 공자 는 굳이 이 셋에게 단계 내지 등급을 부여한다. '불여不如'(…같지 않다/…만 못하다)라는 말로 그것을 아주 분명히 단언한다. 아는 자(知之者)는 좋아하는 자(好之者)만 못하고 좋아하는 자는 즐기 는 자(樂之者)만 못하다는 것이다. 지知3 호好2 낙樂1이다. 말하 자면 동메달 은메달 금메달이다. 이를 굳이 규정하자면 지知는 그 내용 내지 대상에 대해 객관적–이성적인 거리를 취하는 것이다. 호好는 주관적인–감정적인 거리를 취하는 것이다. 낙樂은 거리가 없이 피아 구별도 없이 그게 내 안에 들어와 있는 것이다.

표현도 내용도 이미 그 자체만으로 멋지다. 그런데 사실 이 말의 멋짐만 가지고는 이 발언의 진가를 제대로 다 파악하기에 모자람이 있다. 그 진가를 이해하려면 이 발언의 배경을 들여다볼 필요가 있다. 공자는 왜 이런 말을 했을까. 우리는 보통 그 배경을 잘 생각하지 않는다. 그런데 공자는 그냥 멋있게 보이기 위해 말을 내뱉는 사람이 아니다. 반드시 실천적인 맥락이 있다. 그게 뭘까. 실제로 사람들 중에 이런 유형들이 있기 때문이다. 지금도 공자 당시와 전혀 다를 바가 없다. '지식'에만 관심 있는 사람이 있고 '평가'에만 관심 있는 사람이 있고 직접 '즐김'에 관심 있는 사람이 있다. 공자는 결국 이 마지막 제3단계(즐기는 단계)로 사람들을 이끌고 싶은 것이다. 그래야 그 무언가가 제대로 진가를 발휘하기 때문이다. 알기만 해서도 좋아하기만 해서도 그건 아직 내 것이 못 되기 때문이다.

이런 건 그 지知와 호好와 낙樂의 내용을 생각해볼 때 비로소 그 의미가 선명히 드러난다. 물론 문법적으로는 그 지와 호와 낙의 뒤에 있는 '지之'(이것/그것)는 특별한 의미가 없다. 불특정 목적어일 뿐이다. 그러나 현실적 맥락에서는? 이것에 구체적인 어떤 무엇/내용이 대입된다. 예컨대 음악이나 미술이나 문학이나 등산이나 여행이나… 무수히 많은 무언가가 그 자리에 들어갈 수 있다. 그러면 생각해보라. 예컨대 런던에 대해서, 모르는 게 없는 어떤 박식한 학자 C와 런던을 아주 좋아하는 혹은 동경하는 소년 B

와 실제로 거기서 매일 촉촉한 안개를 느끼며 산책을 하고 피시앤 칩스를 먹는 방문자/거주자 A 중 누가 가장 나은지를 생각해보라. 공자는 말하자면 직접 런던에 가서 살아보라고 권하는 것이다. A가 되라는 것이다. 등산이라면 아는 것보다 좋아하는 것보다 직접 걸어서 올라가보라고 권하는 것이다.

특히 그 '지之'(이것/그것)가 '인의예지仁義禮智' 같은 것이라고 생각해보라. 지지자知之者와 호지자好之者와 낙지자樂之者는 확연한 차이를 드러낸다. 특히나 그게 만일 특정할 수 없는, 예컨대 인류의 구원이나 고의 해탈이나 세상을 바로잡음 같은, 거대한/거룩한 그 무엇이라면? 우리는 옷깃을 여미며 그 낙지자에게 경외감을 느낄 수밖에 없게 된다. 학자나 신자나 지지支持자나 그런 사람들과는 다른 그런 어떤 차원이 있는 것이다.

자, 그런 생각을 하며 공자의 이 말을 다시 한번 들어보자. 아마 좀 아니 완전히 다르게 들릴 것이다. 공자는 단순한 지지자知之者나 호지자好之者가 절대 아니었다. 일종의 낙지자樂之者였음에 틀림없다. 바로잡음이든 가르침이든, 즐김이 없이 어찌 칠십 평생 그 짓을 계속할 수 있겠는가.

0629 　子曰, "中庸之爲德也, 其至矣乎! 民鮮久矣."
　　　　자왈　중용지위덕야　기지의호　민선구의

"가운데의 평범함이 덕이 되니 그 얼마나 지극한가! 백성들은
오래 유지하는 일이 드물구나."

1117 子貢問, "師與商也孰賢?" 子曰, "師也過, 商也不及." 曰, "然
則師愈與?" 子曰, "過猶不及."

자공이 물었다. "사(자장)와 상(자하)은 누가 더 낫습니까?"
… 말씀하셨다. "사는 지나치고 상은 모자란다." "그러면 사가
낫습니까?" "지나친 것은 모자라는 것과 마찬가지다."

이 말은 공자가 덕德의 구체적 내용에 대해 언급하는 많지 않은
단편의 하나다. '중용中庸'이 덕이 된다는 것이다. '덕'이야 말할
것도 없고 '중용'이란 것도 우리에게 낯설지는 않다. 이것을 거론
하는 사람은 지금도 우리 주변에 넘치도록 많다. 그런데 우리는 이
'중용'이라는 덕을 얼마나 제대로 알고 있을까. 아니 얼마나 신경
쓰고 있을까. 아니 관심이나 있을까? 아니, 그렇지 못할 것이다.

공자 당시도 그건 마찬가지였던 모양이다. 그 지극함(其至矣乎)
을 말한 동시에, 백성들(民)이 즉 사람들이 이 덕을 오래 유지하는
경우가 드물다고(鮮久矣) 한탄했다. 중용을 지키기가 쉽지 않음을
말해주는 것이다.

그런데 중용中庸이란 대체 어떤 것을 말하는 걸까. 누구나 아는
듯이 말하겠지만, 사실 공자 본인도 이걸 제대로 설명해주지 않는

다.『논어』에서도 이 말은 딱 한 번밖에 나오지 않는다. 위에 보이는 게 전부다. 일언반구 설명도 없다. 자사子思의『중용』이 큰 도움이 되겠지만 그건 이미 그의 철학이지 공자의 철학은 아니다. 그러나… 중용이 어떤 덕인지 우리가 전혀 알 수 없는 건 아니다. 대개 그렇듯 공자의 주요 개념/가치들은 말 그 자체가 이미 그 의미를 내포하고 있다. 그래서 공자는 그게 무언지 누구나 다 안다고 전제하고 발언을 하는 경우가 대부분이다. 도道도 덕德도 인仁도 의義도 … 다 그렇다. 그렇다면 '중용'은? 마찬가지다. 이건 '가운데'(中)인 것이고 '범용'(庸)한 것이다. 특별히 튀지 않는 것이다. 그래서 잘 눈에 띄지 않는 것이다.

이 두 가지를 좀 자세히 생각해보자.

먼저, '가운데'(中)란 무엇일까. 이건 공자의 다른 말에서 그 의미를 건질 수 있다. 위의 1117("過猶不及.")이 그것이다. 가운데란 '과過'(지나침)도 아니고 '불급不及'(모자람)도 아니고 그 과와 불급의 가운데인 것이다. 그러면 이제 이 말은 철학이 된다. 지나치고 모자란 게 문제적 상태이기 때문이다. 중용은 그 문제적 상태의 해소인 것이다. 어찌 가치가 안 될 수 있겠는가. 지나침과 모자람은 지극히 구체적인 것이다. 공자 본인도 바로 곁의 제자에게서 그걸 발견한다. 사師(子張)는 과하고 상商(子夏)은 불급이라는 것이다. 그런 게 어디 그들뿐이겠는가. 지나친 자도 넘쳐나고 모자란 자도 넘쳐난다. 대부분이 그렇다. 자공은 누가 더 현명하냐고 묻는다. 지나친 사가 모자란 상보다 낫냐고 다시 묻는다. 공자의 대답은 '지나친 건 모자람과 마찬가지다(猶)'라는 것이었다. 끝내 '현명하다(賢)'는 말은 하지 않는다. '낫다'(愈)는 말도 하지 않는다. 아마도 '중용'이라야 현명하다고 말하고 싶었을 것이다.

지나침과 모자람의 중간이 중용이라는 이야기는 흥미롭게도 저 아리스토텔레스의 『니코마코스 윤리학』에도 나온다. '메소테스 (μεσότης)'가 그것이다. 이게 가치라는 일종의 확인으로 삼을 수도 있다. 진정한 가치에는 동서가 따로 없는 것이다.

그렇다면 '범용함'(庸)이란 무엇일까. 평범함이다. 보통이다. 굳이 두드러지지 않는 것이다. 튀지 않는 것이다. 별나지 않은 것이다. 특별히 잘나지도 특별히 못나지도 않은 것이다. 이게 가치가 된다는 것은 우리가 실제로 인간 세상에서 살아보면 자연스럽게 알게 된다. 특별히 잘나도 특별히 못나도 문제가 된다. 어떤 식으로든 문제가 된다. '평범한 게 최고'라는 저 흔한 말이 실은 진리인 것이다. 문제를 일으키지 않기 때문이다. 무난하기 때문이다. '어디에서나 누구에게나 통한다'는 게 '용庸'의 의미다.

보통 사람들은 이 보통이라는 상태를 잘 견디지 못한다. 능력도 노력도 모자라 이 보통에 이르지 못하거나 능력과 노력이 조금이라도 있다면 이 보통을 벗어나려고 안간힘이다. 그러다가 온갖 문제를 일으킨다. 물론 모자라면 그 자체가 이미 문제 상태다. 그래서 공자는 이 중용이 '지극하다'(지의호至矣乎)고 강조한 것이다.

가운데가 최고다.

　물론 이 말은 '중심'임을 자부하는 중국이 최고라는 말은 절대
아니다. 정작 중국은 '중용'이라는 가치를 잘 지키지 못하고 있다.
지나침과 모자람을 다 골고루 잘 갖추고 있다. 어찌 '현명하다' 할
수 있겠는가. 어찌 '낫다' 할 수 있겠는가.

0715　子在齊聞韶, 三月不知肉味. 曰, "不圖爲樂之至於斯也."
_{자 재 제 문 소　삼 월 부 지 육 미　왈　　부 도 위 악 지 지 어 사 야}

선생님께서 제齊나라에 계실 때 소韶를 들으시고 석 달 동안

고기 맛을 몰랐다. 말씀하셨다. "음악을 하는 것이 이에 이를

줄은 생각지도 못했다!"

『논어』에서 공자가 드물게 음악에 대해 언급하는 장면이다. '제

나라에 계실 때'(子在齊)라고 하니 사마천의 『사기史記』〈공자세가

孔子世家〉에 따르면 대략 30대 후반이나 40대 초반으로 추정된다.

'순舜'임금의 음악이라고 알려진 '소韶'를 듣고 석 달 동안 '고기

맛을 몰랐다'(三月不知肉味)고 했다. 이건 기록자의 전언이지만 공

자 본인이 그렇게 말했을 수도 있다. 아무튼 그런 상태에서 이 말

을 한 것이다. "음악을 하는 것이 이에 이를 줄은 생각지도 못했

다!"(不圖爲樂之至於斯也) '부도 不圖'(생각지도 못했다/의도한 게

아니다)라니 참 뜻밖이고, 어지간히 그게 마음에 들었던 모양이다. 이 '소韶'가 어떤 음악인지는 유감스럽게도 지금 우리는 알 수가 없다. 2500년 전의 음악이다. 전해지지 않는다. 레코드든 테이프든 CD든 MP3파일이든 있을 턱이 없다. 그래도 공자 본인이 "아름다움을 다하고 또 선함을 다했다(0325 子謂韶; 盡美矣, 又盡善也.)"고 평가하고 있으니 단지 귀에만 좋은 것은 아니었던 모양이다. 심성에 작용하는 그 어떤 음률이었을 것으로 짐작된다. 슈베르트의 〈세레나데〉나 키타로의 〈실크로드〉처럼 지금도 그런 음악이 없지 않으니 어렴풋이 그것을 그려볼 수는 있다.

단, 공자의 이 말이 음악을 언급하고 있는 것은 분명하지만 여기서 말하는 '위악爲樂'(음악을 하는 것)의 의미는 좀 불분명하다. '지어사至於斯'(이에 이르다)도 좀 그렇다.

'위악爲樂(음악을 하는 것)'은 작곡, 연주, 감상, 학습 그 어느 것일 수도 있다. 『사기』에는 '삼월三月'의 앞에 '학지學之'(이를 배웠다) 두 글자가 있는데, 그 기록이 만일 신뢰할 수 있는 것이라면, 위악은 공자 본인이 그 음악을 감상하고 학습한다는 의미가 된다. 그것에 따라 '지어사'의 의미도 달라질 수 있다.

'지어사至於斯'는, 만일 위악爲樂의 의미가 공자 본인의 '소韶'에 대한 감상이나 학습이라면, '내가 고기 맛을 모를 정도로 이렇게까지 이 음악에 심취하게 될 줄은 생각도 하지 못했다'는 뜻이 된다. 그리고 만일 위악爲樂의 의미가 이 '소韶'의 작곡 또는 연주를 일컫는다면, '사람이 고기 맛을 잊게 될 정도로 음악이 사람의 정신을 매료하게 될 줄은, 혼을 쏙 빼놓게 할 줄은, 음악의 작용이 이 정도일 줄은, 생각도 하지 못했'는 뜻이 된다.

표현만으로는, 더욱이 그 표현이 워낙 짧고 문맥이 잘려 있다 보니, 어느 쪽이 맞는 것인지 단정할 수 없다. 후자가 좀 더 멋있고 거대한 말이 될 수 있다. 그러나 전자도 나름 의미가 없지 않다. 공자 본인의 인간적인 면모를 생생하게 보여주기 때문이다. 가능성은 반반이다.

결국은 이 말을 듣는 사람의 선택에 맡길 수밖에 없다. 해석은 각자의 몫이다. 우리는 다만 저 『논어』에 음악에 대한 공자의 언급이 있다는 이 사실에 대해 눈을 크게 뜨고 반가워하기로 하자. 그리고 그 '소韶'라는 음악의 정체는 알 수 없지만, 그 비슷한 것이라도 찾아 들으며 이 말을 내뱉은 공자의 심중을 한번 헤아려보기로 하자.

＊참고로 이 말은 공자가 평소에 '고기를 맛있게 즐겼다'(知肉味)는 흥미로운 정보를 제공하고 있기도 하다. 물론 특별히 중요한 것은 아니지만.

0717 子曰, "<ruby>飯<rt>반</rt></ruby><ruby>疏<rt>소</rt></ruby><ruby>食<rt>사</rt></ruby><ruby>飮<rt>음</rt></ruby><ruby>水<rt>수</rt></ruby>, <ruby>曲<rt>곡</rt></ruby><ruby>肱<rt>굉</rt></ruby><ruby>而<rt>이</rt></ruby><ruby>枕<rt>침</rt></ruby><ruby>之<rt>지</rt></ruby>, <ruby>樂<rt>락</rt></ruby><ruby>亦<rt>역</rt></ruby><ruby>在<rt>재</rt></ruby><ruby>其<rt>기</rt></ruby><ruby>中<rt>중</rt></ruby><ruby>矣<rt>의</rt></ruby>. <ruby>不<rt>불</rt></ruby><ruby>義<rt>의</rt></ruby><ruby>而<rt>이</rt></ruby><ruby>富<rt>부</rt></ruby><ruby>且<rt>차</rt></ruby>
<ruby>貴<rt>귀</rt></ruby>, <ruby>於<rt>어</rt></ruby><ruby>我<rt>아</rt></ruby><ruby>如<rt>여</rt></ruby><ruby>浮<rt>부</rt></ruby><ruby>雲<rt>운</rt></ruby>."

"거친 음식을 먹고 물 마시고 팔베개를 하고 눕더라도 즐거움
이 역시 그 가운데에 있다. 의롭지 않게 누리는 부귀는 내게는
뜬구름과 같다."

0814 子曰, "[<ruby>篤<rt>독</rt></ruby><ruby>信<rt>신</rt></ruby><ruby>好<rt>호</rt></ruby><ruby>學<rt>학</rt></ruby>, <ruby>守<rt>수</rt></ruby><ruby>死<rt>사</rt></ruby><ruby>善<rt>선</rt></ruby><ruby>道<rt>도</rt></ruby>. <ruby>危<rt>위</rt></ruby><ruby>邦<rt>방</rt></ruby><ruby>不<rt>불</rt></ruby><ruby>入<rt>입</rt></ruby>, <ruby>亂<rt>란</rt></ruby><ruby>邦<rt>방</rt></ruby><ruby>不<rt>불</rt></ruby><ruby>居<rt>거</rt></ruby>.] <ruby>天<rt>천</rt></ruby><ruby>下<rt>하</rt></ruby><ruby>有<rt>유</rt></ruby>
<ruby>道<rt>도</rt></ruby><ruby>則<rt>즉</rt></ruby><ruby>見<rt>현</rt></ruby>, <ruby>無<rt>무</rt></ruby><ruby>道<rt>도</rt></ruby><ruby>則<rt>즉</rt></ruby><ruby>隱<rt>은</rt></ruby>. <ruby>邦<rt>방</rt></ruby><ruby>有<rt>유</rt></ruby><ruby>道<rt>도</rt></ruby>, <ruby>貧<rt>빈</rt></ruby><ruby>且<rt>차</rt></ruby><ruby>賤<rt>천</rt></ruby><ruby>焉<rt>언</rt></ruby>, <ruby>恥<rt>치</rt></ruby><ruby>也<rt>야</rt></ruby>, <ruby>邦<rt>방</rt></ruby><ruby>無<rt>무</rt></ruby><ruby>道<rt>도</rt></ruby>, <ruby>富<rt>부</rt></ruby><ruby>且<rt>차</rt></ruby><ruby>貴<rt>귀</rt></ruby>
<ruby>焉<rt>언</rt></ruby>, <ruby>恥<rt>치</rt></ruby><ruby>也<rt>야</rt></ruby>."

"[…] 천하에 도道가 있으면 모습을 드러내고 도가 없으면 숨
어라. 나라에 도가 있으면 가난하고 천한 것이 부끄러운 일이
지만 나라에 도가 없으면 부유하고 귀한 것이 부끄러운 일이
다."

유명한 말이다. 0405(부여귀 시인지소욕야富與貴, 是人之所欲
也…)에서처럼 여기서도 공자는 '부귀富且貴', '빈천貧且賤'에 대해
언급한다. 문맥은 약간 다르지만 그 취지가 같고 더욱이 동일한
표현이 중복해 있으므로 함께 살펴보는 것이 좋다.

0405와 마찬가지로 여기서도 공자는 부귀의 조건으로 '의義'를
(0814에서는 '도道'를) 내건다. 정의롭게, 정도正道로 그것을 이
루라는 것이다. 따라서 그 반대 경우, '불의不義'와 '무도無道'한

경우라면 부귀를 추구하거나 향유하지 말라는 것이다. 그런 경우에도 부귀를 누리는 건 '뜬구름' 같은 것(如浮雲)이고 '부끄러운 일'(恥)이라는 것이다.(不義而富且貴, 於我如浮雲 / 邦無道, 富且貴焉, 恥也) 이게 이 두 구절에서의 핵심 내용이다. 0814에서 한 가지 주목할 것은 그 반대의 경우, 즉 '유도有道한' 경우, 그러니까 나라가 정의로운 경우에는 부귀를 추구하고 누려야지 그런 경우에도 빈천한 것은 그것 역시 '부끄러운 일'이라는 것이다.(邦有道, 貧且賤焉, 恥也) 여기서 공자의 가치관이 조금 더 선명하게 드러난다. 즉 공자는 인간의 욕망을 원천적으로 부정하거나 문제시하는 무욕주의자는 아니라는 사실이다. 그 점에서 그는 저 부처와 구별된다. 부귀 자체를 문제 삼는 게 아니라 불의不義/무도無道한 부귀를 문제 삼는 것이다. 역시 가치론자이고 이상주의자다.

물론 경향으로서는 무욕주의에 살짝 가깝다. "거친 음식을 먹고 물 마시고 팔베개를 하고 눕더라도 즐거움이 역시 그 가운데에 있다.(飯疏食飲水, 曲肱而枕之, 樂亦在其中矣)"는 말이 그걸 알려준다. 그의 이 말은 저 에피쿠로스를 떠올리게 한다. 그도 역시 공자와 비슷하게 "굶주리지 않고 목마르지 않고 얼지만 않으면 나는 제우스와 행복을 겨룰 수도 있다"고 말했었다. 저 디오게네스도 그랬다. 완전 닮은꼴이다. '즐거움(樂)'과 '행복(eudaimonia)'을 외면하지 않는 게 이들의 현실성을 보여준다. 그래서 우리는 긴장의 끈을 좀 느슨하게 하고서도 이들의 말에 귀를 기울일 수 있다. 부처나 예수에 비해 부담이 덜한 것이다. 부처는 알다시피 '버리고 떠나기'를 요구했고, 예수도 "부자가 천국에 드는 것은 낙타가 바늘구멍으로 들어가기보다 더 어렵다"고 했다. 부자 청년에게 "전 재산을 가난한 자들에게 나누어주고 나를 따르라"고 요구한 적도 있다. 이들만큼은 아니지만, 자신의 가난을 오히려 자랑스러워한 저 소크라테스도 비슷한 계통이다.(『소크라테스의 변론』참조) 훌륭하지만 보통 사람들에게 그런 가치관이 부담스러울 것은 틀림없다.

공자는 이 점에서 확실히 기준이 좀 다르다. 부귀富且貴/빈천貧 且賤에 대해 유도有道와 무도無道라는 기준을 제시하며 유도의 경우는 부귀로, 무도의 경우는 빈천으로 줄긋기를 한 것처럼, 소위 '천하天下'(＝세상)에 대해서도 유도의 경우는 '현見(나타남)'으로, 무도의 경우는 '은隱(숨음)'으로 줄긋기를 하는 것이다. 나타난다/숨는다는 것은 말하자면 공직을 맡아 활동하거나 나서지 않고 은둔하는 것이다.

공자의 비장한 권유이지만 이게 사실 쉬운 일은 아니다. 유도有 道하냐 무도無道하냐 하는 판단도 간단한 일이 아니거니와 유도하다고 나서기도 무도하다고 숨기도 간단한 일이 아니다. 무도한 나라 유도한 나라, 무도한 정부 유도한 정부 가릴 것 없이 항상 나타나 뭔가를 한 인사들에게 한번 물어보면 또다른 어떤 기발한 철학을 들을 수 있을지도 모르겠다. 계속 숨어서만 지낸 인사들에게 물어보아도 마찬가지일 테고.

―――――――――――――――――――――――――――

0722 子曰, "三人行, 必有我師焉, 擇其善者而從之, 其不善者而改
之."

"세 사람이 가면 반드시 나의 스승이 있다. 그중 선한 사람을
택해서는 그 선한 점을 따르고 선하지 못한 사람을 택해서는
그 선하지 못한 점을 고친다."

일반인에겐 어떤지 잘 모르겠지만, 공자에 좀 관심이 있는 사람
들에겐 아주 유명한 말이다. 하긴 아주 유명한 말이라도 요즘 일
반인들에겐 공자 자체가 거의 화제가 안 되니 조금 더 유명하나
덜 유명하나 결국 마찬가지일지도 모르겠다.

여기서 공자는 '사師'를 언급한다. 스승이다. 내게 가르쳐주는
사람, 내가 배울 사람이다. 이 '나'는 일단 공자 본인이다. 그러나
이 말을 듣는 우리 모두에게도, 우리 각자에게도 적용되는 말이
다. 참고하라는 권유이기도 하다. 그렇다면 그 '사'는 대체 누구인
가. 어떤 특정인이 아니다. 실제로 공자 본인에게는 특별한 스승
이 따로 없었다. 공자의 스승으로 알려진 인물은 특별히 없다. 이
말은 그것에 대한 공자 본인의 간접적 정보 제공이기도 한 셈이

다. '세 사람만 가도 반드시 내 스승이 있다(三人行, 必有我師焉)'
는 거니 그중 누군가는 스승이 된다는 말이다. 결국 누구나 다 스
승이라는 말이다. 어떻게 그럴 수 있단 말인가. 이래서 그렇다. 세
사람 중 한 사람은 자기 자신일 테니 나머지 두 사람 중 누군가는
스승이라는 말이다. 그 말은 결국 두 사람 다 스승이 될 수 있다는
말이다. 그중엔 '선자善者'도 있고 '불선자不善者'도 있을 것이다.
좋은 사람, 좋지 않은 사람이다. 이쪽이든 저쪽이든 배울 게 있다
는 말이다. 스승이 될 수 있다는 말이다. 선자에게 배울 것은 '아,
나도 저래야겠다'는 것이고, 불선자에게 배울 것은 '아, 나는 저러
면 안 되겠다'는 것이다. 일종의 반면교사다. 전자는 '종지從之'라
고 했고, 후자는 '개지改之'라고 했다. 한쪽은 '따르는' 것이고 한
쪽은 '고치는' 것이다. 선은 따르고 불선은 고치는 것이다. 너무나
간명한 이야기다. 사람은 누구나 선자이거나 불선자이니 누구든
따를 바가 있고 고칠 바가 있다. 그러니 누구든 다 스승이 될 수
있는 것이다. 공자식 감각이다. 참으로 독특한/간명한/흥미로운
스승론이 아닐 수 없다.

  단, 한 가지 분명히 짚어둘 점이 있다. 공자가 말하는 스승은 어
디까지나 '선善/불선不善'을 가르치는 스승이라는 것이다. 말하자
면 윤리-도덕 선생이다. 그들에게 국영수나 사탐/과탐을 배울 수
는 없다. 그런 건, 그리고 잡다한 현실적 지식은, 일단 공자의 관
심 밖이다. 그런 '방향'이 중요하다. 요즘 시대에는 잃어버린 방향

이고 폐쇄된 길이다. 그러나 인간이라면 반드시 가야 할 길이다. 재개통이 필요한 길이다. 거기엔 지금 인적이 드물어 잡초만 무성하다. 그 길 입구의 녹슨 철조망과 바리케이드를 치울 필요가 있겠다.

그런데 사실 조건은 하나 더 있다. 따르든 고치든, 이 사람이든 저 사람이든, 일단 그것을 '선택'(擇)해야 한다는 것이다. 그것은 각자 '나'의 몫이다. 그 '택함'에는 어떤 적극성이 필요하다. 이미 의지가 작용하는 것이다. 그게 없다면, '택함'이 없다면, 세 사람이 아니라 삼십명 삼백명이 함께 가더라도, 또 어디를 가더라도 거기에 나의 스승은 없다. 절대로 없다. '필유아사'必有我師가 아니라 '필무아사'必無我師다. '선/불선' 그런 데 대해 배울 마음이 애당초 전혀 없는데 삼천명의 공자가 있다 한들 그가 어찌 스승이 될 수 있겠는가. 공자 관련 책이 전혀 팔리지 않는다는 작금의 현실을 한번 곰곰이 되새겨볼 일이다.

─────────────────────────────

0730 子曰, "仁遠乎哉? 我欲仁, 斯仁至矣."
<sub 자왈 인원호재 아욕인 사인지의>

"어짊이 멀리 있겠느냐? 내가 어질고자 하면 바로 이 어짊이 이르는 것이다."

여기서 공자는 '인仁'을 언급하고 있다. 그의 가장 유명한 개념이다. 핵심 주제이고 관심사다. 물론 그에게서 이게 다도 아니고 이게 최고도 아니다. 다른 개념들도 다 각각 비슷하게 중요하다. 그러나 워낙 유명하다 보니 우리는 이 '인'에 대한 그의 친절한 설명을 기대한다. 그러나 그런 설명은 『논어』를 다 뒤져보더라도 거의 만날 수가 없다. 그냥 이게 뭔지 다 안다고 전제하고 논의를 전개한다. 설명이라고 하면 1223의 "애인愛人(남을/사람을 사랑하는 것)"이라는 게 거의 전부다. 여기 이 말도 그렇다. '인' 자체에 대한 설명이 아니다.

그런데 이 말은 그 '인仁'에 대한 간접적인 정보를 준다. 그게 '어떤' 것인지, 그 성격을, 그 성격의 일단을 알려주는 것이다. 어떤? '멀지 않다'는 것이다. 가까이 있다는 것이다. 그걸 강조하기 위해 그는 반문의 형태로 말한다. "멀겠느냐?(遠乎哉)"라고. 멀지 않다는 말이다. 어떻게? 어째서? 그 답이, 그 설명이 '아욕인 사인지의我欲仁, 斯仁至矣'다. 내가 인을 원하기만/바라기만 하면 그 인이 이른다는 것이다. 인을 원함(欲仁) 자체가 곧 인의 이름(仁至)이라는 것이다. 그러니 멀지 않은 것이다. 가까운 것이다. 부르기만 하면 꼬리를 치고 달려오는 애완견처럼 그렇게 가까이 있는 것이다.

여기서 관건은 '아욕我欲'이다. '내가 원하면'이라는 단서랄까, 조건이 있는 것이다. 인이 이르기(仁至)를 바란다면 내가 원해야 한다는 것이다. 역으로 내가 원하지 않으면 이 인이 이르지(오지) 않는다는 말이다. 긴 논의는 생략하지만 '인仁'의 핵심은 '애인愛人'이었다. 그러니 내가 남을/사람을 사랑할 마음이 없는데 '남을 사랑함'이 이를 리 있겠는가. 원천적으로-본질적으로 성립 불가능인 것이다. 그러니까 공자적 가치는 이 '인'을 비롯해 다 나의 '원함(欲)'에서 비로소 그 첫발을 뗄 수가 있다. 공자는 이 말에서 진정한/실천적 유학의 결정적인 시작점을 우리에게 알려주고 있다. 그 원함(欲) 자체가 이미 그 다다름(至)이라는 것이다. 그런 마음먹음 자체가 이미 어짊(仁) 즉 남에 대한, 사람에 대한 사랑(愛人)이라는 것이다. 중요한 발언이 아닐 수 없다. 그 원함이 다른 누구도 아닌 '나'의 원함(我欲)이라는 점을 우리는 두 번 세 번 귀를 세우고 듣지 않으면 안 된다. 공자의 철학은 '수기지학修己之學'이고 그것은 '실천철학'임을, 특히 '실존적' 실천철학임을 명심해야 한다. 공자는 저 사르트르처럼 엄중하게 실존적 선택(choix)을 즉 '아욕我欲'(나의 하려 함)을 우리에게 요구한다. 그는 잘난 척 지식을 과시하는 단순한 이론가가 절대 아니다.

0815　　자 왈　　부 재 기 위　　불 모 기 정
　　　　子曰, "不在其位, 不謀其政."

1427　　자 왈　　부 재 기 위　　불 모 기 정　　증 자 왈　　군 자 사 불 출 기 위
　　　　子曰, "不在其位, 不謀其政." 曾子曰, "君子思不出其位."

… 말씀하셨다. "그 지위에 있지 않으면 그 정사를 도모하지

않는다." 증자가 말했다. "군자는 생각이 자신의 지위를 벗어

나지 않는다."

한-중-일 할 것 없이 꽤나 유명한 말이다. 말의 의미에 대한

해석도 대략 공통된다. 지위 내지 직위와 그 해당 정사 내지 정무

를 연관 지어 해당 정사/정무를 해당 지위/직책에 한정 짓는 것이

다. 말하자면 맡은 자리에서는 맡은 일만 하라는 것이다. 다른 일

에 대해 기웃거리거나 이러쿵저러쿵 참견하지 말라는 말이다. '모

르면 잠자코 있어라'는 식으로 받아들여질 수도 있다.

　말 자체만 놓고 보면 아니랄 수도 없다. 일단 맞는 말이고 그런

해석이 갖는 나름의 철학적 의미도 없지 않다. 아닌 게 아니라 직무는 전문가에게 맡길 때 최고의 효율을 발휘한다. '군자는 현재 처한 지위에 바탕을 두고 알맞게 행할 뿐이요, 그 이외의 것은 바라지 않는다(君子素其位而行, 不願乎其外 군자소기위이행, 불원호기외)'고 한 『중용中庸』의 말도 같은 취지다. '요리하는 사람이 주방 일을 잘 처리하지 못한다고 해서, 시동이나 축관이 제기를 넘어 와서 그 일을 대신할 수는 없는 일이다(庖人雖不治庖, 尸祝不越樽俎而代之矣 포인수불치포, 시축불월준조이대지의)'라는 『장자莊子』〈소요유逍遙遊〉의 말도 비슷한 취지다. 충분히 철학적 의미가 있다. 『주자집주朱子集注』에 소개된 정이천程伊川의 말 '그 지위에 있지 않으면 그 일을 맡지 않는다. 다만 임금과 대부가 물으실 때는 고하는 일도 있다(不在其位, 則不任其事也, 若君大夫問而告者則有矣 부재기위, 즉불임기사야, 약군대부문이고자즉유의)' 처럼 예외를 인정하는 입장도 있지만 기본 취지를 벗어나지는 않는다.

그런데. 그게 다는 아니다. 워낙 짧은 말이다. 자세한 설명도 없다. 그래서 이 말은 그렇게 간단하지 않다. 이런 해석들이 맞고 틀리고를 떠나 더 깊이 생각해볼 여지가 있기 때문이다. 공자는 과연 무엇 때문에 이런 말을 한 것일까. 가장 먼저 떠오르는 것은 당시 노나라의 현실이다. 비교적 잘 알려진 대로 당시 노魯나라는 소공昭公-정공定公-애공哀公 등 군주를 무력화시키고 신하인

이른바 삼환(三桓: 계손季孫, 숙손叔孫, 맹손孟孫 세 대부 세력)이 실권을 장악해 전횡을 하고 있었다. 더 나아가 계손씨의 수하였던 양호陽虎(=양화陽貨)는 그들까지도 무력화시키고 전권을 휘둘렀다. 질서를 중시하는 공자로서는 이런 월권이 달가울 리 없었다. 그러니 이 말은 대부가 군주의 정사를 도모하는 그런 현실에 대한 비판이었을 수도 있다.

그러나 또다른, 더 근본적인 맥락이 있을 수도 있다. 무엇보다도 공자는 여기서 '위位'와 '정政'이라는 것을 말하고 그 둘을 연결시킨다. 좀 더 정확히 말하자면 '재위在位'(자리에 있음)와 '모정謀政'(정사를 꾀함)이다. 재위가 모정의 전제조건이 된다. 그걸 글자 그대로 읽은 것이 위의 해설들이다. 그 의미도 우리가 들은 그대로다. 공자 본인이 대사구大司寇(법무장관 격) 등 실제 정무에 종사한 적이 있으므로 그가 그런 걸 모른다고 할 수도 없다. 정치(政) 그 자체의 중요성도 그 누구보다 잘 알고 있었다. 『논어』전체에 '정政'에 대한 언급이 40번 이상이나 나온다. 그건 이미여러 차례 말한 바 있다. 그의 철학 자체가 일종의 정치철학이기도 하다. 그가 14년에 걸쳐 주유열국을 한 것도 어떻게 보면 '모정謀政'을 위한 '재위在位'를 기대한 것이기도 하다. 자, 그런데. 생각해봐야 한다. 공자가 생각한 그 모정謀政(정사를 도모함)이 무엇이었던가. 그건 우리가 이미 여러 차례 확인 했듯이 '정正'이고 '역易'이었다. 바로잡고 바꾸는 것이었다. 무엇을? 사람과 세상(천하)이다. 군군신신부부자자가 그의 정사였고 무도한 천하를 유도한 천하로 바꾸는 것이 그의 정사였다. 그렇다면, 그런 정사를 도모하는 '모정謀政'이 그 필연적 조건인 '재위在位'와 무관할 수 없는 것이다. 이 점을 고려할 때 저 '재위在位'와 '모정'의 제대로 된 의미가 드러날 수 있다. 제대로 된? 어떤?

말하자면 이런 것이다. 재위란, 그런 정사를 도모할 수 있는 현실적인 힘을 갖는 것이다. 지위를 갖는 것이다. 우리는 대개 잘 알지만, 특히 현실 정치인들이 누구보다 잘 알지만, 자리란 곧 힘이다. 무언가를 할 수 있는 힘이다. 그래서 그들은 선거에 출마하여 죽기살기로 선거전을 치르고 당선되어 정권을 잡으려고 한다. 그 목적 내지 목표가 바로 모정謀政을 위한 재위在位다. 자리를 차지하는 것이다. 그 한 극단적 형태로 이른바 혁명/쿠데타라는 것도 있다. 공자의 경우는 그게 '주유열국'이었다. 그러니 '부재기위 불모기정不在其位, 不謀其政'이란 에헴 하는 뒷방 늙은이의 혹은 서당 훈장님의 고답적인 정치론이 아니라, 수레에 흔들리는 고단한 나그넷길에서 내뱉은 쓰디쓴 한 마디일 수도 있는 것이다. '사람을 바꾸고 세상을 바꾸는 게, 바로잡는 게, 그게 생각만 한다고 되겠어? 말만 가지고 되겠어? 그걸 할 만한 힘이 있어야 되는 거야. 자리가 있어야 되는 거야. 그런 게 없으면 그런 정치는 애당초 할 수가 없는 거야. 원천적으로 불가능한 거야. 그러니 그럴 만한 지위에 있지 않다면 그런 정사는 도모하지 않는 게 옳아. 하려 해도 될 일이 아냐.' 이런 의미가 공자의 이 말에는 마치 그의 고단한 여정을 보여주는 그 수레의 짐처럼 실려 있었던 것이다.

한 가지 가능성이 더 있을 수 있다. 그가 말한 이 '재위在位'가 '위치에 있음'이라는 것이다. 즉 '그 문제의 한가운데 있음'이라는 뜻이다. 다시 말해, '자기 자신이 그 문제를 자기 문제로 인식하지 않는다면, 그 문제를 다루려 해서는 안 된다'는 뜻이다. '기정其政'(그 정사)의 '기其'(그)라는 말에는 그런 무게가 실려 있다. 자리에 있는 사람이 어떤 정사를 자기 자신의 일로 생각하고 즉 국민의 눈높이에서 도모할 때, 그 일은 비로소 제대로 된 추진력을 갖게 되고 제대로 된 결과를 만들어낼 수가 있는 것이다.

우리는 공자보다 2500년이나 더 많은 역사를 갖고 있다. 압도적으로 더 많은 사례와 데이터를 갖고 있다. 그러니 그의 이 말이 어떤 사람의 어떤 정치를 가리키는지도 잘 알고 있다. 그 위치에서 그 정사를 도모하여 눈부신 결과를 만들어낸 사례도 알고 있고. 그 위치에 없으면서 엉뚱한 정사만 도모하여 백성과 세상에 폐만 끼친 없느니만 못했던 사례도 알고 있다. 아무개가 그렇고 아무개가 그렇다.

정사-정치와 자리-위치란 그 얼마나 막중한 사안인가. 요즘 사람들은 이 사실을 거의 모르고 있는 듯하다. 그저 오직 자리만을 탐한다. 명예와 이권을 노린 그 권력 다툼을 정치라고 착각한다. 그래서 정작 '그 정사'(其政)는 도모하지 않는다. 안중에도 없다. 자신이 그 위치에 즉 문제의 한가운데에 있지 않기 때문이다. 공자는 그것을 너무나도 잘 알고 있었던 것이다. 그래서 저 말을 남긴 것이다. "그 위치에 있지 않으면 그 정사를 도모하지 않는다.(不在其位, 不謀其政)"

　이 말의 진정한 의미가 위의 몇 가지 가능성 중 어떤 것인지는 역시 각자의 선택에 맡겨져 있다.

09
자한子罕

0916   子在川上曰, "逝者如斯夫! 不舍晝夜."

선생님께서 강 위에서 말씀하셨다. "가는 것이 이와 같구나!
밤낮으로 머물지 않는다."

제법 잘 알려져 유명하고 가끔씩 사람들 입에 오르내리기도 하
는 말이다. 그런데 사실 이 말은 그 의미가, 이 말을 한 공자의 의
도가, 좀 불분명하다. 역시 앞뒤 문맥이 잘려 있기 때문이다. 중국
바이두百度에 보면 옛날 전언이라며 "여량홍呂梁洪(현 서주 여량
산徐州 呂梁山)이 홍수로 위험하다는 말을 듣고 제자들을 데리고
보러 갔다가 산 아래 도도히 흘러가는 사수泗水(현 고황하故黃
河)를 보고 느낀 바 있어 이 말을 남겼다" 어쩌고저쩌고 하는 말이
있는데 그게 사실인지 확인할 길은 전혀 없다. 확실한 것은 그가
아무튼 '천상川上에서'(개천 위에서? 개천 가에서? 개천 상류에

09 자한子罕   175

서? 이것도 실은 확실치 않다.) 흐르는 물을 내려다보고 그 느낌을 이렇게 말했다는 것이다.

그 내용이 이 한 마디다. 아니, 두 마디인가? 하나는 "가는 것이 이와 같구나"(逝者如斯夫)이고 하나는 "밤낮을 머물지 않는다"(不舍晝夜)이다. '이와 같구나'(如斯夫)는 '물(강/개천)과 같구나'이다. 물이 어떻다고? '간다'(逝)는 것이다. 물이 간다는 건 무슨 뜻? 흐른다는 것이다. 어떻게? 그게 '불사주야不舍晝夜'다. 밤낮을 머물러 쉬지 않고 흐른다는 말이다. '사舍'란 본래, 예컨대 숙사/관사/객사/기숙사처럼, 머물러 쉬는 집이니 동사로 쓰일 때도 머물러 쉰다는 뜻이 된다. 그러니 '불사不舍' 즉 머물러 쉬지 않는다, 물의 그런 모습을 공자는 보고 감회를 느낀 것이다. 이는 당연히 비유다. 무슨 비유일까.

여기서 사람들의 해석이 좀 갈라진다. 1. 세월의 흐름이 가차 없다는 해석. 2. 학문의 나아감이 끊임없어야 한다는 해석. 어느 쪽이 맞는 것일까. 여기서도 역시 정답은 없다. 문맥도 없거니와 공자 자신의 설명도 없기 때문이다. 해석은 자유다. 저 맹자가, "공자가 왜 자주 물에 대해 언급하였느냐"는 질문에 대해 "원천이 끊임없이 솟아올라 밤낮으로 머물지 아니하며 구덩이를 채운 뒤에야 나아가 사해에 이르나니 근본이 있는 자는 이와 같다."(原泉混混, 不舍晝夜, 盈科而後進, 放乎四海, 有本者如是. 『孟子』離婁下) 고 답한 것이 있는데, '유본자有本者'를 언급한다는 점에서는 2의 해석과 비슷한 부류로 볼 수 있다. '불사주야不舍晝夜'라는 같은 표현이 있으니 공자의 이 말과 무관하지 않은 것은 틀림없다. 권위 있는 맹자의 말이지만, 역시 확인할 수는 없으니 정답이라 단정할 수는 없고 그럴 필요도 없다. 1의 해석도 나름 충분히 일리가 있다. 공자가 아니라 우리라도 도도히 흐르는 물을 보고 이런 감상에 젖을 수가 있다. 물의 끊임없는 흐름 그 자체가 우리에게 어떤 문학적 영감과 함께 철학적인 메시지를 들려주기 때문이다. 예컨대 저 유명한 그리스의 철학자 헤라클레이토스의 명언 "모든 것은 흐른다(panta rhei). 그 어떤 것도 멈추어 있지는 않다"도 그런 계통이다. 그 말이 공자의 이 말과 상통한다고 볼 수도 있는 것이다. 그게 자연스럽다. 아닌 게 아니라 헤라클레이토스도 강에 대해 구체적으로 언급한 바가 있다. "우리는 같은 강물에 들어가는 것이기도 하고, 들어가지 않는 것이기도 하다." "그대는 같은 강에 두 번 들어갈 수는 없다. … 흩어졌다가는 또다시 모여오고, … 또 다가왔다가는 멀어져 간다." 알쏭달쏭해 깊은 사유를 부추기는 말이지만, '머물러 쉬지 않는 끊임없는 흐름'이 이 말들의 핵심에 놓여 있는 것은 분명하다. 거기서 우리는 무엇을 느끼고 공감할 것인가. 무심한 세월인가. 학문의 진보인가. 정답은 없다. 이것도 결국은 듣는 자의 선택에 맡겨져 있다. 그 선택이 어느 쪽이든 그 선택 자체가 이미 자기 자신에 대한, 즉 자기 자신이 어떤 사람인가에 대한 선택이기도 하다는 사실을 직시하고 순간 긴장

할 필요가 있다. 당신은 인생론자인가 학문론자인가. 스스로에게 한번 물어보자.

우리는? 일단 '감'(逝)과 '머물지 않음'(不舍)이라는 현상 그 자체에 대한 철학적 감상이라고 이것을 읽는다. 거기서 읽어내는 메시지는 1에 가깝다. '세월의 머물지 않는 흐름'이다. 나이 든 자는 도리 없이 이쪽이 끌린다. 2는? '학문의 머물지 않는 정진'? 좀 오버하는 감이 없지 않다. 물론 그게 틀린 해석이라고는 할 수 없지만. 어차피 해석은 자유고 선택이니까.

0922 子曰, "後生可畏. 焉知來者之不如今也? 四十五十而無聞焉, 斯亦不足畏也已."

"나중 사람들도 두려워할 만하다. 어찌 새로 오게 될 자들이 지금만 못하리라고 단정할 수 있겠는가? (그러나) 사십, 오십이 되어도 들은/들리는 바가 없다면 이 또한 두려워할 게 못된다."

'후생가외後生可畏'는 지금도 제법 사용되는 말이다. 그 출처가 바로 여기다. 자기보다 아랫사람/다음 세대도 두려워할 만하다는 뜻이다. 두려워할 만한 아랫사람/다음 세대가 있을 수 있다는 말이다. 아닌 게 아니라 그런 친구들이 실제로 있어 우리는 공자의 이 말에 고개를 크게 끄덕이게 된다. 여기에는 나이가 사람의 훌륭함을 재는 척도가 되지 못한다는 의미가 스며 있다. 따라서 나이 좀 먹었다고 그걸로 잘난 척하고 대우받으려 해서는 안 된다는 의미도 스며 있다. 공자가 이 말을 한 취지도 바로 그런 것이다. 이런 날카로운 통찰을 하고 이런 말을 했으니 공자야말로 가외可畏가 아닐 수 없다. '선생가외先生可畏'의 경우다. 물론 먼저 사람, 윗사람이라고 모두가 당연히 '가외可畏'는 아니다. 나이만 먹었지 참 볼 것 없는 사람도 세상에는 넘쳐난다. 그런 사람은 '역부족외야이亦不足畏也已'다. 두려워할 게 못 되는 것이다. 이 말에는 이런 뜻도 암암리에 포함되어 있다. 따라서 그저 나이든 노인을 공경하라는 이른바 경로敬老사상은 공자의 사상이 아니다.

그 뒤의 말은 '후생가외後生可畏'에 대한 배경 설명 내지 보충 설명이다. '언지래자지불여금야焉知來者之不如今也?'는 '나중에 온/올 사람이 지금 있는 사람만 못하다고 어떻게 알겠냐' 하는 말이니 충분히 지금 사람보다 나을 수도 있다는 말이다. '언지焉知'(어찌 알겠느냐)라는 말은, 모를 일이니 지레 그렇게 (먼저 온 사람/지금 사람만 못하다고) 단정해서 아랫사람을 깔보지 말라는 말이다. 그런 강조인 것이다. '래자來者'는 '내일'이란 말처럼 '지금은 아직 없지만 있게 될 사람' 즉 후배/아랫사람/다음 세대 그런 뜻이다. '후생後生'과 래자來者는 같은 뜻이다.

단, '후생가외後生可畏'인 것은 맞지만, 후생後生이라고 해서 다 가외可畏는 아니다. 당연한 이야기다. 특히 40, 50 나이가 그쯤 돼서도 '무문無聞'이면 이런 친구는('후생'은) 역시 '가외'의 대상이 아니라고 공자는 단언한다.(斯亦不足畏也已) 이게 이 말의 뒷부분이다. '외畏', 즉 두렵다는 것은 특별히 주목할 만한 사람을 주목하는 것이다. 그러니 '40, 50에도 무문無聞'이면 특별히 주목할 것도 두려워할 것도 없다는 말이 된다. 그게 '부족외不足畏'다. 특별히 주목하고 두려워할 내용이 없다는 것이니 이건 납득 가능하다. 수긍할 수 있다. 단, 여기서 '무문無聞'이 좀 문제다. 이게 정확하게 무슨 뜻일까. 말 그대로면 '들림/들음이 없다'는 것인데, 이 말의 의미가 좀 불분명한 것이다. 들림이냐 들음이냐에 따라 그 의미가 달라진다. 중국어가 본래 이렇게 그 의미의 폭이 크다. 그만큼 좀 다의적이다. 권위 있는 사람들의 이해도 엇갈린다. 예컨대 1. 세상에 그 이름이 들리지 않는다, 즉 알려지지 않는다, 즉 명성을 얻지 못한다(주자朱子)라는 게 있고,(不能自勉, 至於老而無聞, 則不足畏矣. 曾子曰:「五十而不以善聞, 則不聞矣」, 蓋述此意. 불능자면, 지어로이무문, 즉부족외의. 증자왈:「오십이불이선문, 즉불문의」, 개술차의.) 2. 그 나이가 되도록 도道를 들음이 없다[도를 듣지 않았다](양명陽明 왕수인)라는 게 있다.("'無聞'是不聞道, 非無聲聞也." "'무문'시불문도, 비무성문야.") 같은 중국인들끼리도 이렇게 그 의미 해석이 다르다.

자, 그렇다면 주자와 양명, 누구 말이 맞을까. 쉽게 단정하기 어렵다. 둘 다 일리가 있고 각각 의미도 있다. 이것도 역시 이 말을 듣는 각자의 해석과 선택에 맡겨진다. 각자의 관심 방향, 각자의 가치관에 따라 어느 하나가 선택될 것이다. 그 선택이 역시 선택한 자 본인의 색깔을 드러낸다.

참고로 제3의 해석이 있을 수 있다. 이 말이 실은 공자가 제자들에게 한 말로서, 먼저 문하에 들어온 선배 그룹에게 나중에 들어온 후배 그룹을 가벼이 보지 말라는 주의 내지 경고의 말일 수도 있다는 것이다. 문맥상 충분히 가능한 이야기다. 단 이 경우에도 조건이 따라붙는다. 그게 '사십오십이무문四十五十而無聞焉'이다. 이 경우라면 '무문無聞'의 의미가 좁혀질 수 있다. 공자 본인의 가르침 즉 '도道'를 '제대로 들음이 없다'는 뜻이다. 똑같지는 않지만 양명의 해석에 가까운 것이다. 나중에 들어온 친구도 무시할 수는 없는데 그 나이가 되도록 (공자가 지향하고 말하는 그) 도가 뭔지 제대로 알아듣지 못했다면 그런 친구는 별 볼일 없다는 것이다. 두려워할 게 못 된다는 것이다. '부족외야이不足畏也已'인 것이다. 어쩌면 이게 가장 실제에 부합한 해석일 수도 있다. 그러나 이 또한 선택지의 하나일 뿐이다. 공자 본인이 확인해주지 않는 한, 이 말의 해석에 정답은 없다. 한 가지 분명한 것은 '후後'가 '선先' 내지 '금今'보다 못하다는 법은 없다는 것이다. 그러니까 '선先' 내지 '금今'이 '후後'보다 낫다는 법도 당연히 없다. 두려워함

의 대상은 선후가 아니라 나이도 아니라 두려워할 만한 그 '내
용'인 것이다. 공자의 경우는 어쨌든 그게 '유문有聞'인 것은 틀림
없다. '들은 게 있음' 혹은 '들리는 게 있음'이다. 뭐가? 그게 도인
지 명성인지는 역시 각자의 선택에 맡겨진다. 그 기준점이 대략
40, 50 무렵이라는 것은 공자 자신의 언급이 있으므로 그건 확실
하다. 공자 본인이 '혹하지 않았던'(不惑) 그리고 '천명을 알았
던'(知天命) 바로 그 무렵이다.

　*나이 40이 공자에게 하나의 기준 점이 된다는 것은 1726(子
曰, 年四十而見惡焉, 其終也已.)에서도 드러나 있다.

0928　子曰, "歲寒然後知松柏之後彫也."
　　　　자 왈　　세 한 연 후 지 송 백 지 후 조 야

　　　"계절이 추워진 다음에야 소나무, 잣나무가 늦게 시드는 것을
　　　알게 된다."

　엄청 유명한 말이다. 저 추사 김정희의 유명한 그림 '세한도歲
寒圖'도 여기서 그 제목을 따온 것이다. 공자의 이 말은 들으면 곧
바로 이해된다. 글자의 의미도 이 말의 의미도 특별히 어려울 게
없다. '조彫'(시든다)라는 글자가 좀 낯설다면 낯설 뿐이다.

단, 이 말의 의미를 실제 상황에서 깊이 새겨보고 그 가치에 공명하는 것은 역시 쉽고 흔한 일은 아니다. 특히 이 말은 날이 추워져 모든 나무가 다 낙엽지기 전에는 늦도록 푸르른 잎을 달고 있는 송백의 그 가치를 사람들이 잘 '알지' 못한다는 현실을 그 배경에 깔고 있다. 당연히 이게 그 나무를 칭송하기 위한 것은 아니다. 비유인 것이다. 송백松柏과 같은 그런 사람, 인물 내지 그 꿋꿋한 절개를 칭송하는 것이다. 그런 사람이 되기를, 그런 덕을 갖추기를 권유하는 것이다.

사람들은 대체로 어리석어서 어려운 상황이 되기 전에는 소중한 존재의 소중함을 잘 알아차리지 못한다. 이런 걸 꼭 소중한 사람에 국한시킬 필요도 없다. 사람을 포함해 '소중한 것 일반'이 다 해당한다. 예컨대, "아파 보아야 건강의 가치를 알 수 있고, 늙어 보아야 시간의 가치를 알 수 있다." "혼자가 되어보아야 비로소 아내가/남편이 대체 불가능한 보물이었음을 알게 된다." 같은 것도 다 동일한 맥락이다.

'송백지후조松柏之後彫'(소나무 잣나무가 늦게 시듦)는 모든 특별한 가치 내지 소중함의 상징이다. '지知'는 절절한 깨달음 내지 각성이고 그건 일반적인 '부지不知' 즉 깨닫지 못함이라는 문제적 상황을 그 배경에 깔고 있다. 그러니 저 '세한歲寒'(계절이 추워짐)은 당연히 평소와 다른 '어려운 상황' 혹은 '결여의 사태'를 상징한다. '연후然後'는 '그런 다음에야, 그러고 나서야 비로소'라는 뜻이다.

　공자가 이 말을 한 의도는 명백하다. 평소에도 그 소중한 존재의 소중함을 알아보라는 것이다. 주변에 그런 존재가 아마 적지 않을 것이다. 그리고 그 소중함을 알아보고 알아주는 경우는 아마 많지 않을 것이다. 문득 요즘 개밥에 도토리처럼 외면당하고 있는 소위 인문학 특히 공자를 포함한 철학의 처지가 떠오른다. 세한歲寒 즉 세상이 온통 살벌해진 다음에야 아마 사람들은 공자를 포함한 그 철학이라는 것의 소중함을 비로소 깨닫게 될지도 모르겠다. 그때도 그게 아직 숨이 붙어 있을지는 모르겠지만.

0929　子曰, "知者不惑, 仁者不憂, 勇者不懼."

"아는 자는 미혹시키지 않고 어진 자는 근심시키지 않으며 용감한 자는 두렵게 하지 않는다."

1430　子曰, "君子道者三, 我無能焉, 仁者不憂, 知者不惑, 勇者不懼." 子貢曰, "夫子自道也."

"군자의 도道가 셋인데 나는 능히 해내지 못한다. 어진 자는 근심시키지 않고 아는 자는 미혹시키지 않으며 용기 있는 자는 두렵게 하지 않는다." 자공이 말했다. "선생님 자신의 도다."

공자에 관심 있는 사람이라면 한 번쯤 들어봤을 말이다. 같은 말이 『논어』에 두 번이나 나온다. 1430에는 순서가 조금 다르고 앞뒤 문맥이 조금 붙어 있다. 그런데, 응? 그 번역이랄까 해석이 알려진 것과 좀 다를 것이다. 보통은 "아는 자는 미혹되지 않고 어진 자는 근심하지 않으며 용감한 자는 두려워하지 않는다."고 해석된다. 어려운 글자도 전혀 없고 들으면 바로 알 수 있는 말이다. 그 의미도 물론 훌륭하다.

그러나, 이 말의 의미를 진지하게 새겨보는 이라면 좀 걸리는 부분이 있다. 그게 뭘까. '인자불우仁者不憂'다. '어진 자는 근심하지 않는다'는 말이다. 이게 도대체 무슨 뜻일까. 아는 자가 미혹되지 않고 용감한 자가 두려워하지 않는다는 건 누가 들어도 이해가 된다. 납득이 간다. 수긍이 된다. '지知와 혹惑' '용勇과 구懼', 이 반대되는 개념들의 연관성이 곧바로 드러나기 때문이다. 초등학생이라도 이 개념들을 좌우로 벌려놓고 짝지어 줄을 그어보라면 대개는 100점을 맞을 것이다. 그런데 '인仁과 우憂'는 다르다. 어짊과 근심은 곧바로 연결되는 점이 없다. 반대개념도 아니다. 그러니 이상한 것이다. 공자는 머리가 보통 좋은 사람이 아니다. 이렇게 어설프게 말을 할 사람이 아니다. 세 가지 '군자도君子道'인데, 확실한 의미가 없을 턱이 없다. 그래서 우리는 이 말의 해석을 고민해보지 않으면 안 되는 것이다.

물론 식자들의 해설은 있다. 질리도록 많다. 다들 아주 잘 아는 투로 말한다. 저 유명한 주자도 당연히 거든다. "이理는 족히 그것으로 사私를 이긴다. 고로 근심이 없다.(理足以勝私, 故不憂)" 느닷없이 '이理'를 동원한다. 그게 '사私'를 이기므로 근심하지 않는다는 설명이다. 이게 설명이 되나? 비약이다. 주자朱子의 집주集注는 대부분 공자 이해에 별 도움이 되지 않는다. 오히려 방해되는 오독이 많다. 이것도 그렇다. 생뚱맞은 해설이다. 이 해설에 대한 식자들의 보충 해설도 많다. 그것도 대부분 우리의 이성을 납득시키지 못한다. 인仁과 우憂 사이의 필연성을 지적해주지 못하기 때문이다.

자, 그렇다면 이 말의 진의는 무엇일까. 공자는 어떤 의도로 어떤 취지로 이 말을 한 것일까. 유일한 힌트는 '인仁'이란 말 자체에 숨어 있다. 아는 사람은 알겠지만, 인은 공자의 최고중요개념/가치/관심사의 하나이지만, 『논어』를 다 까뒤집어 봐도 이것에 대한 이렇다 할 개념 설명은 없다. 이게 이미 누구나 다 아는 것으로 전제하고 그 이모저모를 말할 따름이다. 그런데 거의 유일하게 설명하는 말이 있다. 그게 "애인愛人"이다.(1223 참조) 남을/사람을 사랑하는 것이다. 그게 인仁이다. 그런 인을 구현한 인자가 근심하지 않는다면 그 근심이 사랑과 반대개념이지 않으면 안 된다. 그래야 '공자의 말' '공자다운 말'이 된다. 이게 반대가 되는 경우는 어떤 경우일까. 인자 '본인이' 근심하는 것은 인과 반대가 될 수가 없다. 그런데. 만일 '남을/사람을' 근심시키는 거라면? 그건 사랑과 반대가 된다. 그렇다면. 이게 답인 것이다. 이건 말이 되고 이해가 되고 납득이 되고 수긍이 된다. 우리는 답을 찾았다고 할 수 있다. 원래 중국어인 한문은 같은 글자가 자동사가 되기도 하고 타동사가 되기도 한다. 문맥이 그것을 결정한다. (예컨대 견 見 도 그렇다. 본다도 되고 보인다/보여준다도 된다.) 여기서 근심 '우憂'는 타동사로 쓰인 것이다.

응? 그런데. 그렇다면 이번엔 저 지자불혹知者不惑과 용자불구 勇者不懼가 문제가 된다. 이것들은 아무 문제가 없었지 않은가. 그러니 이번엔 이것들이 인자불우仁者不憂와 나란해지지 않게 된다. 이런 것도 역시 공자의 어법이 아니다. 알다시피 공자는 언어의 천재다. 말을 그렇게 어설프게 할 턱이 없다. 게다가 자동사로 읽으면 너무 평범해진다. 아무나 할 수 있는 말이 되어버린다. 그렇다면? 이것들을 인자불우仁者不憂처럼 타동사로 읽어본다. 그렇게 한 것이 저 위의 해석인 것이다. 그게 가능한가? 맞는가? 그게 가능하다. 그게 맞다. 옥편에도 그렇게 나와 있다. 혹惑도 '미혹시킨다'는 뜻이 있고 구懼도 '두렵게/겁나게 한다[으르다/위협한다]'는 뜻이 있다. 그러니까 불혹不惑은 미혹시키지 않는다, 헷갈리게/헤매게 하지 않는다는 뜻이 되고, 불구不懼는 두렵게/겁나게 하지 않는다는 뜻이 된다. 이렇게 읽으면 이제 그 표현도 의미도 가지런해진다. 비로소 공자다운 말이 된다. 이게 어떻게 공자다운가. 깊은 뜻이 있기 때문이다. 이렇다. 지자知者가 미혹시키지 않는다는 것은 지자이므로 자신이 이것이냐 저것이냐를 분명히 안다는 것이다. 맞는지 틀리는지 옳은지 그른지 유도한지 무도한지 …를 제대로 잘 안다는 것이다. 그러니 남/다른 사람에게 정도를 알려주어 헷갈리게/헤매게/미혹되게 하지 않는다는 말이다. 그럴 수 있는 게 지자인 것이다. 용자勇者도 마찬가지다. 용자는 본인이 스스로 용자이니 누구보다도 두려움이라는 걸 잘 안다. 그것과 싸워 그것을 이겨내는 자가 용자다. 그러니 그 두려움이 어떻다는 것, 그게 두렵다는 걸, 좋지 않다는 걸 누구보다도 잘 아는 존재다. 더구나 그는 군자다. 남/사람에게 그런 두려움을 주고 싶겠는가. 스스로 두려움의 대상이, 두려움의 원인 제공자가 되고 싶겠는가. 당연히 그렇지 않다. 그래서 그렇게 하지 않는 것이다. 용기의 대상이 무도함이지 선량한 타인이 아닌 것이다. 그게 바로 용자불구인 것이다. 인자仁者는 이미 말했듯이 남에게 근심을 끼치지 않는다. 그런 게 남에 대한 사랑이다. 근심을 끼치는 것은 사랑이 아니기 때문이다. 이러면 이제 모든 것이 깔끔하게 정리된다.

물론 이게 아닐 수도 있다. 그러나 이 설명/해설에 고개가 끄덕여진다면 그 사람에겐 이게 정답이다. 그런 사람이 많기를 우리는 기대한다.

공자의 다른 말들처럼 이 말도 그저 멋있어 보이려고 에헴 하며 한 말은 절대 아니다. 그 배경이 있다. 이 말과 반대되는 현실이 있기 때문이다. 세상에는 군자답지 못한 지자知者, 인자仁者, 용자勇者가 많다. 아니, 지자 인자 용자가 못 되는, 그러면서 '인 척 하는'(pretend to) 인사들이 많이 있다. 그들은 혹惑하고 우憂하고 구懼한다. 즉 남을/사람을 미혹시키고 근심시키고 겁나게 한다. 그런 이들을 어찌 군자라 할 수 있겠는가. 이런 말을 듣고 조금이라도 찔끔하는 이가 있다면 그는 조금이라도 싹수가 있는 것일지도 모르겠다.

10
향당 鄕黨

1017 <ruby>廐<rt>구</rt></ruby><ruby>焚<rt>분</rt></ruby>. <ruby>子<rt>자</rt></ruby><ruby>退<rt>퇴</rt></ruby><ruby>朝<rt>조</rt></ruby>, <ruby>曰<rt>왈</rt></ruby>; <ruby>傷<rt>상</rt></ruby><ruby>人<rt>인</rt></ruby><ruby>乎<rt>호</rt></ruby>? <ruby>不<rt>불</rt></ruby><ruby>問<rt>문</rt></ruby><ruby>馬<rt>마</rt></ruby>.

　마구간에 불이 났다. 선생님께서 조정에서 돌아와 말씀하셨
다. "사람이 다쳤느냐?" 말에 대해서는 묻지 않으셨다.

　10 〈향당〉 편은 대부분 공자의 평소 행동거지를 곁에서 지켜본
누군가(아마도 제자)가 자신이 느낀 대로 묘사한 특이한 기록이
다. 공자 본인의 발언은 극히 짧은 한두 마디를 제외하고는 거의
없다. 의식주, 습관 등등 그에 관한 소중한 정보들을 이것저것 알
려준다는 점에서는 자료적 가치가 작다 할 수 없으나, 제3자의 전
언인 만큼 그게 100% 공자 본인의 정확한 모습이라고 단정하기
에 한계는 없지 않다. 단, 한 가지 분명한 것은 17장의 이 말이다.
이건 공자 본인의 말이 분명해보인다. 그리고 공자의 사람됨이 잘
드러나 있다.

보다시피 마구간에서 불이 났는데, 조정에서 돌아와 소식을 들은 공자는 제일 먼저 "사람이 다쳤느냐?(傷人乎?)"고 물은 것이다. 마구간임에도 불구하고 말에 대해서는 묻지 않았다. 이 짧은 세 글자는 그가 평소에 '사람(人)'을 무엇보다 중시/우선시했음을 단적으로 보여준다. 그리고 마구간인 만큼 거기 있던 사람은 아마도 미천한 아랫사람이었을 것이다. 그럼에도 그 누군가가 다치지 않았는지를 염려한 것이다. 좀 거창하게 말하자면 이 말은 그가 '인본주의자'였음을 확실히 알려준다. 유명한 '인仁'의 핵심이 '애인愛人' 즉 남/사람에 대한 사랑이었는데 그것과도 무관하지 않다. 화재라는 특별한 상황에서 나온 돌발적인 이 말이 그 자신의 인품이기도 한 그런 사랑 즉 인을 분명히 보여주기 때문이다.

2500년 전 그때나 지금이나 우리가 사는 이 세상은 사람의 세상이다. 그 '사람'이라는 게 과연 어떤 취급을 받고 있는가는 철학적 주제가 아닐 수 없다. 공자의 마구간 화재는 명함도 못 내밀 엄청난 재난들이 우리들의 세상에는 너무나 흔히 발생한다. 당시의 말(馬)에 해당하는 자동차 사고는 말할 것도 없고 호텔에 불이 나고 백화점이 무너지고 다리가 끊어지고 배가 가라앉고 골목에서 젊은이들이 밀려 넘어져 깔려 죽기도 한다. 심지어 살인과 전쟁으로 대량 살육이 빚어지기도 한다. 그런 모든 장면에서 우리는 마치 환청처럼 공자의 이 말을 듣게 된다. "사람이 다쳤느냐?"(傷人乎?) 놀란 얼굴로 맨 먼저 이 말이 입에서 튀어나올 때 그럴 때 비로소 우리는 인간일 수 있다. 2500년 전, 서울에서 그다지 멀지도 않은 노나라(지금의 산동성山東省 일대)에 있었던 공자의 집, 그 마구간에서 불이 났던 그날의 이 한 장면이, 놀란 얼굴로 "사람이 다쳤느냐?"고 묻는 공자의 그 표정이, 우리에게 어떤 방향을 가리켜 보여준다. '사람'이 가야 할 방향이다.

제2부
하론

11
선진先進

1112 季路問事鬼神. 子曰: "未能事人, 焉能事鬼?" 曰: "敢問死." 曰: "未知生, 焉知死?"

계로季路가 귀신 섬기는 일에 대해 묻자 선생님께서 말씀하셨다. "사람도 아직 섬기지 못하는데 어떻게 귀신을 섬길 수 있겠느냐?" 계로가 말했다. "감히 죽음에 대해 여쭙습니다." … 말씀하셨다. "삶도 아직 알지 못하는데 어떻게 죽음을 알겠느냐?"

일반인에게 아주 유명한 말은 아니지만, 식자층에선 꽤나 유명하고 자주 거론되는 말이다. 계로(=중유仲由, 자로子路)와의 대화로 제법 문맥이 있다. 그 대화가 좀 특이하다. 그 주제가 '사귀신事鬼神' '사인事人' '사死' '생生'이다. 귀신을 섬기는 일, 사람을 섬기는 일, 죽음, 삶이다. 자로와 공자의 관심사가 확연히 다르다.

자로는 사귀事鬼와 죽음(死)에 관심을 표명했다. 그는 아마 우리와 별 다를 바 없는 평범한 사람이었을 것이다. 보통 사람들이 흔히 가질 법한 관심이다. 우리도 보통 그런 걸 궁금해한다. 그런데 특이한 건 공자의 대답이다. 그는 이 물음에 단호하게 대답한다. '못한다'(焉能) '모른다'(焉知)는 것이다. 그런데 더 특이한 건 이런 대답의 이유다. 그보다 더 중요한 게 있다는 것이다. 그것도 제대로 못하고 제대로 모르기 때문이라는 것이다. 그게 바로 '사람을 섬기는 일'(事人)이고 '삶을 아는 것'(知生)이다.

이 대답에서 우리는 공자라는 사람의 인물과 관심사/관심 방향을 확실하게 알 수 있다. 그는 인본주의자고 현세주의자인 셈이다. 귀신, 죽음, 그런 건 누구에게나 흥미로운 관심사이지만, 사실 우리는 그걸 알 수가 없다. 그런 것에 대해 이러저런 말들도 무수히 많지만, 심지어 영혼불멸이니 사후 세계니 어쩌고저쩌고 하는 말들도 많지만, 솔직히 그 진위 여부는 내가 진짜로 귀신을 만나보기 전에는, 진짜로 죽어보기 전에는 확인할 길이 없다. 공자도 "아는 건 안다 하고 모르는 건 모른다고 하는 것, 이것이 안다는 것이다"(0217 知之爲知之, 不知爲不知, 是知也)라고 말했다. 자기가 한 말 그대로 모르는 건 모른다고 한 것이다.

더 이상 설명도 없이 이게 다다. 그러니 우리도 더 이상 추궁할 필요가 없다. 할 수도 없다. 공자의 입장을 확인만 하면 된다. 즉 귀신이니 죽음이니 그런 건 그도 우리와 똑같이 몰랐다는 것이다.

하기야 누가 그걸 알겠는가. 공자도 몰랐던 걸 우리 같은 평범한 사람이 어찌 알겠는가. 그냥 그런 게 있나 보다, 수긍할 수밖에 없다. 그러나 우리가 확실하게 아는 건 있다. 사람(人)과 그 삶(生)이다. 그건 섬겨야(事) 하는 것이고 알아야(知) 하는 것이다. 왜? 공자도 그건 설명해주지 않는다. 그렇지만 우리는 안다. 그게 그 자체로 중요한 것이기 때문이다. 그건 우리 자신이고 우리 자신의 일이기 때문이다. 그리고 그 자체가 우리에게 그 중요성을, 그 문제성을 알려주기 때문이다. 사람과 삶에는 모종의 '-지 않을 수 없음' '불가피'라는 게 있기 때문이다. 관심의 근거는 그것으로 충분하다. 다만 그것을 정면으로 문제시하고 관심을 갖는 것은 그 자체로 이미 하나의 가치적 행위가 된다. 공자는 그것을 이렇게 분명히 천명했다.

그것을 지지하고 동참할 것인가 외면할 것인가, '이것이냐 저것이냐', 그것은 이제 우리 각자에게 맡겨진 과제로 남아 있다. 당신은 인간을 섬기는 일에, 삶을 아는 일에 과연 관심이 있는가 혹은 없는가. 이른바 휴머니즘은 그런 방향 설정에서부터 시작된다. 인간을 섬기는 일이다. 삶을 알고자 하는 일이다. 참으로 크지 아니한가, 공자의 이 일이.

12
안연顔淵

1201 顔淵問仁. 子曰, "克己復禮爲仁. 一日克己復禮, 天下歸仁焉. 爲仁由己, 而由人乎哉?" 顔淵曰, "請問其目." 子曰, "非禮勿視, 非禮勿聽, 非禮勿言, 非禮勿動." 顔淵曰, "回雖不敏, 請事斯語矣."

안연이 인을 물었다. … 말씀하셨다. "자기를 이겨내고 예를 되찾는 것이 어질고자 하는 것이다. 하루라도 자신을 이겨내고 예를 되찾는다면 천하가 어짊에 돌아올 것이다. 어질고자 하는 것이 자기에게서 비롯되지 남에게서 비롯되겠느냐?" 안연이 말했다. "그 세목을 여쭙겠습니다." … 말씀하셨다. "예가 아니면 보지 말고 예가 아니면 듣지 말며 예가 아니면 말하지 말고 예가 아니면 움직이지 마라." 안연이 말했다. "제가 비록 불민하나 이 말씀을 섬기고자 합니다."

유명한 말이다. 엄청 유명하다. 공자가 가장 아꼈던 제자 안연
顏淵과의 대화다. 여기서 공자는 안연의 물음에 답하여 인仁과 예
禮를 거론한다. 인과 예의 관계에 대해서도 논한다. 그리고 그 실
천 방안 같은 것도 제시한다. 그 내용도 내용이거니와 그 표현도
아주 멋지다. 공자다운 표현들이다. 특히 마지막의 물시勿視, 물청
勿聽, 물언勿言, 물동勿動은 표현이 좋아 그런지 극기복례克己復禮
와 함께 사람들 입에 자주 오르내린다. 예컨대 이웃 일본의 소문
난 관광지 중 하나인 닛코 토쇼구日光東照宮라는 데에 가면 신큐
샤神廐舍라는 건물이 있는데 거기 이 말이 세 마리 원숭이 부조로
내걸려 있기도 하다. 눈을 가린 원숭이, 귀를 막은 원숭이, 입을
막은 원숭이다. '산자루(さんざる : 三猿)'라고 흔히 부른다. 일본말
로 이것을 '미자루 키카자루 이와자루'라고 읽는데, '자루'(말라
勿)라는 말이 '사루'(원숭이)라는 말과 같아 원숭이 조각으로 재
미있게 표현한 것이다. 또 기원은 불분명하지만, 아마 공자의 이
말이 전해진 것이겠지만, 서양에도 "See no evil, hear no evil, speak
no evil."이라고 해서 이와 유사한 말이 있다. 더러 이 세 마리 옆에
가랑이를 가린 원숭이가 한 마리 더 있는 경우도 있다. 아마도 '물
동勿動'을 반영한 것이리라.

아무튼. 이 말의 주제는 인仁과 예禮다. 공자는 '극기복례克己復
禮'가 '인이 된다'(爲仁)고 했다. 알다시피 '위爲'는 된다라는 뜻도
되고 한다라는 뜻도 된다. 한다는 것이 좀 더 실천론적-행위론적

의미가 있으므로 해석은 위와 같이 '어질고자 하는 것'이라고 했다. 인이 된다고 해석해도 물론 틀린 것은 아니다. 중요한 것은 그 '위인爲仁'의 조건이 '극기복례'라는 것이다. A이면 B, A가 곧 B, 어느 쪽 해석이든 다 가하다. 굳이 다투어야 할 결정적인 차이는 없다. 중요한 것은 '극기복례'의 의미다.

인仁의 조건으로 예禮를 언급하는 것은 좀 생뚱맞을 수도 있다. 이 두 개념/가치가 어떻게 연결되는 거지? 왜 예가 인의 조건이 되는 거지? 이건 사실 간단한 문제는 아니다. 애당초 공자 본인이 인仁에 대해서도 예禮에 대해서도 이렇다 할 개념 설명을 해주지 않기 때문이다. 인도 예도 이미 누구나 다 아는 말로 전제하고 그것들의 이모저모를 논하고 있기 때문이다. 하긴 중국어이니 공자로서는 당연하다면 당연하다. 단, 우리가 그 의미를 짐작할 수는 있다. 인仁의 핵심은 공자 본인이 말해주는 대로 "애인愛人" 즉 남을/사람을 사랑하는 것이다. 예禮의 핵심은 기본적으로 사람을 대하는 사람의 태도다. 사람에 대해 사람이 지켜야 할 정중한 태도다. 존중의 그런 태도를 형식을 갖춰 표현하는 것이 예禮인 것이다. 다시 말해, 남/사람에게 지켜야 할 가치를 형식에 담은 표현이 예禮인 것이다. 그 반대인 '무례無禮'라는 말에서 그 진정한 의미가 드러난다. 무례는 남/사람을 함부로 대하는 정중하지 못한 태도다. 그러니까 예는 사람이 사람을 존중하는 태도가 중요한 것이지 형식이 중요한 게 아닌 것이다. "예다 예다 하지만 비단과 구슬을 말하겠느냐(禮云禮云, 玉帛云乎哉? 樂云樂云, 鐘鼓云乎哉? 1709 참고)"라고 공자가 말한 것도 그런 뜻을 반영한 것이다.

자, 그렇다면 이제 그 예禮가 인仁의 조건으로 언급된 것도 이해가 된다. 둘 다 '남/사람에 대한 태도'가 중요한 것인데 그 남/사람을 사랑하려면 그 남/사람을 함부로 대하면 안 되는 것이다. 남/사람을 함부로 대하지 않고 존중하면 그게 곧 남을 사랑하는 시작이 되는 것이다. 그것만 해도 이미 인仁(愛人)인 것이다. '극기복례위인克己復禮爲仁'은 그런 뜻이다. 그런데 우리는 여기서 만족하고 끝내면 안 된다. 왜냐면 그냥 '예禮'가 아니고 공자는 '극기복례克己復禮'라고 말하기 때문이다. 공자의 말은 글자 하나도 예사로운 게 없다. 다 나름 깊은 뜻이 있다. '복復'례라는 것은, 그 예가 지금 행해지고 있지 않다는 것을 전제로 한다. 즉 세상이 온통 무례한 사람 즉 남에게 함부로 하는 사람 천지라는 것이다. 그래서 예禮를 되찾아야(회복回復해야) 한다는 말이다. 그걸 되찾으면, 즉 남에게 함부로 하지 않게 되면 곧바로 '위인爲仁'의 상태가 된다는 말이다. 그의 말을 이렇게 읽으면 그다음의 말, '일일극기복례, 천하귀인언 一日克己復禮, 天下歸仁焉'이라는 것은 곧바로 이해된다. 하루라도 그렇게 되면 천하가 즉 온 세상이 인仁으로 돌아온다는 것이다. 여기서 '귀歸'(돌아온다)라는 말이 '현재 천하가 무례한 놈 천지이므로 인하지 못하다'라는 엄중한 사실을 알려주고 있는 것이다. 마치 우리의 지금 여기가 그런 것처럼. '천하天下'

는 당연히 지금 우리가 살고 있는 이 세상이다. 인간 세상이다. 이런 현실이 '복례復禮'라는 말에서 '복復'(회복)의 의미도 분명히 부각시켜주고 있다. 복復과 귀歸는 그렇게 연결되면서 '복귀復歸'를 강조하고 있다. 마땅히 그래야 할 상태로 돌아와야 한다는 것이다. 공자의 현실 진단이다. 염원이기도 하다. 공자에게는 이런 이상적인 원형으로의 강력한 지향이 있었다. 이른바 요순우탕 문무주공堯舜禹湯 文武周公의 세상이다. 플라톤의 저 이데아의 세계와도 유사성이 있다.

　이런 해석에 덧붙여 하나 더 생각해야 할 것이 있다. '극기克己'라는 것이다. '복례復禮'를 말하면서 공자는 '극기克己'를 함께 말하고 있다. 이게 우연일까? 아니다. 공자는 말 한 마디도 예사롭지 않다고 이미 말하지 않았는가. 극기克己는 그것이 바로 복례復禮의 핵심임을 시사하고 있다. 즉 복례復禮를 해야 하는 이유는 그 예禮가 '기己'(자기) 때문에 지금 무너져 있다는 말이다. 이게 무슨 말? 이미 위에서 지적했듯이 예禮는 남/사람에 대해 함부로 대하지 않는 정중한 태도를 가리킨다. 거기엔 원천적으로 나와 남이라는 대립항이 있다. '저쪽'은 '나'의 상관자인 것이다. 남을 함부로 대하고 무시하는 것은 바로 '나' 즉 '자기己'인 것이다. (요즘 말하는 소위 '에고ego'다.) 그 자기라는 게 바로 무례無禮의 원흉인 것이다. 그러니 그 '기己'가 함부로 날뛰지 않도록 그 녀석과 싸워 그 녀석을 억누르고 통제하여 이겨야(克) 한다는 것이다. 그게 바로 '극기克己'인 것이다. 말이 그렇지 이게 쉬운 일이 아니다. 사람이란 애당초 본능적으로 자기중심적이다. 이기적이다. 이 녀석을 이기기가(극克하기가) 참으로 쉬운 일이 아니다. 대부분은 지고 이 녀석의 지시를 따른다. 휘둘린다. 심지어 노예가 된다. 거기서 '무례無禮'가 시동을 거는 것이다. 그러니 이렇게 정리가 된다. 극기克己하면 복례復禮가 되고 복례하면 위인爲仁이 되고 위인이 되면 천하天下가 귀인歸仁이 된다. 참 가지런하고도 설득력 있는 논리라고 아니할 수 없다.

더욱이 공자는 친절하게도 한 마디 보충 설명과 실천 방안까지도 제시해준다. (대화의 상대가 가장 아끼는 안연이기 때문이었을까?) 그게 '위인유기 이유인호재 爲仁由己, 而由人乎哉'이고 '비례물시, 비례물청, 비례물언, 비례물동 非禮勿視, 非禮勿聽, 非禮勿言, 非禮勿動'이다.

'위인유기, 이유인호재 爲仁由己, 而由人乎哉'(어질고자 하는 것이 자기에게서 비롯되지(由) 남에게서 비롯되겠느냐)라는 말로 공자는 '위인爲仁' 즉 인을 행함의 주체가 그 말썽 많은 '자기(己)'라는 것을 다시 한번 확인시켜준다. '남/다른 사람'(人)이 아니라는 것이다. 반문법(乎哉)으로 하는 강조다. 이 말은 극기복례克己復禮 위인爲仁 천하귀인天下歸仁이 모두 그 '기己'에서 시작되는/비롯되는/말미암는(由) 문제라는 것을 확실히 알려준다. 공자철학이 기본적으로 '수기안인修己安人'인 것도 바로 이 때문이다. 그

'기기'가 모든 문제의 원천이기 때문이다. 아니, 화근이기 때문이다. 그걸 다스려야(修己) 비로소 남을 편안하게 해줄(安人) 수도 있는 것이다. 이걸 이렇게 꿰뚫어 통찰하고 있었으니 공자는 정말 철인 중의 철인이 아닐 수 없다.

자, 그러면 '어떻게' 해야 하나. 그 실천 방안 즉 '세목(其目)'이 바로 저 '3물勿' 아니 '4물勿'이다. '말라'는 것이다. 보지도 말고 듣지도 말고 말하지도 말고 움직이지도 말라(勿視, 勿聽, 勿言, 勿動)는 것이다. 사실상 아무것도 하지 말라는 것이다. 이게 말이 되나? 사람이 그러고서 어찌 살라는 말인가. 공자는 그렇게 막무가내가 아니다. 조건이 있는 것이다. 그게 '비례非禮'다. '예가 아니라면', 즉 예가 아닌 것에 대해 하는 말이다. 예에 대한 권유이기도 하다. 남에게 함부로 하지 않는 거라면 뭐든 하라는 것이다. 대신 예가 아닌 것은 절대 하지 말라(勿)는 것이다. '물勿'과 '비례非禮'(예가 아니라면)라는 말을 무려 네 번씩이나 반복한다. 그만큼 강력한 부정이다. 절대 금지다. 독일 사람들이 가장 자주 언급한다는 그 '금지Verboten'다.

이렇게 공자의 이 말은 일목요연하게 이해된다. 덧붙여 하나만 더 언급하자면, 그 예와 관련해서 견見, 문聞, 언言, 동動이 지목되고 있다는 사실이다. 인간의 기본적인 행위들이다. 실천적인 맥락에서의 생적 행위들이다. 삶의 구체적인 내용들인 것이다. 여기에 다 그 상관자-상대방이 있다. 관계가 있다. 그 관계의 쌍방, 이쪽이든 저쪽이든 거기에 다 '기己'라는 것이 있다. 우리의 삶이란 그 자기와 자기의 상관이다. 얽힘이다. 그게 삶과 세상의 실체고 정체다. 각각의 '기己'가 그것을 주도한다. 따라서 '극기克己'는 삶을 살아가는 만인의 근본 주제가 되고 과제가 된다. 자기와 싸워 이기느냐 지느냐, 그것이 문제로다. 그것이 천하귀인天下歸仁 즉 세계 평화를 좌우한다. 세상의 꼬락서니를 보면 대부분 지고 있다. 지고 있는 자가 너무 많다. '자기'(己)만이 기세등등하다. 이른바 이기주의다. 남/사람(人)에 대한 저 모든 '함부로'를 보라. 공자의 탄식이 여기저기서 들려올 법하지 않은가.

1202 <ruby>仲<rt>중</rt></ruby><ruby>弓<rt>궁</rt></ruby><ruby>問<rt>문</rt></ruby><ruby>仁<rt>인</rt></ruby>. <ruby>子<rt>자</rt></ruby><ruby>曰<rt>왈</rt></ruby>, "<ruby>出<rt>출</rt></ruby><ruby>門<rt>문</rt></ruby><ruby>如<rt>여</rt></ruby><ruby>見<rt>견</rt></ruby><ruby>大<rt>대</rt></ruby><ruby>賓<rt>빈</rt></ruby>, <ruby>使<rt>사</rt></ruby><ruby>民<rt>민</rt></ruby><ruby>如<rt>여</rt></ruby><ruby>承<rt>승</rt></ruby><ruby>大<rt>대</rt></ruby><ruby>祭<rt>제</rt></ruby>. <ruby>己<rt>기</rt></ruby><ruby>所<rt>소</rt></ruby><ruby>不<rt>불</rt></ruby><ruby>欲<rt>욕</rt></ruby>, <ruby>勿<rt>물</rt></ruby><ruby>施<rt>시</rt></ruby><ruby>於<rt>어</rt></ruby><ruby>人<rt>인</rt></ruby>. <ruby>在<rt>재</rt></ruby><ruby>邦<rt>방</rt></ruby><ruby>無<rt>무</rt></ruby><ruby>怨<rt>원</rt></ruby>, <ruby>在<rt>재</rt></ruby><ruby>家<rt>가</rt></ruby><ruby>無<rt>무</rt></ruby><ruby>怨<rt>원</rt></ruby>." <ruby>仲<rt>중</rt></ruby><ruby>弓<rt>궁</rt></ruby><ruby>曰<rt>왈</rt></ruby>, "<ruby>雍<rt>옹</rt></ruby><ruby>雖<rt>수</rt></ruby><ruby>不<rt>불</rt></ruby><ruby>敏<rt>민</rt></ruby>, <ruby>請<rt>청</rt></ruby><ruby>事<rt>사</rt></ruby><ruby>斯<rt>사</rt></ruby><ruby>語<rt>어</rt></ruby><ruby>矣<rt>의</rt></ruby>."

중궁이 '인'을 물었다. … 말씀하셨다. "문을 나서기를 귀한 손님을 맞는 것처럼 하고 백성을 부리기를 큰 제사를 올리는 것처럼 하여라. 자기가 하고 싶지 않은 바를 남에게 베풀지 마라. 나라에 있어서도 원망하지 말고 집안(家)에 있어서도 원망하지 마라." 중궁이 말했다. "제가 비록 불민하나 이 말씀을 섬기고자 합니다."

1524 　子貢問曰, "有一言而可以終身行之者乎?" 子曰, "其恕乎! 己
所不欲, 勿施於人."

자공이 물었다. "한 마디 말로써 평생 행할 만한 것이 있습니
까?" … 말씀하셨다. "그것은 서恕다. 자기가 하고 싶지 않은
바를 남에게 베풀지 마라."

'기소불욕 물시어인己所不欲, 勿施於人'(자기가 하고 싶지 않은
바를 남에게 베풀지 마라), 식자라면 누구나 다 알고 있는 말이
다. 엄청 유명하다. 공자는 이것을 '서恕'라는 한 마디 말로 축약한
다. '평생 행할 만한 한 마디 말'(一言而可以終身行之者)로 평가한
다. 그런데 이 말이 '인仁'에 대해 중궁仲弓의 질문을 받고 답한 것
이라는 사실은 의외로 별로 강조-주목되지 않는다. 그러면 안 된
다. 특별히 강조될 필요가 있다. 주목할 필요가 있다. 인仁에 대한
많지 않은 설명의 하나가 되기 때문이다. 어째서 '서恕'가 인仁인
가. 어째서 '기소불욕 물시어인'이 '서恕'인가.

이래서다. 서恕란 무엇인가. 용서容恕의 그 서다. 서는 용서보
다 더 포괄적인 개념이고 가치다. 왜냐면 그 의미가 글자 자체에
드러나 있기 때문이다. '서恕'는 같다(如)와 마음(心)이라는 두 글
자로 이루어져 있다. 남/다른 사람과 같은 마음이 되어보는 것이
다. 같은 마음이 되어주는 것이다. 여심如心(같은 마음)이다. 그
게 '서恕'다. 용서의 서도 그런 뜻이다. 나에게 뭔가 잘못한 사람을

그 사람과 같은 마음이 되어보고 그 처지를 이해하고 그래서 용서해주는 것이다. 그러니까 서恕는 기본적으로 상대방을 고려하는 것이다. 그런 태도랄까 자세랄까 가치관이 저 '기소불욕 물시어인 己所不欲, 勿施於人'에 나타나 있는 것이다. 그 증거가 '기己'와 '인人'이다. 자기가 남/다른 사람을 대하는 태도다. 자기가 남을 사랑하는 것이다. 인仁의 핵심이 바로 '애인愛人'(남/사람을 사랑함)이었다. '서恕'가 바로 그런 태도다. 그렇다면 '기소불욕 불시어인'이 어떻게 서恕가 되고 인仁이 되는가. 어떻게 '애인愛人'이 되는가.

이래서다. '기소불욕 물시어인'은 욕欲과 시施가 대비되어 있다. '하려 함'과 '베풂'이다. 욕欲은 기己에, 시施는 인人에 각각 배당되어 있다. 자기가 바라는 바가 있고 남에게 베푸는[주는] 바가 있다. 남에게 베푸는 것은 기본적으로 좋은 일이다. 주는 것은 선행이 된다. '애인愛人'이 된다. 즉 인仁이 되는 것이다. 그런데 주는 거라면 뭐든지 다 그럴까? 그건 아니다. 내가 바라지 않는 것(기소불욕己所不欲), 그런 걸 남에게 주는 경우도 있기 때문이다. 내가 바라지 않는 것을 남에게 주는 게 그런 게 어찌 인仁이, 남에 대한 사랑이 되겠는가. 심하게 말하면 내가 싫어하는 걸 선심 쓰듯이 남에게 주는 경우도 있다. 그런 건 인仁이 못된다고 공자는 말하고 싶은 것이다. 내가 원하는 걸 남에게 줄 수도 있어야 진정한 인仁이 될 수 있다는 함축도 있다. 그러기가 쉬운 일은 아니다.

이걸 좀 더 적극적인 형태로 표현한 것이 저 탈무드와 성서를 통해 유명한 "네가 남에게 대접받고자 하는 대로 남을 대접하라"는 말이다. 표현이 한쪽은 적극적 한쪽은 소극적이라는 차이가 있을 뿐, 그 취지는 같다.

핵심은 이렇다. 남/사람을 대할 때 어떻게 대할 것인가, 그 기준이 자기 안에 있다는 말이다. 내가 원하는 것이라면 남에게도 하고 내가 원하지 않는 것이라면 남에게도 하지 말라는 것이다. '한다'는 것은 '베푼다/준다'는 것을 포괄한다. 기가 막힌 통찰이고 기가 막힌 기준이다. 이런 건 아무나 할 수 있는 말이 아니다. 역시 공자고 역시 예수다.

단, 이런 경우도 생각해봐야 한다. '기소불욕己所不欲'이라고 할 때, 자기의 여유분이라는 게 있을 수 있다. 남아도는 것, 필요 없어진 것, 지금 나에게는 필요 없어졌지만 다른 누군가에겐 절실히 필요한 것도 있다. 그런 걸 내놓는 것은 그럼 인仁이 아닌가? 자선바자회 같은 경우다. 미묘한 철학적 주제가 된다. 그런 건 이렇게 생각하면 어떨까. 그것도(그런 '시어인施於人'도) 인仁이 맞다. 애인愛人이 맞다. 왜냐면 그런 여유분, 불용품, 싫증난 것도 어쨌든 한때라도 내가 원한 바(기소욕己所欲)였기 때문이다. 그래서 내 수중에 있게 된 것이기 때문이다. 그건 틀림없다.

단, 공자의 이 말은 조금 폭을 넓혀 생각해볼 필요도 있다. '기소불욕己所不欲'이 반드시 어떤 물질적인 것만 의미하는 게 아닐 수 있기 때문이다. 그게 어떤 '일'을 말할 수도 있다. 자기가 싫은 일을 남에게 시키는 경우도 있기 때문이다. 예컨대 예전의 대리 곤장도 대리 책임도 그런 경우다. 그건 인仁이 아니라는 것이다. 그런 짓은 하지 말라는 것이다. 자기가 싫은/원하지 않는 일이라면 남에게도 시키지 않는 것, 그게 서恕고 인仁이라는 말이다. 지당하신 말씀이다. 공자의 말은 이렇게 그 진폭이 크다. 적용 범위가 넓다. 자기 속에 남을 대하는 기준이 있다는 것, 내가 원하느냐 원하지 않느냐 하는 것이 그 기준이라는 것, 놀랍도록 지혜로운 통찰이 아닐 수 없다.

물론 위의 1202의 말에서는 이게 다가 아니다. 다른 말도 두 마디가 더 있다. "문을 나서기를 귀한 손님을 맞는 것처럼 하고 백성을 부리기를 큰 제사를 올리는 것처럼 하여라. […] 나라에 있어서도 원망하지 말고 집안(家, 혹은 대부가)에 있어서도 원망하지 마라."(出門如見大賓, 使民如承大祭. […] 在邦無怨, 在家無怨.)가 그것이다. 인仁에 대한 중궁仲弓의 질문에 공자는 세 마디를 답한 것이다.

우선 앞부분. 여기서 공자는 '출문出門'과 '사민使民'의 경우를 예로 든다. '집을 나설 경우'와 '백성을 부릴 경우'다.

전자의 경우는 '여견대빈如見大賓', 후자의 경우는 '여승대제如承大祭'가 답으로 제시된다. 그렇게 즉 마치 그런 것처럼, 그런 경우와 똑같이(如) 하라는 것이다. 출문出門이란 집 문을 나서는 것이니까 사람을 만나는 것이다. 그게 '견見'이다. 문밖에서 만나게 되는 그 사람이 누구든 '대빈大賓'(큰 손님)처럼 대하라는 것이다. 대빈이란 함부로 대할 수 없는, 대해서는 안 되는 존재다. 상사나 고관 같은 경우를 생각해보라. 모든 정성을 다해서 맞아야 되는 존재다. 신중하고 정중해야 한다. 제대로 '대접'해야 한다. 그런 게 인仁이라는 것이다. 남을/사람을 사랑하는 것이다. 어진 것이다. 한편 사민使民은 백성을 부리는 것이니까 출문出門보다 더 구체적이다. 그러나 백성도 남/사람이니까 기본 구도는 마찬가지다. 그 백성을 대하는 나의 태도가 문제다. '사使'의 태도다. 부리는 그 백성을 마치 '대제大祭'(큰 제사) 때처럼, 대제를 받드는/지내는(承) 것처럼, 부리라는 것이다. 대제大祭란 역시 함부로 할 수 없는, 해서는 안 되는 일이다. 모든 정성을 다해서 치러야 하는 일이다. 백성을 그렇게 대하라는 것이다. 이건 정치하는 사람들이 새겨들어야 할 말이다. 오늘날 사람들이 사람을 대빈大賓 보듯 그렇게 보고 있는가. 오늘날 정치인들이 국민을 마치 대제大祭 모시듯(承) 그렇게 대하고 있는가. 아마 실소가 자연스럽게 새어나올 것이다. 대빈/대제는커녕 모 인사가 국민을 '개돼지' 운운한 적도 있었다.

다음 뒷부분. 한 마디가 더 있다. 여기서 공자는 단도직입적으로 '무원無怨'을 말한다. 원망이 없으라. 즉 원망하지 말라는 것이

다. 앞뒤 문맥도 없다. 단 '재방在邦'과 '재가在家'라는 말이 붙어
있다. '나라에서도' '집안[또는 대부가]에서도'이다. 원망의 대상
이 '나라'와 '집안[또는 대부가]'임을 시사한다. 좀 더 구체적으로
말하자면 나라의 정치인들 백성들 모두 해당한다. 집안의 가족들
모두 해당한다. 역시 나/자기 아닌 남/사람들이다. 그들에 대한
나/자기의 태도다. 그들을 원망하지 말라는 것이다. 이 '무원無怨'
이 어찌 인仁에 대한 답이 되는가. 이래서다. 원망은 이미 그 상대
방을 부정적으로 보는 것이다. '남 탓'이다. 당신이 뭔가 잘못을
했다는 것이다. 특히 나한테/자기한테 뭔가 잘못을, 아주 심한 잘
못을 했다는 말이다. 원怨이란 심하게 탓하는 것이다. 그런 '원怨'
에는 이미 '서恕'가 즉 그 상대와 같은 마음이 되어본다는 것은 없
다. 성립 불가능이다. 서恕가 없으니까 원怨이 생긴 것이다. 인仁
인 서恕가 없으니까 원怨은 인仁이 못 되는 것이다. 반대로 그 원
怨이 없으면(무원無怨이면) 상대방에 대한 '서恕'가 가능해진다.
서恕는 곧 '인仁'이었다. 그러니 서恕의 반대인 원怨이 없음 즉 '무
원無怨'이 '인仁'에 대한 대답이 되는 것이다. 너무나 간명하지만
이런 게 공자의 논리고 공자의 가치고 공자의 철학이다. 단순한
이론이 아니라 진심이다. 탄복하지 않을 수 없는 놀라운 언어들
이다.

1212 <ruby>齊<rt>제</rt></ruby><ruby>景<rt>경</rt></ruby><ruby>公<rt>공</rt></ruby><ruby>問<rt>문</rt></ruby><ruby>政<rt>정</rt></ruby><ruby>於<rt>어</rt></ruby><ruby>孔<rt>공</rt></ruby><ruby>子<rt>자</rt></ruby>. <ruby>孔<rt>공</rt></ruby><ruby>子<rt>자</rt></ruby><ruby>對<rt>대</rt></ruby><ruby>曰<rt>왈</rt></ruby>, "<ruby>君<rt>군</rt></ruby><ruby>君<rt>군</rt></ruby>, <ruby>臣<rt>신</rt></ruby><ruby>臣<rt>신</rt></ruby>, <ruby>父<rt>부</rt></ruby><ruby>父<rt>부</rt></ruby>, <ruby>子<rt>자</rt></ruby><ruby>子<rt>자</rt></ruby>." <ruby>公<rt>공</rt></ruby><ruby>曰<rt>왈</rt></ruby>, "<ruby>善<rt>선</rt></ruby><ruby>哉<rt>재</rt></ruby>! <ruby>信<rt>신</rt></ruby><ruby>如<rt>여</rt></ruby><ruby>君<rt>군</rt></ruby><ruby>不<rt>불</rt></ruby><ruby>君<rt>군</rt></ruby>, <ruby>臣<rt>신</rt></ruby><ruby>不<rt>불</rt></ruby><ruby>臣<rt>신</rt></ruby>, <ruby>父<rt>부</rt></ruby><ruby>不<rt>불</rt></ruby><ruby>父<rt>부</rt></ruby>, <ruby>子<rt>자</rt></ruby><ruby>不<rt>부</rt></ruby><ruby>子<rt>자</rt></ruby>, <ruby>雖<rt>수</rt></ruby><ruby>有<rt>유</rt></ruby><ruby>粟<rt>속</rt></ruby>, <ruby>吾<rt>오</rt></ruby><ruby>得<rt>득</rt></ruby><ruby>而<rt>이</rt></ruby><ruby>食<rt>식</rt></ruby><ruby>諸<rt>저</rt></ruby>?"

제나라 경공이 공자께 '정치'를 물었다. 공자께서 대답하여 말했다. "임금은 임금답게 신하는 신하답게 아버지는 아버지답게 자식은 자식답게 하는 것입니다." 공이 말했다. "훌륭하십니다! 진실로 임금이 임금답지 않고 신하가 신하답지 않고 부모가 부모답지 않고 자식이 자식답지 않을 것 같으면 비록 먹을 게 있더라도 내 어찌 그것을 먹겠습니까?"

'군군 신신 부부 자자 君君, 臣臣, 父父, 子子', 너무나 자주 거론되는 너무나 유명한 말이다. 정치(政)를 묻는 제나라 경공齊景公의 물음에 대한 공자의 대답이다. 정치의 요체를 공자는 이런 말로 축약했다. 이 말에서는 군君, 신臣, 부父, 자父가 언급된다. ('부와 자'는 당연히 모녀도 포함시켜 부모, 자식이라고 새기는 것이 좋다.) 군신君臣은 공자 당시와 달리 요즈음은 존재하지 않는 개념이 되고 말았다. 군君은 위정자 내지 최고 권력자/책임자/지도자, 즉 대통령, 신臣은 총리 이하 모든 관료 내지 공무원/공직자를 대입해서 생각해야 한다. 정치 주체들이다. 국회의원들도 당연히 신臣에 포함된다. 아니 입법 사법 행정의 모든 종사자들이 다 '신臣'에 포함된다. 정치 관계자 전원이다.

자, 그렇다면 이 군신부자君臣父子가 각각 두 번씩 거듭된 것은 무슨 뜻인가. 하나는 동사 하나는 명사인가? 하나는 주어 하나는 술어인가? 애매하다. 중국어인 한문이 원래 좀 그렇다. 고무줄 문법이다. 그러나 바로 그래서 해석의 여지가 넓고 편리하기도 하다. 물론 같은 이유로 불편하기도 하다. 보통 흔히 대개 앞의 한쪽을 동사로 보아 '답게 한다'라고 해석한다. 현대 중국어에서도 '쭈어做/웨이爲/잉가이요우应该有/당当' 등 그런 뜻으로 새기고 일본에서도 '…라시쿠스루らしくする[답게 한다]'라고 새긴다. '다워진다'고 새겨도 무방하다. 전자는 작용이고 후자는 그 대상이다. 표현은 어떻든 그 핵심은 군신부자라는 이 이름들이 제각각 그 이름값을 제대로 (하게) 한다는 것이다. 군이 군 되고 신이 신 되고 부가 부 되고 자가 자 되는 것이, 그렇게 하는/만드는 것이 정치라는 것이다. 말하자면 이 말은 저 유명한 '정명正名'에 대한 구체적 설명이 되는 셈이다. 그렇게 볼 수 있고 그렇게 보아야 한다. 요컨대 정명이란 이런 이름들을 바로잡는 것(正)이다. "정政은 정正이다"(1218 季康子問政於孔子. 孔子對曰, "政者, 正也. 子帥以正, 孰敢不正?" 정치란 바로잡는 일입니다. 당신이 올바름으로써 앞장선다면 누가 감히 올바르지 않겠습니까?)라는 말이 그 증거가 된다. 군군신신부부자자가 정政이고 정政은 정正이므로 이 말이 정명正名이 되는 것이다. 다시 말해 '군군君君…'과 '정야正也'가 모두 정政에 대한 답이고 군신부자君臣父子가 다 이름(名)이니 '군군…'이 정명이 되는 것이다. 세 말은 그렇게 서로 연결된다.

　이렇게 풀이하면 그 '답게 한다'가 결국 '바로잡는다'(正)는 뜻
이 된다. 이것은 무엇을 의미하는가. 그 이름들이 다 바르지 않다,
즉 잘못되어 있다는 말이다. 문제가 있다는 말이다. 바로 그것을
저 경공齊景公이 즉 질문자가 확인해준다. "신여군불군, 신불신,
부불부, 자부자… 信如君不君, 臣不臣, 父不父, 子不子"(군이 군답
지 않고 신이 신답지 않고 부가 부답지 않고 자가 자답지 않고
…) 그렇게 그 자리에서 바로 해석한 것이다. 그런 상황이라면, 정
말로 그러하다면, 정말로 그와 같다면(신여信如), "비록 먹을 게
있더라도 내 어찌 그걸 먹을 수 있겠습니까(雖有粟, 吾得而食諸)",
라고 반응한 것이다. "훌륭하십니다"(선재善哉!)라고 찬사도 곁들
였다. 이 말에 대한 공자의 반응은 어땠을까. 알 수 없다. 얄궂게
도 이 말을 한 경공景公이 실은 암군이었던 모양이니 큰 기대나 신
뢰를 하지는 않았을 것이다. 아무튼. 그 경공을 포함해 현실은 대
개 군불군, 신불신, 부불부, 자부자 君不君, 臣不臣, 父不父, 子不子
이다. 다 '답지 못한' 것이다. 그러니 그것을 바로잡는(正) 저 군군
신신부부자자가 즉 정명正名이 정치의 요체가 된다는 공자의 말
은 정곡을 찌르는 기막힌 정치론이 아닐 수 없다. 그는 세상과 정
치를 정말 제대로 보고 있었던 것이다. 참으로 알면 알수록 놀라
운 철인이 아닐 수가 없다.

　오늘날도 이 말은 그대로 유효하다. 군君과 신臣이란 이름이 최

고 권력자와 정치 종사자로 바뀌었을 뿐 그 구조는 동일하기 때문이다. 부모자식父-子은 그 이름도 그대로다. 물론 모-녀도 추가해서다. 군불군, 신불신, 부불부, 자부자 君不君, 臣不臣, 父不父, 子不子라는 현실도 그대로다. 그러니 이름을 바로잡는 것(정명正名)이 정치라는 말도 그대로 유효할 수밖에 없다. 부디 우리의 위정자가 저 제나라 경공처럼 그럴 생각도 의지도 없이 말만 그럴듯하게 하는 껍데기가 아니기를 기대할 따름이다.

1217 子曰, "君子成人之美, 不成人之惡. 小人反是."

"군자는 남의 좋은 점을 키워 주고 남의 나쁜 점을 조장하지 않는다. 소인은 이와 반대다."

아주 유명한 말은 아니지만, 전형적인 군자君子와 소인小人의 대비다. 군자와 소인은 일단 '훌륭한 사람' '못난 사람' 정도로 정리해둔다.

그 내용이 '성인지미成人之美'와 '성인지악成人之惡'이다. 남의 좋은 점을 키워 주는 것, 남의 나쁜 점을 조장하는 것이다. 단, 공자가 군이 '불성 不成…'(조장하지 않음)을 덧붙여 말한 걸 보면 여기에도 어느 정도 적극적인 의미 부여가 있다고 봐야 한다. 어떤 사태를 말하는 걸까.

'성成−불성 不成'(이루어줌−않음)은 일단 남/다른 사람(人)을 대하는 태도다. 공자의 가장 기본적인 관심사이다. 근본 방향이다. 그 내용은 남의 미악美惡이다. 좋은 점과 나쁜 점이다. 그 구체적인 사례는 많을 것이다. 다양할 것이다. 예컨대 사람을 칭찬하는 것, 사람을 험담하는 것, 그런 것도 사례가 될 수 있고, 남과 화합하는 것, 남과 편 가르는 것, 그런 것도 사례가 될 수 있다. 이런 예는 무수히 나열할 수 있다. 그 미악美惡(좋고 나쁨)은 물론 간단한 주제는 아니다. 일단 '건전한 이성'의 공정한 판단을 전제하고 그걸 기준으로 삼을 수밖에 없다.

군자는 사람의 그런 좋은 점을 키워준다(成人之美)고 공자는 말한다. 이건 실제로 그렇다는 판단이기도 하지만 그렇게 하라는 권유이기도 하다. 그렇게 해야 한다는 당위이기도 하다. 여기엔 어떤 적극성이 요구된다. 그 적극성 자체가 이미 군자로서의 인격인 것이다. '불성인지악不成人之惡'(남의 나쁜 점을 조장하지 않는다)의 의미는 무엇일까. 인간이 갖는 부정적 경향성을 통제한다는 것으로 해석될 수 있다. 인간이란 게 자칫 주의하지 않으면 남의 나쁜 점을 키우게 되는 경우도 없지 않은 것이다. 수수방관도 그럴 수 있고 지적하거나 꾸짖지 않는 것도 그럴 수 있다. 부추기는 것도 당연히 그렇다. 군자는 그러지 않는다는 것이다. 그러지 말라는 것이다. 소인은 그 반대다.

소인은 남의 나쁜 점을 키워준다.(成人之惡) 예컨대 학교 폭력
을 행하는 자에게 박수 치고 거들고 부추기기도 한다. 남에 대한
험담을 옆에서 거들기도 한다. 다 '성인지악成人之惡'이다. 그 나
쁜 점을 이루어주는 것이다. 가능성을 현실화시켜주는 것이다. 선
동/부추김이 바로 그런 것이다. 한편 '불성인지미 不成人之美'도 있
을까? 있다. 사람에게 잠재한 좋은 점의 싹수를 짓뭉개버리는 것
이다. 밟아버리는 것이다. 반대 진영의 올바른 견해에 동조하는
사람을 배신자라 매도하고 불이익을 주는 정치 행위도 그런 축에
속한다. 소인적인 행위인 것이다. 이런 예들도 찾아서 리스트를
만들어보면 흥미로운 작업이 될지도 모르겠다.

공자의 이런 발언들을 들으며 우리는 끊임없이 긴장하지 않으
면 안 된다. 지금 나는 과연 어느 경우일까. 이렇게 자문해보는 것
만 해도 이미 군자 쪽에 조금 더 가까운지도 모르겠다. 소인들에
게 반성적인 자문/자성 같은 건 아마 없을 테니까. 그런 걸 하는
순간 그는 이미 더 이상 소인이 아닐 테니까.

1218 季康子問政於孔子. 孔子對曰, "政者, 正也. 子帥以正, 孰敢
不正?"

계강자가 공자께 정치를 물었다. … 대답하셨다. "정치란 바로

잡는 일입니다. 당신께서 올바름으로써 앞장선다면 누가 감히
올바르지 않겠습니까?"

　역시 엄청 유명한 말이다. 정치(政)를 묻는 계강자季康子의 질
문에 공자가 답한 것이다. 이것은 실로 공자 정치론/정치철학의
백미라 할 수 있는 말이다. 알파요 오메가라 해도 좋다. 정수라 해
도 좋다. 핵심이라는 말은 오히려 진부할 정도다. 단, 이것은 이미
1212(政 […] 君君, 臣臣, 父父, 子子)에서 함께 어느 정도 다루었
으므로 다시 논하지는 않겠다. 다만 몇 가지 보완해두기로 한다.
이 말은 정치(政)에 대한 공자의 관심을 확실히 보여준다. 크나큰
관심이다. 그리고 그 정수가 '정正'임을 알려준다. '올바름'이 그
요체다. 구체적으로는 '바로잡음'이다. 이것도 이미 앞에서 시사했
듯이 바르지 못한(不正) 현실을 그 배경에 깔고 있다. '군불군 신
불신 부불부 자부자 君不君, 臣不臣, 父不父, 子不子'(임금은 임금
답지 않고 신하는 신하답지 않고 부모는 부모답지 않고 자식은
자식답지 않음)도 그 사례였다. 그러나 그게 전부일까. 아니다.
그건 일종의 상징이고 대표다. 그 외에도 우리의 현실 세계에는
온갖 '부정 不正'(바르지 않음)들이 넘쳐난다. 형법에 규정된 온갖
범죄들도 다 '부정'이다. 그런 걸 바로잡으려 하는 것이, 바로잡
아야 하는 것이 '정치(政)'인 것이다. 그 누가 공자의 이런 규정에
토를 달 수 있겠는가. '정자 정야政者, 正也'(정치는 바로잡는 것

입니다)라는 이 말은 최고의 정치철학적 명제의 하나가 아닐 수 없다.

그런데 여기서 공자는 한 마디를 더 보태고 있다. 그게 '자수이정, 숙감부정 子帥以正, 孰敢不正'(당신께서 올바름으로써 앞장선다면 누가 감히 올바르지 않겠습니까?)이다. 요컨대 세상을/문제를 바로잡고 싶다면 지도자/권력자/위정자/책임자 스스로가 그 바름의 모범을 보이라는 것이다. 그걸로 아랫사람을 통솔(帥)해야 한다는 것이다. 부정을 원천적으로 차단하는 것이 바름의 모범이라는 것이다. 구체적이고도 기본적이고도 실질적인 방법론이다. 물론 그때나 지금이나 이게 실효적으로 작동하는 유효한 방법론인지는 좀 토론이 필요하다. 수帥(이끎)와 솔率(따름)의 관계가 그렇게 단순하지만은 않기 때문이다. 정의로운 윗사람 아래에도 부정한 아랫사람은 없지 않기 때문이다. 얼마든지 있기 때문이다. 현실을 날카로운 눈으로 짚어봐야겠지만 우리는 일단 공자의 이런 기대 내지 신뢰를 믿어주기로 하자. 그게 아마도 진정한 정치에 대한 지지와 응원이 될 수 있을 것이다. 혹시 이의를 제기하는 정치 세력이 있다면 "당신부터 '수이정帥以正'(바름으로써 이끎)의 모범을 보이고 그러고 나서 따져보라"고, 그렇게 반문하기로 하자. 당신이 그렇게 한다면 "누가 감히 부정을 저지를 수 있겠는가(孰敢不正)"라고. 우리는 그런 순진함에 줄을 서기로 하자.

1223 樊遲問仁. 子曰, "愛人." 問知. 子曰, "知人." 樊遲未達. 子曰,
"舉直錯諸枉, 能使枉者直." 樊遲退, 見子夏曰, "鄉也吾見於
夫子而問知, 子曰, '舉直錯諸枉, 能使枉者直.' 何謂也?" 子
夏曰, "富哉言乎! 舜有天下, 選於衆, 舉皐陶, 不仁者遠矣.
湯有天下, 選於衆, 舉伊尹, 不仁者遠矣."

번지가 인을 물었다. … 말씀하셨다. "사람을 사랑하는 것이
다." 앎을 물었다. "사람을 아는 것이다." 번지가 이해하지 못
했다. … 말씀하셨다. "곧은 것을 들어 굽은 것 위에 놓으면 능
히 굽은 것을 곧게 할 수 있다." 번지가 물러나 자하를 보고 말
했다. "아까 내가 선생님을 뵙고 앎에 대해 묻자 선생님께서
'곧은 것을 들어 굽은 것 위에 놓으면 능히 굽은 것을 곧게 할
수 있다'고 하셨는데 무엇을 말씀하신 것인가?" 자하가 말했
다. "뜻깊은 말씀이군. 순임금은 천하를 다스리게 됨에 뭇사람
중에서 골라 고요皐陶를 등용하시니 어질지 못한 자들이 멀어
져 갔고 탕임금은 천하를 다스리게 됨에 뭇사람 중에서 골라
이윤伊尹을 등용하시니 어질지 못한 자들이 멀어져 갔소."

의외로 아주 유명하지는 않다. 그러나 무지무지하게 중요한 말
이다. 일단 공자철학에서 가장 유명한 '인仁'을 주제로 다루고 있
고 그 인에 대해 어쩌면 가장 중요한 설명을 하고 있기 때문이다.
인仁이란 "애인愛人" 즉 남을/사람을 사랑하는 것, 이라는 말이다.

그리고 '지知'에 대해서도 중요한 설명을 한다. 진정한 앎은 "지인知人" 즉 사람을 아는 것, 이라는 말이다. 여기엔 알아보는 것, 알아주는 것도 다 포함될 수 있다. 공자의 기본 관심사−주제 내지 방향이 '남/사람人'이라는 것을 여기서 알 수 있다. 질문자인 번지樊遲가 잘 이해하지 못하니 공자는 보완 설명을 한다. 그게 '지知', '지인知人'의 핵심이다. 그 내용이 바로 "거직조저왕, 능사왕자직.擧直錯諸枉, 能使枉者直"이다. (0219에도 같은 말이 나온다. "擧直錯諸枉, 則民服, 擧枉錯諸直, 則民不服") "곧은 것을 들어 굽은 것 위에 놓으면 능히 굽은 것을 곧게 할 수 있다."는 것이다. 인사人事의 중요성을 알려주는 이 말은 식자들 사이에서 "애인愛人" "지인知人"보다 오히려 좀 더 유명하다.

공자는 왜 보충 설명으로 이 말을 했을까. 질문자인 번지는 이 말도 잘 이해하지 못하고 자하子夏에게 물었더니 자하가 다시 해석을 들려준다. 그게, "순임금은 천하를 다스리게 됨에 뭇사람 중에서 골라 고요皋陶를 등용하시니 어질지 못한 자들이 멀어져 갔고 탕임금은 천하를 다스리게 됨에 뭇사람 중에서 골라 이윤伊尹을 등용하시니 어질지 못한 자들이 멀어져 갔다.(舜有天下, 選於衆, 擧皋陶, 不仁者遠矣. 湯有天下, 選於衆, 擧伊尹, 不仁者遠矣)"라는 것이다. 번지樊遲와 달리 자하子夏는 좀 알아들은 것 같다. 여기서 문구 하나하나 자세한 풀이를 할 수는 없으나 그 골자는 순舜과 탕湯이 고요皋陶와 이윤伊尹이라는 인재를(즉 사람을), 그들의 곧음(直)을, 알아보고 등용을 했다(錯諸)는 것이다. 굽은 자 위에 앉혔다는 것이다. 그게 '지知', '지인知人'의 핵심이다. 그 내용이 바로 '거직조저왕擧直錯諸枉'이다. 그 결과가 '능사왕자직能使枉者直'이다. 굽은 것을 곧게 했다는 것이다. 자하의 해석대로라면 '불인자원의不仁者遠矣'다. 어질지 않은 자가 멀어져 갔다는 것이다. 그 내용을 보면 이 말은 직접적으로는 '지인知人'에 대한 보완 설명이 된다. 자하의 소감대로 훌륭하고 적절한 예라 할 수 있다.(富哉言乎[훌륭하신 말씀이로다]) 단, 이 보완 설명이 '애인愛人'에 대한 보완 설명이 되기도 하는지는 좀 애매하다. 이 예가 ('거직조저왕 능사왕자직擧直錯諸枉, 能使枉者直'이) 남을/사람을 사랑하는 것과 곧바로 직접적으로 연관되는 예는 아니기 때문이다. 단, 좀 폭넓게 생각하자면 아주 무관하지는 않다고도 할 수 있다. 사람을 알아보고 중용하여 굽은 것을 곧게 만들었다는 것이, 자하의 해석대로 '불인자원의不仁者遠矣(어질지 않은 자가 멀어져갔다)' 같은 것이라면 그 자체가 인자仁者의 유효화이니 즉 인仁, 남을/사람을 사랑하는 일(애인愛人)과 무관하지 않기 때문이다. 그렇게 읽는다면 이 예는 '애인愛人'과 '지인知人' 둘 다를 위한, 둘 다에 걸친 보완 설명이 될 수도 있는 것이다. 굳이 그 가능성을 닫아버릴 필요는 없다.

단, 이 '거직조저왕擧直錯諸枉…'보다 더 중요한 것은 '애인愛人과 지인知人'이다. '인仁(어짊)과 지知(앎)'인 것이다. 그리고 그 대상인 '인人'(사람)이다. 사람을 사랑하고 사람을 아는 일이다. 이 말을 입 밖에 냈다는 사실 자체가 이미 공자의 훌륭함 내지 위대함을 증명한다. 관심 자체가, 그 관심의 방향이 그 사람의 종류를, 그 정체를 알려주기 때문이다. 지금은 거의 사라지고 없는 인간상이다. 자기밖에 모르는 현재의 신인류를 보고 있노라면 공자 같은 인간이 참으로 그리워진다. 사람을/남을 사랑하고(愛人) 사람을 알아보는/알아주는(知人) 그런 인간이다.

13
자로子路

^{자로왈}   ^{위군대자이위정}   ^{자장해선}   ^{자왈}   ^{필야정명호}
1303 子路曰, "衛君待子而爲政, 子將奚先?" 子曰, "必也正名乎!"
^{자로왈}   ^{유시재} ^{자지우야}   ^{해기정}   ^{자왈}   ^{야재} ^{유야}   ^군
子路曰, "有是哉, 子之迂也! 奚其正?" 子曰, "野哉, 由也! 君
^{자 어기소부지}   ^{개궐여야}   ^{명부정}   ^{즉언불순}   ^{언불순}   ^{즉사불}
子於其所不知, 蓋闕如也. 名不正, 則言不順, 言不順, 則事不
^성   ^{사불성}   ^{즉례악불흥}   ^{례악불흥}   ^{즉형벌부중}   ^{형벌부중}
成, 事不成, 則禮樂不興, 禮樂不興, 則刑罰不中, 刑罰不中,
^{즉민무소조수족}   ^{고군자명지필가언야}   ^{언지필가행야}   ^{군자}
則民無所錯手足. 故君子名之必可言也, 言之必可行也. 君子
^{어기언}   ^{무소구이이의}
於其言, 無所苟而已矣."[1]

자로가 말했다. "위나라 군주가 선생님을 모시고 정치를 하겠
다면 선생님은 장차 무엇을 가장 먼저 하실 겁니까?" … 말씀
하셨다. "반드시 이름을 바로잡겠다." 자로가 말했다. "그런 게
있나요? 선생님은 우원하시네요. 어찌 그 바로잡음인가요?"
… 말씀하셨다. "조야하구나, 유(由)는! 군자는 자기가 알지

---

1 후대의 위작 혐의가 있으므로 흐리게 표시.

못하는 것에 대해서는 비워두어야 하는 것이다. […]"

　유명하고도 유명한 공자의 이른바 '정명正名사상', 그 원천이 바로 여기다. "위나라 군주가 선생님을 모시고 정치를 하겠다면 선생님은 장차 무엇을 가장 먼저 하실 겁니까?"라는 자로의 질문에 대한 답이다. "반드시 이름을 바로잡겠다(必也正名乎!)"는 것이다. 이게 그 유명한 정명正名사상이다. 이 한 마디 말이 소위 정명사상의 거의 전부다. 공자 정치의 최우선 과제가 정명正名이라는 것이다.

　응? 바로잡겠다고? 뭘? 이름을? 기껏 정치할 기회를 주겠다는데 뭘 그렇게 돌아가? 어째서 하필 이름을 바로잡겠다는 거야? 그런 거 해서 뭐하게? 보통은 자로처럼 그런 생각이 들 것이다. 질문한 자로의 반응이 그런 것이었다.("有是哉, 子之迂也! 奚其正?") 공자는 이런 생각을 "조야하다(野哉)"고 평했다. "군자는 자기가 알지 못하는 것에 대해서는 비워두어야 한다(君子於其所不知, 蓋闕如也)"고도 말했다. '잘 모르면 잠자코 있어라'는 말이다. 그러고서 몇 마디를 보탠다.("이름이 바르지 않으면 말이 조리가 없어지고 말이 조리가 없으면 일이 이루어지지 못하고 일이 이루어지지 않으면 예악이 일어나지 못하며 예악이 일어나지 않으면 형벌이 적절해지지 못하며 형벌이 적절하지 않으면 백성들이 손발 둘 데가 없어진다. 그러므로 군자는 무언가를 명명(命名)하면 반드시 말할 수 있게 되고 말하면 반드시 행할 수 있게 되니 군자는 그 말에 있어서 구차함이 없을 따름이다.”[원문의 흐린 부분])

그런데. 이게 좀 문제다. 방금 '필야정명호 必也正名乎'를 '거의 전부'라 하지 않았던가. 몇 마디가 더 있다면 그게 거의 전부가 아니지 않은가. 게다가 그 덧붙인 몇 마디가 제법 길고 내용도 많다. 그렇다면 그건 뭔가. 당연히 이런 의문이 들 것이다. 결론부터 말하겠다. 뒤에 붙은 그 말은 공자의 말이 아니다. 후대의 위작이다. 따라서 버려야 하는 말이다. 만에 하나 공자 본인의 말이 맞다 하더라도(그럴 가능성은 거의 없지만) 버려야 하는 말이다. 이 말들을 인정한다면 대신 '정명正名'이라는 저 위대한 말을 버려야 한다. 우리가 아는 정명正名과는 그 의미가 완전히 달라지기 때문이다. 그럴 수는 없다. 따라서 이 군더더기는 반드시 버려야 한다. 아낌없이 버려야 한다. 이 군더더기가 위작이라는 말은 굳이 우리가 처음 제기하는 것도 아니고 우리가 나서서 그 근거를 제시할 필요도 없다. 이미 오래된 지적이고 근거도 없지 않기 때문이다. 뛰어난 공자학자 이수태의 지적을 인용한다.

“이른바 正名思想의 연원으로 알려진 이 매력적인 단편에 대해서는 실제 공자의 말이 아니라 후세의 위작이라는 혐의가 따라다니고 있다. 웨일리는 그 근거로 名不正에서 言不順, 事不成 등으로 이어지는 논리 전개가 공자다운 논법이 아니라 후세의 유행 논법임을 들고 있다. H.G. 크릴은『순자』「正名」편에 논어 인용이 전혀 보이지 않는 점도 한 이유로 들고 있으며 형벌을 강조한 점도 공자의 평소 태도와는 거리가 있는 등 법가의 영향력에 의해 쓰인 것으로 보고 있다. 그러나 자로의 질문에 대해 正名으로 답한 것은 공자가 아니면 발상조차 할 수 없는 사유라는 점에서 공자의 발언임에 틀림없다. 다만 뒷부분의 공자답지 않은 논리 전개는 웨일리나 크릴의 지적처럼 후대인의 위작일 가능성이 농후하다."[2]

우리는 그의 이런 지적을 확고히 지지한다. 명名, 언言, 사事, 예악禮樂, 형벌刑罰로 이어지는(명정正, 언순順, 사성成, 예악흥興, 형벌중中으로 이어지는) 그 논리 전개는 아닌 게 아니라 도저히 공자의 논리라고는 볼 수 없는, 필연성도 설득력도 없는, 조악한 사고다. 특히 형벌은 그의 관심사도 아니었다. '명名'을 '언言'과 연결시키는 발상 자체도 '위정爲政'과 '정명正名'의 취지와는 완전히 동떨어진 엉뚱한 것이라고 할 수 있다. 즉 그 군더더기의 마지막 말처럼 '언言'이 그 취지가 아니기 때문이다. 어쩌면 저 주자의『논어집주』처럼 후대의 누군가가 아는 척 달아놓은 어설픈 주석이 기록자의 실수로 본문에 섞여 들어갔을지도 모르겠다.

공자가 말한 이 '정명正名'은 이미 앞에서 충분히 논한 대로, '명

---

2 이수태,『새번역 논어』, 생각의나무, 2009. 266쪽.

부정名不正'(이름이 바르지 못함)이라는 정치적 현실, 문제적 현실, 즉 군불군, 신불신, 부불부, 자부자 君不君, 臣不臣, 父不父, 子不子라는 현실을 바탕에 깔고서만 비로소 제대로 이해될 수 있다. 그때, 그리고 정政, 정正, 정명正名, '군불군…' '군군신신…'이 하나로 연결되어 이해될 때 그때, 비로소 이 말이 위대한 빛을 발하게 되는 것이다. '군군신신…'을 '정명'의 실질적 내용으로 (혹은 설명으로) 이해할 때, 이 둘은 아무런 걸림 없이 곧바로 연결된다. '명부정 언불순…' 이하의 저 군더더기는 그 점과 완전히 다른, 너무나 엉뚱한 가능적 오독을 알려준다. 내용적으로 너무나 걸림이 많다. 단, 그렇게 알려줌으로써 그것은 역으로 저 참신하고 위대한 정치론을 부각시켜주기도 한다. 그런 점에서 오히려 모종의 긍정적 역할을 하고 있는지도 모르겠다. 마치 어두운 바다 속에서 영롱한 진주알이 더욱 빛나듯. 지저분한 흙탕 속에 핀 청초한 연꽃이 더욱 아름답듯.

　정치의 핵심은 역시 바로잡음이다. 온갖 바르지 못함(부정)이 그 배경 내지 바탕이 된다. 그 부정들은 결국 세상을 구성하는 온갖 이름들의 혼란이다. '답지 못함'이다. 그것을 바로잡는 것, 각각이 제대로 이름값 하도록 하는 것이 곧 정치인 것이다. 그래서 '정명'인 것이다. 소위 '개판'을 다시 사람판으로 만드는 '정명', 참으로 위대한 정치론이 아닐 수 없다.

1306   子曰, "其身正, 不令而行, 其身不正, 雖令不從."
자왈   기 신 정   불 령 이 행   기 신 부 정   수 령 부 종

"그 자신이 바르면 명령하지 않더라도 행하고 그 자신이 바르

지 않으면 비록 명령한다 하더라도 따르지 않는다."

1313   子曰, "苟正其身矣, 於從政乎何有? 不能正其身, 如正人何?"
자 왈   구 정 기 신 의   어 종 정 호 하 유   불 능 정 기 신   여 정 인 하

"진실로 자기 자신을 바르게만 한다면 정치를 함에 있어서 무

엇이 더 필요하겠느냐? 자기 자신을 바르게 하지 못한다면 어

떻게 남을 바르게 하겠느냐?"

이 말은 둘 다 아주 유명하지는 않으나 아주아주 유명한 '정명

正名'과 유관하므로 그 의미를 짚어볼 필요가 있다. 또한 두 말이

내용적으로 서로 연관돼 있으므로 하나로 묶어서 다루기로 한다.

보다시피 여기서 공자는 '바름'(正)을 주제로 언급한다. 그게 핵

심이다. 그냥 막연한 추상적 바름이 아니다. 자기 자신의 바름(기

신정其身正)이다. 그것을 그 반대 상황(기신부정 其身不正 '그 자

신이 바르지 않음')과 대비시켜 말한다. 그리고 그것의 작용을 짚

어준다. 자신이 바르면 어떻고 안 바르면 어떻고 하는 말이다. 현

실적-실천적 맥락에서 생각하고 말하는 것이다. 공자의 생각과 말

들은 언제나 이렇게 구체적이다. 그게 '령令/불령不令'과 '행行/부

종 不從'이다. 그리고 '종정從政'(정치를 함)과 '정인正人'(사람을

바룸[바로잡음])이다. 결국 정치론인 셈이다. 어렵고 이해 못할 글

자는 전혀 없다. 들으면 곧바로 이해된다. 공자는 여기서 자기 자신이 발라야 한다(其身正)는 당위를 단도직입적으로 제시한다. 이것도 아마 실제로 '바르지 못한 사람'(其身不正), '바르게 하지 못하는 사람'(不能正其身)의 존재를 그 배경에 깔고 하는 말일 것이다. 그때나 지금이나 그런 사람은 세상에, 주변에 넘쳐난다. 이 두 종류의 인간형을 제시하고 그 결과의 다름을 선명하게 대비시켜주는 것이다. 바른 사람은 영을 안 내려도 행하고(不令而行) 바르지 못한 사람은 영을 내려도 안 따른다(雖令不從)는 것이다. 남을/사람을 바르게 할 수도 없다(如正人何)는 것이다. 그리고 이 '자기를 바르게 함'(正其身)이 정치의 핵심이요 요체임을 지적한다.(於從政乎何有)

　여기서 공자가 말하는 이 '정기신正其身'이 실은 앞서 살펴본 저 유명한 '정명正名'의 핵심이라 할 수 있다. 자기부터 그 이름을 바로잡는 것이다. 말하자면 '정기正己'이다. '기신其身'이 곧 '기己'인 것이다. 그러면, 즉 그것(正其身)만 제대로 하면, 정치에 그것 말고 달리 뭐가 더 있겠느냐는 것이다.(苟正其身矣, 於從政乎何有) 그리고 그것이 그다음의 정명인 '정인正人'(남을 바로잡음)에 자연히 영향을 줄 수 있다고 공자는 생각한다. 즉 그게 안 되면 그다음(正人)도 없다/안 된다는 것이다.(不能正其身, 如正人何) 간단히 말해, A면 B다, A 아니면 B 아니다, 그런 논리다.

　요즘 식으로 간단히 더 알기 쉽게 말하자면, 자기부터 똑바로 해서 모범을 보여야 하고 솔선수범해야 한다는 말이다. 그러면 다른 사람이 하는 일도 다 잘 되고 안 그러면 다 안 된다는 말이다. 앞서 살펴본 1218의 '자수이정 숙감부정 子帥以正, 孰敢不正'(당신이 바름으로써 이끈다면 누가 감히 바르지 않겠습니까)도 그런 취지였다. 그게 정正이고 그게 정政이었다. 바로 이 바름/바로잡음이 정치의 요체임이 여기서도 다시 한번 확인되는 것이다. "진실로 자기 자신을 바르게만 한다면 정치를 함에 있어서 무엇이 더 필요하겠느냐?"(苟正其身矣, 於從政乎何有)

'자기 자신을 바르게 하지 못한다면 어떻게 남을 바르게 하겠느냐?' 라는 공자의 이 말은, 우리의 현실 정치를 배경에 깔고 들어보면, 마치 육중한 종소리처럼 무겁게 그리고 아프게 우리의 가슴에 울려온다. 정기신正其身, 기신정其身正, 이게 요즘 정치에서(어종정於從政), 위정자들에게, 관심거리나 되고 있을까? 정인正人은? 물어볼 것도 없을 것이다. 지금 우리에게 확인되는 것은 '불령이행 不令而行'(명령하지 않더라도 행함) 대신 온통 '수령부종 雖令不從'(비록 명령한다 하더라도 따르지 않음) 뿐이다. 법을 따르지 않는 것도 그런 경우다. 법을 만든 자가, 법을 집행하는 자가, 법으로 심판하는 자가 바르지 않은데, 그걸 만천하가 다 아는데, 누가 그걸(그 법을) 순순히 따르겠는가. '너부터 똑바로 하세요' '너나 잘 하세요' 소리가 나오지 않겠는가. 그게 '기신정其身正'이다. 공자의 통찰대로라면 그 원인은 분명하다. 기신부정其身不正이고 불능정기신不能正其身이다. 위정자들이 이런 말에 좀 귀를 기울여줬으면 좋겠다. 물론 그저 단순히 조선식–유교식 과거 시험을 다시 치르고 거기 이런 내용을 출제한다고 사욕私慾으로 나서는 위정자들에게 이런 마인드가 생기는 건 아니겠지만.

1315 定公問, "一言而可以興邦, 有諸?" 孔子對曰, "言不可以若是. 其幾也, 人之言曰, '爲君難, 爲臣不易.' 如知爲君之難也, 不幾乎一言而興邦乎?" 曰, "一言而喪邦, 有諸?" 孔子對曰, "言不可以若是. 其幾也, 人之言曰, '予無樂乎爲君, 唯其言而莫予違也.' 如其善而莫之違也, 不亦善乎? 如不善而莫之違也, 不幾乎一言而喪邦乎?"

정공이 물었다. "한 마디로 가히 나라를 일으킬 만한 말이 있습니까?" 공자께서 대답했다. "말로써는 그렇게 되지 않습니다. 그 가까운 것으로는 '임금 노릇 하기도 어렵고 신하 노릇 하기도 쉽지 않다'는 사람들의 말이 있습니다. 만약 임금 노릇 하기가 어렵다는 것을 안다면 그것이 한 마디로 나라를 일으키는 말에 가깝지 않겠습니까?" […] "한 마디로 나라를 잃어버릴 만한 말이 있습니까?" […] "말로써는 그렇게 되지 않습니다. 그 가까운 것으로는 '나는 임금이 되어 즐거운 것이 아니라 오직 말을 하면 아무도 나를 거역하지 못하는 것이 즐거움이다' 하는 사람들의 말이 있습니다. 만약 그 말이 옳기에 아무도 거역하지 못한다면 그 또한 좋은 일이 아니겠습니까? 그러나 만약 그 말이 옳지 않은데도 아무도 거역하지 못한다면 그것이야말로 한 마디로 나라를 잃는 말에 가깝지 않겠습니까?'

일반인에게 그렇게 유명한 말은 아니다. 아마도 그 말이 상대적으로 좀 길기 때문이 아닐까 한다. 그러나 이 말의 취지는 간명하다. 그리고 좀 기발하다. 정곡을 찌르는 말이고 울림이 있는 말이다. 전형적인 공자의 생각과 인품이 잘 드러나 있다. 그래서 간단히 소개한다.

위정자인 정공定公과의 대화이고 '흥방興邦' '상방喪邦'('나라를 흥하게 함' '나라를 망하게 함')이 그 대화의 주제이니 이건 당연히 정치론이다. 정공의 질문이 흥미롭다. 공자에게 '한 마디 말'(一言)을 기대하며 물어보는 것이다. 흥방할 수 있는 말, 상방할 수 있는 말, 그런 말 한 마디다. 그런 게 있겠는가. 공자도 "말로써는 그렇게 되지 않는다"(言不可以若是)고 단언한다. 그러나 "그 가까운 것은 있다"(其幾也)고 말한다. 흥방에 대해서도 상방에 대해서도다. '임금 노릇 하기도 어렵고 신하 노릇 하기도 쉽지 않다'(爲君難, 爲臣不易)는 말이 전자(흥방)에 해당하고, '나는 임금이 되어 즐거운 것이 아니라 오직 말을 하면 아무도 거역하지 못하는 것이 즐거움이다'(予無樂乎爲君, 唯其言而莫予違也)는 말이

후자(상방)에 해당한다.

공자는 친절하게 보충 설명까지도 덧붙인다. "임금 노릇 하기가 어렵다는 것을 안다(如知爲君之難)"는 것이 전자의 취지이고, "만약 그 말이 옳기에 아무도 거역하지 못한다면 좋은 일이고, 만약 그 말이 옳지 않은데도 아무도 거역하지 못한다면(如[其言]不善而莫之違) 그건 나라를 망칠 일"이라는 게 후자의 취지이다. 둘 다 결국은 위정자의 태도와 관련된 말이다. 정치권력의 중요성을 공자는 이렇게도 잘 알고 있었던 것이다. 그 최고 권력의 질이 국가의 흥망興喪도 좌우할 수 있다는 말이다. 이 말들의 뜻을 세부적으로 파고들자면 사실 이야기가 길어진다. 그러나 핵심은 분명하다. 최고 권력자가 '임금 노릇'(위군爲君)을 제대로 알면(知) 즉 어렵더라도 해야 할 일을 똑바로 하면 나라가 흥하고, 최고 권력자가 무슨 말을 하더라도 아무도 거스르지 못한다면 즉 '독재/공포정치'를 하면 나라가 망한다는 말이다. 만고불변의 진리가 아닐 수 없다. 물론 마키아벨리식 정치론과는 그 결이 아주 다르다. 현실 정치를 모르는 순진한 학자적 발상일까? 아니다. 그렇지 않다. 현실 정치도 결국 사람이 하는 일이다. 정치 행위를 하는 권력자의 질이 국민과 국가의 질을, 심지어 그 흥망을, 좌우한다는 건 그 누구도 부인할 수 없다. 진시황이나 네로나 히틀러의 경우를 생각해보라. 그리고 반대로 요순우탕 문무주공이나 링컨이나 리콴유 같은 경우를 생각해보라. 그 결과의 차이가 확연할 것이다. 나라의 흥망이 '위군爲君'(임금[대통령] 노릇)의 종류와 질에 좌우된다는 공자의 말은 정치를 이야기할 때 간과할 수 없는 날카로운 지적/지혜가 아닐 수 없다.

1316　葉公問政. 子曰, "近者說, 遠者來."

　　섭공이 정치를 물었다. … 말씀하셨다. "가까이 있는 자는 기뻐하고 멀리 있는 자는 오는 것입니다."

　공자의 이 말이 일반인들에게 얼마나 잘 알려져 있는지는 모르겠다. 그러나 식자들 사이에서는 제법 자주 거론된다. 보다시피이것도 공자의 정치론이다. 공자가 소위 주유열국을 하며 채蔡나라를 거쳐 초楚나라 섭葉현에 갔을 때, 섭공葉公(심제량沈諸梁)이 '정치政'를 묻자 이렇게 답한 것이다. 그 대답이 간명하기 그지없다. "가까이 있는 자는 기뻐하고 멀리 있는 자는 오는 것입니다.(近者說, 遠者來)" 무슨 뜻일까? 아마 대부분 그 의미를 짐작할것이다. '근자近者'와 '원자遠者'를 언급하며 그 '열說'과 '래來'를 핵심으로 제시한 것이다. '열'은 0101에서도 보이듯 기뻐하는 것이다.(說＝悅) '래'는 지금도 많이 쓰이듯 오는 것이다. 그 정치에대한 반응이다. 좋은 반응이다. 그 반응을 염두에 두고 혹은 목표로 삼고 정치를 하라는 말이다. 반응을 보면 그 정치의 잘잘못을 알게 된다. 날카로운 통찰이다. 만고불변의 진리다.

누구의 반응인가. 당연히 백성들의 반응이다. 공자는 그것을 '근자近者'(가까이 있는 자)와 '원자遠者'(멀리 있는 자)로 구별해 언급했다. '근자'에 대해서는 해석이 좀 엇갈린다. '이웃에 있는 백성'이라는 풀이도 있으나 오해의 소지가 있다. '가까이 있는 자'이니 자기 나라 백성이다. 요즘 식으로 말하자면 자국민/내국인이다. 따라서 '원자'는 외국인이다. 중국인들도 이것을 현대어로 본지인本地人, 외지인外地人이라고 표현한다. 우리도 사용하는 말이라 그대로 이해된다.

어떤 반응인가.

그게 근자의 '열說'이고 원자의 '래來'다. 기뻐하는 것이고 오는 것이다. 어떤 경우인가. 전자는 만족하는 것이고 후자는 동경하는 것이다. 정치를 잘하고 못하고에 따라 백성들은 정말 민감하게 반응한다. 자신의 삶과 직결되기 때문이다. 세금을 비롯해 모든 정치적인 장치-조치가 다 해당된다. 잘하면 좋아하고 못하면 싫어한다. 특히 폭정暴政, 아주 못하면 항거하고 뒤집어엎기도 한다. 옛날 같으면 민란도 혁명도 그런 종류다.[3] 백성들이 기뻐한다면 더할 나위 없다. 만점이다. 옛날로 치면 태평성대. 한편 그 선

---

3 물론 요즘 같으면 '여론 조작' '선동' 같은 것도 있어 문제가 그렇게 단순하지만은 않다.

정 善政은 멀리까지도 (특히 인접 나라들에) 소문이 전해진다. 자기 나라 군주가 정치를 잘 못하면 백성들은 잘 하는 그 이웃 나라를 동경한다. 그 나라에 가서 살고 싶어 한다. 그 나라 백성이 되고 싶은 것이다. 요즘 식으로 말하자면 그 나라로 이민을 가고 싶어 한다. 인지상정이다. 공자 당시 중국은 알다시피 춘추시대로 수많은 소국들로 분열된 상황이었다. 백성들의 이동은 상대적으로 자유로웠다. 정치의 잘잘못이 곧바로 백성들의 오고감으로 나타나는 것이다.(1304의 "夫如是, 則四方之民襁負其子而至矣"[무릇 이와 같으면 사방의 백성이 그 자식을 포대기로 업고 오게 된다]라는 말 참고) 자료들을 보면 당시 섭葉나라는 백성들이 떠나 인구가 줄고 세수가 줄어 섭공葉公이 골머리를 앓고 있었던 모양이다. 그래서 이런 질문을 한 것이다. 공자는 적절한 모범 답안을 제시한 것이다. '당신이 정치를 잘 하면 백성들이 왜 떠나겠느냐. 오히려 먼 데서도 짐 싸들고 찾아올 것이다.' 그런 대답이다. 지금도 마찬가지다. 미국 유럽으로 향하는 이민과 난민들도 그 증거가 된다. 아니, 멀리 갈 것도 없다. 지금 우리나라로 찾아오는 무수한 외국인 노동자들, 그리고 목숨 걸고 남으로 내려오는 저 수많은 탈북민들을 보라. 더 이상 무슨 설명이 필요하겠는가. 덧붙여, 요즘 같으면 민심의 이반, 지지율 같은 것이 공자의 이 말과 상통하는 현대적 기준이 될지도 모르겠다.

아무튼 '안에서는 좋아하고 밖에서는 찾아오고' 그게 답이다.

그게 정치의 한 요체인 것이다. 하여간 '백성의 반응'을 기준으로
삼았으니 공자는 정말 보통 사람이 아니다.

1323 子曰, "君子和而不同, 小人同而不和."

"군자는 서로 어우러지려 하지 같으려 하지 않고 소인은 같으
려 하지 서로 어우러지려 하지 않는다."

'화이부동和而不同', 이 말은 너무너무 유명하다. 어쩌면 공자
의 말 중 일반인에게 가장 널리 알려진, 그리고 가장 많이 인용되
는 말의 하나일지도 모르겠다. 『노자』의 저 상선약수上善若水나
대기만성大器晚成[4]과 비견될 수도 있겠다. 군자君子와 소인小人
을 대비시키는 전형적인 어법의 대표 격이다. 군자와 소인은 이미
여러 차례 언급했으니 재론하지는 않겠다.

여기서 공자는 '화和'(어우러짐)를 이야기한다. 그것을 '동同'
(같으려 함)과 대비시킨다. 이 글자 자체는 사실 한국인이라면 모
를 사람이 없다. 화평, 화합, 화목, 평화, 융화 … 등등 지금 한국어

---

4   사실 이 말은 노자 본인의 말이 아니라 노자가 '건언建言'에서 인용한 말
이다. 그 원래 뜻도 일반적으로 알려져 있듯, '큰 그릇은 늦게 찬다'는 것이 아
니라, '큰 그릇은 완성이 없다(大器曼成)'는 것이다.

로서도 무수히 쓰이고 있기 때문이다. 그래서 공자도 당연히 이 말 자체에 대해서는 특별히 설명하지 않는다. 언급 자체가 이미 설명이고 의미가 된다. '동同'은 그 의미를 부각시키는 배경 효과를 갖는다. 동도 역시 설명 필요 없이 곧바로 이해된다. 동일, 동화, 동료, 합동, … 등등 역시 한국어로도 무수히 쓰이고 있기 때문이다.

군자와 소인의 대비인데다 화和를 군자에, 동同을 소인에, 할당하고 있으니 전자가 긍정적이고 후자가 부정적인 건 말할 것도 없다. 이미 자명하다. 그렇다면. 그 의도는 무엇일까. '화'는 어떤 것이고 '동'은 어떤 것이기에 공자는 이런 판정을 내린 것일까.

이 두 글자에는 각각 생략된 배경이 있다. 그게 '다른 사람(들)'이다. 우리는 인간으로서 그들과 함께 있고 함께 뭔가를 할 수밖에 없고 함께 관계를 맺으며 우리의 삶을, 특히 사회적 삶을 살아갈 수밖에 없다. 서양철학식으로 말하자면 '공동존재(Mitsein)'이고 '관계적 존재(Relation-centerd substance)' '사회적 존재(zoon politikon)'인 것이다. 화和와 동同은 말하자면 그 관계의 양상 내지 방식이다. 그 모습이 사람에 따라 판이하게 다른 것이다. 공자는 그 차이를 지적한다.

'화和'는 다른 사람들과 조화를 이루는 것이다. '동同'은 다른 사람들과 하나가 되는 것이다. 응? 그렇다면 둘 다 좋은 것 아닌가? 아니다. 다르다. 결정적으로 다른 것이 있다. 화和는 나를 포함한 각각이 그대로 살아 있는 것이다. 유지되는 것이다. 뚜렷한

'자기'가 있다. 그것을 서로서로 존중하는 것이다. 한편 동同은 그 '자기'가 없다. 그 각각이 인정되지 않는다. 오직 하나의 '우리'만 이 인정된다. 그게 '패거리'가 된다. 꼭 적절한지는 모르겠지만 이해를 돕기 위해 비유를 하자면 화和는 민주주의고 동同은 전체주의다. 깡패 조직의 모습이 전형적인 '동'이다. 그런 동에서는 '자기'라는 것이 희생된다. 희생시킨다. 인정되지 않는다. 인정하지 않는다. 그 동(같음)에서 조금이라도 벗어나면 가차 없이 비난하고 공격한다. 반면 '화'에서는 각각의 '자기'가 인정되고 존중되고 유지되므로 비난과 공격이 없다. 대신 의논/토론과 합의/협조가 힘을 발한다. 극명한 차이가 아닐 수 없다.

이 말을 함으로써 공자는 우리에게 선택을 요구한다. 화和할 것인가 동同할 것인가. 어우러질 것인가 같아질 것인가. 자기를 살릴 것인가 자기를 죽일 것인가. 군자君子가 될 것인가 소인小人이 될 것인가. 그것이 문제로다. 우리는 그런 선택의 기로에 서 있다. 사르트르식으로 말하자면 실존적인 선택(choix)이다. 그렇다면 우리는 한 가지를 더 고려해야 한다. 사르트르의 말대로 그 실존적인 선택은 자기의 선택이기도 하지만 세계의 선택이기도 하다는 것이다. 어떤 내가 될 것인가가 어떤 세계를 만들 것인가를 결정한다는 말이다. 지금 우리의 주변, 우리나라의 현실을 둘러보면 곧바로 그 진실성이 확인된다. 보이는 건 오직 '우리'밖에 없다. 패거리가 세상을 좌우하고 있다. 존중과 의논과 협조는 선택되지 않고 버려진다. 저쪽, '우리 편' 같은 편'이 아닌 '니들'을 향한 가차 없는 비난과 공격, 그게 우리가 한 선택의 결과다. 똑같은 한편이 아니면 무조건 적이고 비난, 공격의 대상이다. 오직 '동同'만이 있고 '화和'는 사라졌다. 바야흐로 소인의 천하고 소인의 전성시대다. 공자를, 군자를, 다시 소환해야 할 이유가 거기에 있다.

1324 子貢問曰, "鄕人皆好之, 何如?" 子曰, "未可也." "鄕人皆惡之, 何如?" 子曰, "未可也, 不如鄕人之善者好之, 其不善者惡之."

자공이 물었다. "고을 사람들이 모두 좋아한다면 어떻습니까?"… 말씀하셨다. "아직 안 된다." "고을 사람들이 모두 싫어한다면 어떻습니까?" "아직 안 된다. 고을 사람들 중에서 선한 자는 좋아하고 선하지 못한 자는 싫어하는 것만 못하다."

이 말도 일반인들에게 널리 알려진 것은 아니다. 그러나 식자들 사이에선 제법 입에 오르내리는 유명한 말이다. 공자 특유의 감각이 빛나는 말이다.

사람에 대한 평가다. 물론 특정인을 지칭하지는 않는다. 말하자면 유형에 대한 평가다. 더 구체적으로 말하자면 평판에 의한 평가다. 두 타입이 제시된다. 제자 자공이 물음의 형태로 그것을 그

려낸다. 그 각각에 대해 '어떻습니까?'(何如)하고 물었다. 하나는 '향인개호지鄕人皆好之'자다. 다른 하나는 '향인개오지鄕人皆惡之'자다. '어떤 사람'에 대한 '향인鄕人'의 평판이다. 향인 '모두(皆)'의 평판이다. (참고로 향인은 주周나라 당시의 행정 구역[약 만이천 오백호]인 향鄕의 모든 사람이니 현대 한국어로는 마땅한 번역이 없다. 인구가 제법 되니 마을보다는 고을이 조금 나을지도 모르겠다.) 한쪽은 향인 모두가 좋아하는(鄕人皆好之) 사람이고 다른 한쪽은 향인 모두가 싫어하는(鄕人皆惡之) 사람이다. 평판이 극과 극이다. '모두'가 그렇다니 양쪽 다 극단적이다. 실제로 그런 사람이 있는지는 잘 모르겠다. 아무튼 있다 치고. 공자는 이 양자에 대해 모두 '미가未可也'라고 판정한다. '아직 안 된다'는 말이다. 여기서 '미가未可'라는 말도 조금 애매하다. 똑 부러진 가可도 불가不可도 아니고 '아직 가하지 않다'는 건데, '무엇을 하기에' 아직 가하지 않다는 것인지 그 부분이 생략되어 있는 것이다. 설명이 없으니 어쩔 수 없다. 추량할 수밖에 없다. 아마도 '훌륭한 사람/나쁜 사람이라고 판정하기에' 정도가 아닐까 한다. '좋아하기에/싫어하기에'라고 해도 좋다. 그 정도로 이해해두자. 아무튼, 완전한 합격도 완전한 불합격도 아니다. 응? 좀 이상하다. 보통이라면 '개호지皆好之자'는 당연히 훌륭한 사람 아닌가? '개오지皆惡之자'는 당연히 나쁜 사람 아닌가? 그렇게 생각하는 게 자연스럽다. 그런데 공자의 답은 다르다. 왜지? 무슨 뜻이지? 보통 사람과 생각이 똑같다면 그건 공자가 아니다. 나름의 철학이 있다. 그게 '불여 不如'다. '…만 못하다'는 것이다. 누구만 못하단 거지? 누가 '가 可'하다는 거지? 누가, 어떤 사람이 진짜로 훌륭한 사람이라는 거지? 진짜로 좋아할 만한 사람이라는 거지? 그게 바로 '향인지선자호지, 기불선자오지 鄕人之善者好之, 其不善者惡之'자다. 그런 사람이 진짜로 훌륭한 사람이라는 거다. 역시 공자다. '선한 사람이 좋아하고 선하지 못한 사람이 싫어하는' 그런 사람이 진짜로 훌륭한 사람／진짜로 좋아할 만한 사람이라는 거다. 이 말을 듣고 우리는 '반짝'할 수도 있고 '갸우뚱'할 수도 있다. 그런데 공자 말이 맞다. 실제로 그렇다. 그 사례를 생각해보면 우리의 '갸우뚱'이 '반짝'으로 바뀔 수 있을 것이다.

　모두가 좋아해도 문제가 있고 모두가 싫어해도 문제가 있다. 그건 그 '모두'(개皆)라는 게 믿을 만한 게 못 되기 때문이다. 그 평판에 객관적 기준이라는 게 없기 때문이다. 모두가 좋아한다는 건 나쁜 점도 좋아할 수 있다는 거고. 모두가 싫어한다는 건 좋은 점도 싫어할 수 있다는 이야기다. 그러니 그 평판이 제대로 있는 그대로 그 사람의 가치를 반영하지 못한다는 것이다. 사람의 실상은 타인의 평판에서 그렇게 간단히 드러나지 않는다. 호好-오惡는 선善-불선不善과 곧바로 연결되는 게 아닌 것이다. 사람이라는 건, 특히 보통 사람이라는 건 나쁜 점／나쁜 것도 좋아할 수 있고 좋은 점／좋은 것도 싫어할 수 있다. 그 대상이 사람이라도 마찬가지다. 나쁜 사람도 좋아하는 사람이 있고 좋은 사람도 싫어할 수 있다. 정말? 정말이다. 그건 우리가 주변에서 얼마든지 확인할 수 있다. 몇 백 명 정도 되는 직장에서도 그런 건 얼마든지 확인된다. '고을'(향鄕)도 아마 단위가 좀 더 클 뿐 생활 범위라는 점에서는 크게 다를 바 없다. 아무리 나쁜 사람도 누군가 좋아하는 사람이 있고 아무리 좋은 사람도 누군가 싫어하는 사람이 있다. 그러니 누구에게('어떤' 사람에게) 물어보느냐에 따라 그 사람의 평가는 완전히 다를 수 있다. 나쁜 사람에게 물어보면 아무리 좋은 사람도 나쁘다고 평할 수 있는 것이다.

바로 그래서다. 그래서 공자는 대안으로 '향인지선자호지, 기불선자오지鄕人之善者好之, 其不善者惡之'(고을 사람들 중에서 선한 자는 좋아하고 선하지 못한 자는 싫어하는 것)를 제시한 것이다. 이게 답이다. 날카롭기 그지없는 인간 통찰이다. 이런 게 공자의 능력이고 매력이다. 선자는 선자를 좋아하고 불선자를 싫어한다. 반면 불선자는 불선자라도 좋아하고 선자라도 싫어한다. 그런 경향성이 있는 것이다. 말하자면 일종의 유유상종이다. 인간이란 게 이렇듯 묘하다. '덕불고 필유린德不孤 必有隣'이라고 했다. 선자善者가 선자를 좋아한다는 것과 무관하지 않다. 한편 '악불고 필유린'이라고도 할 수 있다. 불선자不善者가 불선자를 좋아한다는 것과 무관하지 않다. 묘하게도 선자는 불선자를 싫어한다. 불선자는 선자를 싫어한다. 그래서 공자는 저 말을 한 것이다. 선자가 좋아

하고 불선자가 싫어하는 사람이 진짜 훌륭한 사람인 것이다. 정말
그런가? 정말 그런 경우가 있나? 있다. 멀리 갈 것도 없다. 공자
본인을 비롯해 저 4대 성인을 보라. 저들은 모두 선자善者였다.
역사를 통틀어 선자들은 저들을 좋아한다. 동시에 그 당시부터 불
선자들은 저들을 싫어했다. 공자는 환퇴와 공선여가 싫어했고
부처는 데바닷다가 싫어했고 소크라테스는 멜레토스 아뉘토스 뤼
콘을 비롯해 아주 많은 아테네인이(그에게 유죄 평결과 사형 평
결을 내린 무려 280명의 배심원들이) 싫어했고 예수는 바리새인
제사장을 비롯해 아주 많은 유대인들이 싫어했다. 그들은 저 성인
들을 실제로 위험에 빠뜨렸고 소크라테스와 예수는 결국 죽임까
지 당했다. 확실한 사례가 아닐 수 없다. 어디 저들뿐이겠는가. 우
리 주변에도 그런 사례는 너무나 많다.

　사람들이 다 좋아한다고, 예컨대 여론조사의 지지도가 높다고,
그게 그 사람이 훌륭하다는 보증이 아직 될 수 없고 사람들이 다
싫어한다고 그게 그 사람이 나쁘다는 보증이 아직 될 수 없다.(未
可也) 다수결로 정할 수 있는 것도 아니다. 악이 다수일 경우도 있
다. 그러니 명심해두자. 남이 나를 좋아한다/싫어한다는 건 절대
내가 가可하다/불가不可하다를 알려주는 게 아니다. 누군가 나를
좋아하더라도 무조건 기뻐할 일은 아니고 누군가 나를 싫어하더
라도 무조건 속상할 일은 아니다. 나를 좋아하는 그 사람이, 싫어
하는 그 사람이 '어떤' 사람인지, 좋은 사람인지 나쁜 사람인지를

잘 살펴보고 혹 나쁜 사람이 나를 싫어한다면 오히려 기뻐하며 자신을 다독이도록 하자. 내가 훌륭한 사람이라는 증거일 수도 있기 때문이다. 각자 자신에 대한 평판을 살펴보고 그리고 그게 어떤 사람의 평판인지를 살펴보고 그리고 자신을 돌아보기로 하자. 나는 과연 훌륭한 사람/좋아할 만한 사람이라고 하기에 가可인가 불가不可인가 혹은 미가未可인가.

1326 　　子曰, "君子泰而不驕, 小人驕而不泰."

　　"군자는 크낙하되 교만하지 않고 소인은 교만하되 크낙하지 못하다."

　　이것도 유명하다. 역시 자주 인용된다. 전형적인 공자식 어법의 하나다. 군자君子와 소인小人의 대비다. 왜 이런 말을 하는지는 물어볼 필요도 없다. 소인배가 되지 말고 군자가 되라는 것이다.

　　어떻게? 태이불교泰而不驕다. 소인은 그 반대, 교이불태驕而不泰다. 여기서는 '태泰'와 '교驕'가 대비된다. 그렇다면 태泰란 어떤 것이고 교驕란 어떤 것인가.

　　'교驕'라는 건 이해에 큰 문제가 없다. 교만이다. 지금 현대 한국어에서도 쓰이는 말이다. 말 그대로다. 사전이 설명하는 그대로

다. 잘난 체하고 뽐내고 건방진 것이다. 실제로 별 잘난 것도 없는데 잘난 체 하는 것. 실제로 조금 잘난 게 있긴 있는데 그걸 뽐내며 내세우는 것, 그리고 무엇보다 남을 깔보고 경시-무시하는 것이다. 그런 게 교만이다. 이른바 '갑질'도 일종의 교만이다. 악질적-적극적 교만이다. 철학적으로 봤을 때 교만의 가장 두드러진 특징은 자기와 타인의 좌표 설정이다. 위치 설정이다. 자기를 위에 앞에, 그리고 타인을 아래에 뒤에 두는 것이다. 자기를 높게 타인을 낮게, 자기를 무겁게 타인을 가볍게, 그렇게 말해도 좋다. 이런 사람 실제로 있다. 적지 않다. 꼴불견이다. 그런다고 자기가 높아지지 않는다. 남들이 낮아지지 않는다. 그게 꼴불견이고 자기를 되레 낮춘다는 걸 남들은 다 안다. 본인만 모른다. 그렇다면 태泰는?

'태泰'라는 건, 공자 당시의 중국인이 아닌 한, 그 이해가 간단치는 않다.[5] 이 말은 원래 '크다'는 뜻인데 현대 한국어에서 마땅한 용례가 없다. 태연泰然이란 말이 있긴 하지만 그 의미가 좀 아니 많이 다르다. 태연은 사전적 설명처럼 '마땅히 머뭇거리거나 두려워할 상황에서 태도나 기색이 아무렇지도 않은 듯이 예사로움'을 가리킨다. 사람이 흔들릴 만한 어떤 '상황'이 전제돼 있는 것

5　현대 중국인들도 주로 '탄연 坦然 [평정하다]으로 새긴다. 온중 稳重, 겸비 谦卑, 평화 平和, 통달 通达, 관화 宽和, 도량관굉 度量宽宏, 흉금개활 胸襟开阔, 광명상랑 光明爽朗 … 등으로도 새긴다. 그들도 사정은 우리와 비슷함을 알 수 있다. 풀어서 설명해야만 이해된다는 말이다.

이다. 그런 상황임에도 불구하고 흔들리지 않는다는 것이 태연의 의미다. 교만과 대비되는 태泰는 꼭 그런 '상황'이 조건처럼 전제 되지는 않는다. 사람의 인품/태도 자체가 애당초 태산처럼 듬직하 게 '큰' 것이다. 들어 있는 그 내용의 큼이 사람의 크기를 정하는 것이다. 의젓하다는 것이 모습으로는 그나마 좀 가깝지만 완전히 일치하는 개념은 아니다. 그 큰 내용을 이 말이 반영하지 못하기 때문이다. 느긋하다, 넉넉하다, 듬직하다, 믿음직하다, … 등도 마 찬가지다. 평온, 평안, 넓음, 기쁨 등으로 설명하기도 하지만 그런 것도 '태泰' 그 자체는 아니다. 정약용은 '속이 가득 차서 밖에서 구하지 않는 것'이라고 설명하는데, 그나마 좀 가까운 설명이다. 그러나 그것도 '태泰(큼)' 자체는 아니다. 이 모든 설명들은 다 태 泰의 결과를 묘사한 것이다. 그럼 태泰는 대체 뭐지? 이런 건 도 리 없다. 대비되고 있는 '교驕'에서 그 답을 찾을 수밖에 없다. 교 驕하지 않은 것이 태泰한 것이다. 즉 실제로 크고 잘난 것이다. 이 크고 잘남에는 능력/역량도 포함된다. '그 사람 참 큰 인물이다'라 고 할 때의 그 어떤 인간적 '큼'이다. 그럼에도 그 크고 잘남을 내 세우지 않는 것이다. 뽐내지 않는 것이다. 건방지지 않은 것이다. 그리고 무엇보다 남을 깔보고 경시-무시-함부로 하지 않는 것이 다. 촐싹촐싹 경거망동하지 않는 것이다. 교만하지 않은 그런 태 도와 자세와 모습이다. 그게 태泰한 즉 '크낙한' 것이다. ('크낙하 다'는 말은 일상적으로는 잘 쓰지 않는 '크나크다'는 뜻의 시어인데, 이 '태'의 의미로 사용되기에 비교적 적합한 표현으로 판단한다. 보급이 필요하다.) 자기와 타인의 좌표 설정, 위치 설정에서 남을 위에 앞에, 그리고 자기를 아래에 뒤에 두는 것이다. 자기를 낮게 타인을 높게, 자기를 가볍게 타인을 무겁게, 그렇게 말해도 좋다. 특히 '큰' 일을 감당하는 높은 자리나 지위에 있어도 티내지 않는, 즉 높다 뻐기지 않는 그런 인품 내지 인격이 '교驕'와 대비되는 '태泰' 즉 '크낙함'인 것이다. 이럼으로써 군자는 저절로 자연스레 높아진다. 높아지면 사람들이 쳐다본다. 우러러본다. 사람들의 그런 시선, 눈높이가 소인小人과 군자君子의 크기 내지 위치를 알려준다. 물론 그 '사람들'이란 '건전한 이성'의 소유자임을 전제한다.

정말로 크낙한 산, 드높은 산은 태산처럼 가만히 있어도 사람들이 쳐다보게 되어 있다. 사람의 크기는 센티미터cm나 킬로그램kg으로 결정되지 않는다. 인치나 파운드도 당연히 아니다. 치/척도, 근/관도 아니다. 오직 그 머리와 가슴을 채우고 있는 것, 보이지 않지만 그 속에 있는 것, 생각과 마음, 특히 우리가 인품, 인격이라고 부르는 것, 그것이, 그 크기가, 사람의 크고 작음을 결정한다. 군자는 그런 의미에서 큰 사람이고 소인은 말 그대로 작은 사람이다. 우리의 머릿속 가슴속은 과연 어떨까. 어떤 생각과 심성으로 채워져 있을까. 얼마나 크게 얼마나 많이 채워져 있을까. 한번쯤 단추를 풀고 지퍼를 내리고 그 속을 들여다보기로 하자. 거기 누가 있을까. 무엇이 보일까. 소인일까 군자일까.

14
헌문憲問

1411 　子曰, "貧而無怨難, 富而無驕易."

"가난하면서도 원망하지 않기는 어렵고 부유하면서도 교만하지 않기는 쉽다."

역시 아주 유명하거나 자주 인용되는 건 아니지만 식자들 사이에선 낯설지 않은 말이다. 내용도 물론 흥미롭지만 그 표현이 간명하기 때문이기도 하다. 이해 못할 어려운 글자는 하나도 없다. 내용도 마찬가지다.

여기서도 공자는 두 경우(두 타입의 인간)를 대비해 보여준다. '빈이무원貧而無怨'과 '부이무교富而無驕'다. 가난하지만 원망하지 않는 사람, 부유하지만 교만하지 않은 사람이다. 한쪽은 어렵고(難) 한쪽은 쉽다(易). 그는 왜 굳이 이런 비교를 하는 것일까. 빈자貧와 부자富의 대비다. 일단 그가 '빈부'라는 인간사에 무심하지 않다는 걸 알려준다. '부귀富貴'는 인간이 바라는 바고 '빈천貧賤'은 인간이 싫어하는 바라는 걸 확실히 짚어주기도 했다.(0405 富與貴, 是人之所欲也, 不以其道得之, 不處也. 貧與賤, 是人之所惡也, 不以其道得之, 不去也 참조) 물론 그는 빈부 자체를 직접 어떻게 해보려는 경제철학자는 아니다. 그 점에서 소위 마르크스주의와는 그 방향이 근본적으로 다르다. 그는 도덕철학자-정치철학자로서 빈자와 부자의 태도를 문제 삼는다. 그게 '무원無怨'이고 '무교無驕'다. 원망하지 않음이고 교만하지 않음이다. ('없을 무無'는 '…지 않음'으로 이해해도 무방하다.) 원망도 교만도 전혀 어려울 게 없는 내용이다. 그런데 문제는 가난한 자의 원망(貧而怨)이고 부유한 자의 교만(富而驕)이다. 어찌 보면 당연할 수 있다. 실제로 많은 경우에 그렇다. 그런데 그런 지적으로 끝난다면 그건 초등 수준이다. 공자는 여기서 무원無怨과 무교無驕를 이야기한다. 가난하지만 원망하지 않는 것, 부유하지만 교만하지 않는 것이다. 이건 도덕이 된다. 가난하면 원망하기 쉽지만 그러지 마라, 부유하면 교만하기 쉽지만 그러지 마라는 말이다. 교과서적인 선생님 말씀이다. 물론 훌륭하신 말씀이다. 그런데 이런 도덕의 제시로 끝난다면 그건 아직 중등 수준이다. 공자는 마지막에 그 '난難'과 '이易'를 말한다. 한쪽은 쉽고 한쪽은 어렵다는 것이다. 이제 비로소 이 말이 공자다워진다. 이건 고등 수준이다. 잘 들어보자.

부이무교富而無驕가 쉽다고 하지만 이것도 사실 쉬운 일은 아니다. 특히 명품 등으로 돈 자랑질을 하고 다니는 졸부들의 사례는 인간 세상에 드물지 않다. 그러나 진짜 거부가 소박-검소한 삶을 살고 조용히 베푸는 경우 역시 드물지 않다. 쉬울 수도 있기는 한 것이다. 그러나 진짜 쉬울까? 누군들 진짜로 돈이 많다면 왜 그걸 과시하고 싶지 않겠는가. 인지상정이다. 그런데도 공자는 굳이 부이무교가 쉽다고 말한다. 그는 '이易'(쉽다)라는 이 말로써 무교無驕한 부자를 은근히 칭찬하고 있다. 경시나 폄훼는 아닌 것이다. 그런데 여기서 순서를 주목하자. 이 말이 뒤에 나온다. 그건 이것보다 앞에 나오는 말이 더 중요할 수도 있다는 시사다. 그게 빈이무원貧而無怨이다.

빈이무원貧而無怨은 어렵다(難)고 공자는 지적한다. 이건 빈이유원貧而怨이, 즉 가난하면 원망하는 것이 보통이고 정상이라는 말이다. 공자도 그걸 알고 있다는 말이다. 그런데 굳이 그게 어렵다(難)고 말한 이유는 뭘까. 우리는 그 유원有怨과 무원無怨의 결과를 각각 머릿속에 그려보자. 가난하다고 원망하면 일단 자기가 상한다. 그리고 주변 사람들을 상하게 한다. 최소한 신세 한탄이나 비관이고 그게 아니면 부모 혹은 세상에 대한 증오다. 그 비관의 극단적인 경우가 자살이고 그 증오의 극단적인 경우가 저 마르크스에서 비롯된 공산주의 혁명이다. 레닌이 그것을 확실하게 완성시켰다. 전형적인 빈이유원貧而有怨의 사례다. (바로 그 '원怨'이 혁명을 위한 영양/동력이 된다.) 전통적인 각종 민란도 같은 범주다. 그 결과를 우리는 안다. 빈자(무산계급)의 그 원망(有怨)이 '피'로 이어지는 것이다. 최소한 사회 혼란이다. 인간관계의 손상 없이 이루어지는 혁명은 원천적으로 불가능하다. 혁명은 타도이기 때문이다. 증오(有怨)가 없는 혁명은 원천적으로 불가능하다. 공자는, 그의 가치는, 그것을 지지하지 않는다. 못한다. 그래서 저 공산주의 중국에서는 소위 문혁(문화대혁명) 때 모택동의 홍위병들이 가장 먼저 공자의 흔적들을 두들겨 부순 것이다. 그들로서는 당연한 일이다. 공자는 빈이유원貧而有怨을 지지하지 않기 때문이다. 빈이유원은 그만큼 강한 경향성인 것이다. 그래서, 그럴 걸 알고 있기에, 공자는 '빈이무원貧而無怨'이 '난難'이라고, 어렵다고 말한 것이다. 이 말로써 공자는 은근히 그것을 칭송하고 권유한다. 이 말에는 '그럼에도 불구하고'가 '그래도' '그렇지만'이 강하게 울린다. 이게 그의 도덕인 것이다. 확인될 일은 아니지만 그의 여기 이 말이 어쩌면 우리가 잘 아는 저 '청빈淸貧'이라는 것의 연원일 수도 있다. 충분히 그럴 수 있다. 중국과 한국 등에서 오랜 세월 그게 소위 '선비'의 덕목이 되고 칭송되었던 게 과연 우연이었을까? 어려운 일이기에 '빈이무원貧而無怨'은 덕으로 지향되었던 것이다.

21세기 세상에서, 특히 자본주의 세상에서, 공산당의 중국에서조차 자본주의를 채택하는 현대 세계에서, '빈이무원貧而無怨'이라는 깃발은 더 이상 펄럭일 수 없다. 그러나 저 심산의 은자들처럼 고요히 빌딩 사이에 숨어 이 빈이무원貧而無怨의 인격으로 묵묵히 그 덕을 체현하고 있는 선비도 적지는 않을 것이다. 어쩌면 공자의 이 말이 그런 은자들에게 따뜻한 위로와 격려의 토닥임이 되어줄지도 모르겠다. 빈이무원貧而無怨은 정말 어려운(難) 일이다.

1424   子曰, "君子上達, 小人下達."

"군자는 위로 빠삭하고 소인은 아래로 빠삭하다."

공자의 이 말은 그다지 유명한 편은 아니다. 그러나 아주 낯설지도 않다. 전형적인 군자君子-소인小人의 대비다. 그런데, 유명한 태이불교泰而不驕나 화이부동和而不同보다 이 말이 덜 유명하다. 똑같은 군자-소인의 대비고 더구나 표현은 더 간명한데 왜 덜 유명할까? 아마도 바로 그 간명함 때문일 것이다. 너무 간명해서 그 의미가 좀 불분명하기 때문일 것이다. 상달上達과 하달下達이라는 말이 곧바로 머리와 가슴에 잘 와닿지 않기 때문이다.

응? 그런가? 시중에는 이 말에 대한 이런저런 해석들이 얼마든지 있는데? 그렇긴 하다. 그런데 바로 그 점이 이 말의 의미를 그저 그런 것으로 희석시키고 있는지도 모른다. 보통은 이 상달上達 하달下達을 저 중국 남조 양나라의 황간黃幹이 한 해설에 따라 각각 '인의仁義'와 '재리財利'에 통달한다는 뜻으로 읽거나, 저 송나라 주자朱子의 해설에 따라 '천리'를 돌이키므로 점차 고명함에 나아가고, '인욕'을 따르므로 점차 부패함으로 치닫는다(君子循天理, 故日進乎高明；小人殉人欲, 故日究乎汙下. 군자순천리, 고일진호고명；소인순인욕, 고일구호오하.)는 뜻으로 읽거나 한다. 이들의 말이 틀렸다고, 그게 아니라고 말할 수는 없다. 이 해석을 따르는 이들도 마찬가지일 것이다. 이해를 위해 나름 얼마나 많은 생각을 했겠는가.

그런데도 선뜻 고개를 끄떡일 수는 없다. 과연 그럴까? 공자는 그렇게 구체적으로 말하지 않았다. 그는 그저 '상上-하下'라고만 말했다. 그저 '달達'한다 라고만 말했다. 그렇다면 섣불리 자기 사견으로 구체화시키지 말고 공자 본인의 이 말을 존중해주는 건 어떨까. 그리고 그 의도를 좀 더 헤아려보는 건 어떨까.

우선 공통으로 말해진 '달達'을 생각해보자. 이건 통달, 달통, 발달, 숙달, 도달, … 등의 형태로 지금도 많이 쓰이고 있다. 이걸 통해 어느 정도 감은 잡힌다. 그러나 의미의 폭이 상당히 넓다. 그 공통분모가 있을까? 좀 고민이 된다. 그러나 없지는 않다. 그것을 우리는 '달인達人'이라는 말에서 짐작한다. (다른 표현들과 달리 이건 공자 본인의 표현처럼 '달達' 한 글자로 통한다.) 무언가에 아주 빠삭한, 아주 잘 알고 아주 잘 하는, 능수능란한 어떤 경지에 도달한 그런 사람을 우리는 그렇게 부른다. 그 '달達'이다. 정통한 것이다. 그런 상태를 공자는 '달達'이라고 말한 것이다.

자, 그러면 이제 '상上-하下'다. 이건 어떤 뜻인가? 1609(生而知之者上也 […] 困而不學, 民斯爲下矣)에서 보듯 공자는 사람의 어떤 상태에 대해 상上-차次-기차其次-하下 등급을 매긴다. 군자와 소인의 관심사도, 빠삭한 바도 즉 노는 물도 상중하上中下가 있다는 것이다. 공자는 그걸 지적한 것이다. 그걸 누가 몰라? 그게 구체적으로 뭐냔 말이다. 그렇게 되묻고 싶어진다. 당연하다. 그런데 우리는 그 답을 얻을 수 없다. 공자 본인이 똑 부러지게 말해주지 않기 때문이다. 그래서 인의仁義니 재리財利니, 천리天理니 인욕人欲이니 하는 해석이 나온 것이다. 우리도 그렇게 할 수밖에 없다. 단, 우리는 인정해야 한다. 그건 나의/우리의 해석이지 공자 본인의 원의라고 장담할 수는 없다고. 확인할 수는 없다고. 그런 전제하에 우리는 이렇게 말해볼 수도 있겠다. '상上'은 『논어』 전편을 통해 드러나는 공자 본인의 관심사다. 도, 덕, 정, 인, 의, 예, 지, … 등등 그런 것이다. 상급의 일들이다. (* 공자는 스스로를 '상달上達'이라고 평했다. 1435 不怨天, 不尤人, 下學而上達. 知我者其天乎! 참조.) '하下'는 그 반대다. 무도, 부덕, 부정, 불인, 불의, 무례, 무지 … 등등이다. 하급의 일들이다. 응? 그런 것에 빠삭한 사람도 있어? 있다. 많다. 그런 것도 그런 쪽으로 재주가 있으니까 잘 하지 아무나 그렇게 못한다. 사기도 아무나 못 친다. 물론 이런 '대놓고 나쁜 일' 뿐만은 아니다. 나쁘지는 않지만 하찮은

14 헌문憲問 **259**

일들도 많다. 아무래도 좋을 잡다한 지식들, 그런 것도 다 '하下'
다. 소인은 그런 일들에 촉각을, 안테나를 세우는 것이다. 반대로
군자는 인간과 세상을 위해 진정으로 중요한 가치 있는 일들에 대
해 안테나를 세운다. 그래서 각각 자기 일에 빠삭해진다. 상달上
達 하달下達은 각각 그런 일들에 빠삭한 것이다. 위로 빠삭하고
아래로 빠삭한 것이다.

그런 게(그 '위'와 '아래'가) 구체적으로 뭔지 그걸 판정하는 것
은 이제 우리들 각자의 몫이다. 그 판정을 위해 우리는 공자의 말
들을 더 귀담아 들어야 한다. 그걸 잘 알게 되는 것도 어쩌면 '상
달上達'에 해당할지도 모르겠다. 하여간 '위'를 쳐다보고 걸어야
한다. 좀 엉뚱하지만 예전 이웃 일본에서 엄청난 인기를 끌었던
대중가요, 사카모토 큐의 '위를 보고 걷자'(上を向いて歩こう)는
그 노래가 떠오른다. 우리는 아래로 빠삭(下達)한 소인이 아닌 위
로 빠삭(上達)한 군자가 되어야겠다.

1425   子曰, "古之學者爲己, 今之學者爲人."

"옛날의 배우는 사람들은 자기를 위해 배웠으나 요즈음의 배
우는 사람들은 남을 위해 배운다."

이것도 일반인보다 식자들 사이에서 유명한 말이다. 여기서 공자는 '학자學者'를 논한다. 요즘 말하는 소위 학자(scholar)와는 다르다. 그것도 이와 무관하지는 않겠지만 그런 뜻은 아니고 좀 더 일반적이고 보편적인 의미에서 '배우는 자'를 말한다. '배운다'(學)는 것도 물론 공자의 큰 주제 중 하나인 만큼 간단한 말은 아니지만, 제대로 살펴볼 필요가 있는 말이지만, 지금의 학문과는 다르지만, 일단은 그냥 공부하는 것, 뭔가를 알려고 애쓰는 것, 정도로 해두자. 그런 노력을 하는 존재가 '학자學者'인 것이다.

그런데 공자는 여기서도 대비를 한다. 하여간 공자는 선명한 대비를 좋아한다. 그 대비를 통해 한쪽을 은근히 비판하고 다른 한쪽을 뚜렷하게 부각시키고 싶은 것이다. 그 점에서는 소위 '거피취차去彼取此'(저것을 버리고 이것을 취한다)를 특징으로 하는 노자老子와 일치한다. 여기서는 고지학자古之學者와 금지학자今之學者가 대비된다. 옛날 학자와 지금 학자다. 그게 구체적으로 각각 어떤 사람들을 가리키는가는 굳이 조사 연구할 필요가 없다. 일단은 그냥 훌륭했던 옛 시대(요순우탕 문무주공의 시대)의 훌륭했던 인물들, 그리고 공자 당시의 소위 학자연하는 사람들, 배움을 표방하는 사람들, 정도로 해두자.

대비되는 그 양자의 차이가 바로 '위기爲己'와 '위인爲人'이다. 배움의 양상이다. 이게 포인트다. 진짜 주제다. 위기는 자기를 위함이고 위인은 남을 위함이다. 언뜻 보면, 둘 다 좋은 거 아냐? 위인爲人이 더 좋은 거 아냐? 하는 느낌이 들 수도 있다. 주의해야 한다. 그게 아니다. 문맥상 공자는 위기爲己를 긍정적으로 위인爲人을 부정적으로 보고 있다. 은근히 후자를 비판하고 역시 은근히 전자를 칭송하는 것이다. 어째서일까.

'위인爲人'은 보통 흔히 '남에게 알려지기 위해 배운다'고 해석된다. 이것은 "남에게 알려지고 싶어 하는 것"(爲人, 欲見知於人也)이라는 정자(程伊川)의 사견 내지 오독에 그 뿌리를 두고 있다. 공자는 그런 취지를 말한 바가 없다. 그는 그냥 '남을 위해서'라고 말했을 뿐이다. 그 의미의 핵심은 '표방'이다. 그게 일차적으로 먼저 내세워져 있다는 것이다. 문맥상 공자는 그 자체를 부정적으로 보고 있는 것이다. 금지학자今之學者의 이 말은 저 고지학자古之學者의 '위기爲己'와 선명하게 대비되는 것이다. 즉 '남을 위해서'라는 표방은 일견 훌륭한 일이고 칭찬받을 일처럼 보이지만 실은 그렇지 않다. 왜냐면 거기엔 '나'를 위한 노력이, 나의 질/향상/완성에 대한 관심과 노력이 스킵되어 있기 때문이다. 그건 선후가 전도되어(뒤바뀌어) 있다. 나를 온전히 하지 않고 남을 위해 나선다는 건 무지하거나 무모하거나 오만한 것이다. 남을 위하기는커녕 남에게 폐만 끼치기 십상이다. '국민을 위해서'라고 소리를 높이는 현대의 정치인들이 결국 자기의 사욕만 채우는 경우를 생각해보라.

그렇다면 '위기爲己'는? 자기 향상-자기완성을 위한 배움이다.

먼저, 남을 위할 만한 자기를 만들기 위한 노력이다. 그게 고지학자古之學者가 했다는 그 '위기爲己'다. 훌륭한 내가 되기 위한 공부다. 공자가 다른 곳에서도 말하는 이른바 '수기修己'라는 것이 그런 것이다. 그게 자연스럽게 '안인安人'으로 이어진다. 안인安人이 결국 위인爲人이다. 고지학자가 했다는 위기지학爲己之學은 요컨대 자기 수양이다. 『논어』 전편에 흐르는 기조가, 공자의 말들이, 거의 다 그런 류다. 말하자면 '인간 되기'다. 그냥 인격 수양이라고 해도 좋다. 훌륭한 내가 되는 것이다. 그게 '위기爲己'(자기를 위함)다. 이게 전제되지 않으면 '위인爲人'(남을 위함)을 아무리 표방한들, 배운다고 한들, 그 위인이 제대로 될 턱이 없다. 공자는 그걸 날카롭게 꿰뚫어본 것이다.

탁월한 공자학자 이수태의 다음 말에 귀를 기울여보자.

남을 위해 배운다는 것은 오늘날의 상식에 의하면 당연함을 넘어 바람직한 일일 테지만 공자는 이를 부정적으로 보고 있다는 점을 주목할 필요가 있다. '남을 위하겠다'는 전제를 먼저 가질 경우 자신을 향상시킬 기제를 잃게 되고 자신의 향상이 없으면 남을 위한 모든 노력은 도로(徒勞)에 그칠 터이기 때문이다. 이 맥락을 이해하지 못하면 공자도 결코 이해할 수 없게 된다. 그에게 있어 남으로 가는 유일한 통로는 바로 자기 자신이었다.[1]

우리는 그의 이 말, 특히 "그[공자]에게 있어 남으로 가는 유일한 통로는 바로 자기 자신이었다."는 말에 전적으로 동의하며 지지를 표명한다. "고지학자위기, 금지학자위인.古之學者爲己, 今之學者爲人."(옛날의 배우는 사람들은 자기를 위해 배웠으나 요즈음의 배우는 사람들은 남을 위해 배운다.) 공자의 이 말은 공자의 옛날과 대비되며 우리의 지금을 향해, 지금의 '학자'들을 향해, 위인爲人을 운운하는 스칼라들을 향해, 묵직한 종소리처럼 울려오고 있다. 그때나 지금이나 자기에 대한 돌아봄도 없이 그 위인지학爲人之學을 한다는 양반들이 공자의 이 말을 제대로 알아들었는지는 모르겠지만.

1429   子曰, "君子恥其言而過其行."

"군자는 자신의 말을 부끄러워하고 자신의 행동을 허물한다."

이것도 군자君子에 대한 언급이다. 소인과의 비교는 없다. 군자 본인의 '언言'과 '행行' 즉 언행에 대한 본인의 태도를 말한다. 그게 '치恥'와 '과過'다. 이빨 고치는 치과齒科는 당연히 아니고 '부

---

1   이수태, 『새번역 논어』, 생각의나무, 2009. 307쪽.

끄러워하고 허물로 여긴다'는 말이다.

이 말은 보통 "군자는 자신의 말이 자신의 행동보다 앞서는 것을 부끄러워한다"는 식으로 이해되는 경우가 많다. '과過'를 '앞선다'고 해석한 것이다. 그런 것도 나름 훌륭한 의미는 있다. 단, 공자의 이 말은 그런 뜻은 아니다. 오독이다. 이 문장을 군자치기언지과기행君子恥其言之過其行(『논어혹문論語或問』)으로 읽은 주자의 나쁜 영향이다. '이而'라는 말이 '지之'로 둔갑해 있다. 말을 멋대로 뜯어 고쳐 의미를 완전히 다르게 만들었다. 그건 주자 본인의 말이지 공자의 말이 아니다. '이而'는 여기서 병렬이다. '언言'과 '행行' 각각에 대해 '치恥'와 '과過'라는 태도를 취한다는 말이다. '과過'는 '허물한다'는 뜻이다. '번위교이과불식煩爲敎而過不識'(『여씨춘추呂氏春秋』) 등에서 그 용례를 볼 수 있다. 그렇다면 '치기언이과기행恥其言而過其行'이란 무슨 말인가. 그 뜻을 살펴보자.

먼저 '치기언恥其言'이다. 이건 무슨 뜻인가. 군자가 자신의 말(言)을 부끄러워한다(恥)는 뜻이다. 자기의 말에 대한 태도다. 그걸 부끄러워한다는 것은 말을 떠벌리지 않는다는 것이고 조심조심 한다는 것이다. 이 말에는 당연히 부끄러운 줄도 모르고 아무 말이나 함부로 내뱉는 소인배들의 번지르르한 말이 그 배경에 깔려 있다. 소인들은 자기 말에 대해 무책임하다. ('아무말'들이 난무하는 한국의 정치판을 떠올려보라.) 교언영색의 그 교언巧言

(잘 꾸민, 번지르르한 말)도 그런 경우다. 남에게 상처 주는 말은 말할 나위도 없다. 그런데 군자의 태도는 다르다. 자신의 말을 부끄러워하니 그걸 드러내지 않으려 한다. 그것이 과묵寡默으로 이어지기도 한다. 맥락은 많이 아니 전혀 다르지만, "말할 수 없는 것에 대해서는 침묵해야 한다(Wovon man nicht sprechen kann, darüber muss man schweigen)"는 저 비트겐슈타인의 말도, 표현 자체만 보자면, 이런 경우에 적용할 수 있다. 교언보다는 침묵이 차라리 낫다.

그리고 '과기행過其行'이다. 이건 무슨 뜻인가. 군자가 자신의 행동(行)을 허물한다(過)는 뜻이다. 자기의 행동-행위에 대한 태도다. 그걸 허물 삼는다는 것은 자신의 행동이 무조건 옳다고 주장하지 않는다는 것이다. 허물/잘못일 수 있음을 항상 염두에 두고 있다는 말이다. 그 결과에 대해서도 책임감을 갖는다는 말이다. 실제로 그 행동이 어떤 문제를 일으켰을 때 '내 탓이요' 하고 자신의 허물을 인정한다는 뜻이다. '너 때문이야' 하고 남 탓으로 돌리지 않는다는 말이다. 남을 원망하지 않는다는 말이다.(1202 在邦無怨, 在家無怨/1410 沒齒無怨言 참조) 이런 게 용기고 인품이다. 그래서 공자는 이 '과過'/'과기행過其行'을 군자의 덕으로 지목하는 것이다. 이러니 군자는 혹 실수를 하더라도 그것을 스스로 인지-인정하고 같은 실수를 거듭하지 않는 것이다. '불이과不二過'하고 '과이개過而改'하는 것이다.(0603 不遷怒, 不貳過/1530 過

而不改, 是謂過矣 참조) 이 말도 당연히 그러지 않는, 자신의 행동
은 항상 정당하다고 주장하는 저 우글거리는 소인배들을 그 배경
에 깔고 있다.

언행言行은 그 사람의 핵심이고 그 사람의 전부라 해도 과언이
아니다. 언행이 그 사람의 정체를 여실히 드러내 보여준다. 그게
주변 사람들에게 엄청난 영향을 준다. 상처를 줄 수도 있고 기쁨
을 줄 수도 있고 문제를 일으킬 수도 있고 문제를 해결할 수도 있
다. 그러니 언言도 행行도 아무렇게나 함부로 막 할 수는 없는 것
이다. 그러면 안 되는 것이다. 그래서 공자는 이런 말을 한 것이
다. 군자는 그러지 않는다. 그러지 않는 사람을 군자라고 한다. 자
신의 말을 부끄러워하고 자신의 행동을 허물하는 사람, 그런 사람
이 진정으로 훌륭한 인격자인 것이다.

1445　子路問君子. 子曰, "脩己以敬." 曰, "如斯而已乎?" 曰, "脩己
以安人." 曰, "如斯而已乎?" 曰, "脩己以安百姓. 脩己以安百
姓, 堯舜其猶病諸."

자로가 군자에 대해 물었다. … 말씀하셨다. "경(敬)으로써 자
신을 닦는다." "그러할 뿐입니까?" "남을 편안케 하는 일로 자
신을 닦는다." "그러할 뿐입니까?" "백성을 편안케 하는 일로

자신을 닦는다. 백성을 편안케 하는 일로 자신을 닦는 것은 요임금과 순임금도 오히려 부심했던 것이다."

이 말은 비교적 유명하다. 아니 엄청 유명하다. 단, 이 형태 그대로가 아니라 이른바 '수기치인修己治人'의 형태로 유명하다. 공자의 이 말이 즉 '수기안인修己以安人'이 그 연원이 되는 것이다. 수기치인이라는 말은 당송唐宋시기의 재상 소우蕭瑀가 '치인治人'을 강조했고 송대의 주자朱熹가 『대학장구大学章句』 서序에서 "수기치인지방 즉미필무소보운 修己治人之方 則未必無小補云"(자신을 닦아서 사람을 다스리는 방도에는 꼭 작은 도움이 없다고는 할 수 없을 것이다)이라 말하면서 그의 절대적 영향을 받은 조선에서 널리 퍼트려졌다. '다스린다'는 말로 인해 정치색이 농후해진 것이다. 원래 공자가 한 '안安'이라는 말은 '치治'보다 훨씬 근원적이고 그 범위가 넓고 가까웠다. 치治보다 안安이 훨씬 더 위대한 말이다. 주자는 이런 식으로 공자를 왜곡한 바가 많다.

이 장은 유명한 만큼 생각해볼 게 많고 따라서 말할 게 많다.

여기서도 공자는 '군자君子'에 대해 말한다. 제자인 자로子路의 질문에 대한 대답이다. 문답이다. 답은 세 차례다. '수기이경修己以敬' '수기이안인修己以安人' '수기이안백성修己以安百姓'이다.(이것이 나중에 수기치인修己治人으로 둔갑한 것이다.) '경敬'으로써 수기하는 것, '안인安人'으로써 수기하는 것, '안백성安百姓'으로써 수기하는 것', 이 셋이다. 제2 제3은 자로가 자꾸 물었기 때문에 한 대답이다. 공자의 대답이 좀 불만이었는지, 즉 '수기이경'도 '수기이안인'도 '겨우 그 정도로 군자인 겁니까?' 라는 생각이 들었는지, 자꾸 물은 것이다. 확인이 아니라 '그다음'에 대한 기대 내지 재촉의 물음이다. 군자라는 존재를 너무 거창하게 생각했거나 혹은 '수기이경' '수기이안인'을 너무 별것 아닌 것으로 생각했거나, 그런 자로의 한계가 여실히 드러나 있다. 그래서 공자의 대답은 재차 삼차의 부연 설명이 된다. 이게 어떤 단계는 아닌 것이다. 아무튼 중요한 것은 대답한 공자의 생각이다. 그 진의다. 그걸 좀 제대로 짚어보자.

먼저 주의해둘 것은 '이以'(로써)라는 말이다. 이게 흔히 '수기하여 공경하고 안인하고 안백성한다'는 식으로 새겨지는데, 물론 그렇게 읽을 수도 있다. 수기가 수단 내지 조건이 되고 경-안인-안백성이 목표 내지 지향이 된다. 그러나 여기서는 약간 다르게 읽었다. '이以'라는 이 말이 경우에 따라 앞에 걸리기도 하고 뒤에 걸리기도 하기 때문이다. 일단 둘 다 가피하다. '이以'가 어디에 걸리느냐에 따라 말의 의미 내지 강조점은 상당히 달라진다. 문맥을 보고 판단해야 한다. 단, 수기가 먼저냐 경敬-안인安人-안백성安百姓이 먼저냐에 따라 말의 의미는 달라지지만, 그 철학적 의의는 크게 다를 바 없다. 수기는 수기대로, 경-안인-안백성은 그것대로 확고한 공자의 관심사요 주제인 것은 변함 없기 때문이다.

'이以'가 앞쪽 뒤쪽 어느 쪽에 걸리든 공통된 것, 기본적인 것은 '수기脩己'다. 그 수기의 수단 내지 조건, '염두에 두는 바' 기준으로 삼는 바가 곧 경敬이고 안인安人이고 안백성安百姓인 것이다. 혹은 수기로써, 수기하여, 수기 이후에, 지향하는 바가 그것(경-안인-안백성)인 것이다. 그 성격이 다를 뿐 경-안인-안백성 자체는 나란한 구조다. 경에 대한 부연 설명이 안인安人이고 안인에 대한 부연 설명이 안백성安百姓인 것이다. 경敬-안인安人-안백성安百姓 셋 다 연결된 것이다. 이게 다 수기脩己하는 군자의 염두에 있는 것이다. 이런 것들을 자기 안에 두는 것이 곧 수기脩己인 것이다.

그렇다면. '수기脩己'란 무엇인가. '자기를 닦는 것'이다. '기己'(자기)라는 것은 특별한 설명이 필요 없다. 누구나 다 이게 뭘 가리키는 말인지 이해한다. 단, 이 자기는 인격적-정신적 자아라는 사실을 유념해야 한다. 자기의 인격인 것이다. '수脩(=修)'라는 것도 우리 한국인에게 낯설거나 어려운 말은 아니다. '닦는다'고 해도 곧바로 이해된다. 도를 닦는다는 그 '닦는다'이다. 수행, 수양, 수도, 등의 형태로 지금도 사용된다. 물론 요즘 실제로 이걸 하는 사람은 거의 사라졌다. 그래도 이게 뭔지 어떤 건지는 대개 다 안다. 인격의 고양/향상/완성을 위해 수양하는 것을 가리킨다. 군자는 이걸 한다는 말이다. 그런데 어떻게? 그게 '경敬'이다. 경으로써(경을 염두에 두고) 수기를 즉 자기의 인격 완성을 위해 노력한다는 것이다.

단, '경敬'이라는 것은 간단한 말이 아니다. 그래도 대략 어떤 것인지는 짐작할 수 있다. 경건, 경례, 공경, 외경 등의 형태로 지금의 우리도 이 말을 쓰고 있기 때문이다. 조금씩 다른 말이지만 그 공통분모는 있다. 무엇일까. '함부로 하지 않는 것'이다. 비단 윗사람에 대해서 뿐만 아니라 사람 자체에 대해 그리고 만사에 대해 사람이 마땅히 지녀야 할 어떤 '받드는/높이는' 태도 내지 자세를 의미한다. '삼가다, 조심하다, 절제하다, 정중하다, 조신하다 … 요컨대 함부로 하지 않는다', 그런 의미가 이 말에 녹아들어 있다. 그래서 우리는 이 글자를 '받듦'이라고도 번역할 수 있다. 그 반대인 '불경不敬'을 생각해보면 좀 더 의미가 분명해진다. 경은 불경스럽지 않은 것이다. '받듦' 내지 '높임'에는 본질적으로 '위'와 '아래'가 있다. 받듦이란 그 내용이, 그 대상이, 그것이 일이든 사람이든, 그것을 '나'보다 '위'에 두는 태도를 일컫는다. 그런데 요즘 사람들의 태도를 보면 대부분 모든 것이 '나'보다 '아래'에 놓여 있다. 거기에 '높이 여김'은 없다. '받듦'은 없다. 그런 관계 설정에서 저 모든 '함부로'가, '되는 대로'가, '적당적당히'가, '닥치는 대로'가, '마구잡이로'가, 나오는 것이다. 그러니 일이 제대로 될 턱이 없고 인간관계가 원만할 턱이 없는 것이다. 그런 관계에서 사는 삶은 힘든 삶이 된다. 군자는 그런 의미에서 함부로 하지 않는, 모든 것을 특히 다른 사람을 존중하는/받드는/높이-여기는 그런 자기가 되기 위해 노력하는 것이다. 그게 결국 '수기이경修己以敬'이다.

그렇다면 '안인安人'은? 말 그대로 '남을/다른 사람(人)을 편안하게(安) 해주는 것'이다. 경敬에 대한 부연 설명인 것이다. 내가, 자기가, 남을/다른 사람을 함부로 하지 않고 받드는 태도이면, 그를 나보다 위에 두면, 남은 저절로 자연히 당연히 편안할 수밖에 없다. 일을 그렇게 대해도 남은/사람은 편안해진다. 살아보면 알지만 이것(安)보다 더 큰 가치는 없다. 남을 편하게 한다는 것은 인간관계에서 최고의 가치다.(0526 노자안지老者安之 참고) 군자는 바로 그런 것을 염두에 두고 자기를 닦는다는 것이다. 남을 편치 않게 하는 사람이 되지 않으려 노력한다는 것이다. 그게 바로 '수기이안인修己以安人'이다.

그렇다면 '안백성安百姓'은? 안인의 그 '인人'(사람)의 범위를 만백성으로까지 확장하는 것이다. 아니, 구체화하는 것이다. 남/사람이라고 하면 좀 막연하고 추상적일 수도 있다고 생각한 건지 공자는 그걸 굳이 백성이라고 부연 설명한 것이다. 군자라는 게 원래 정치적 지도자를 가리키는 말인 만큼 이런 구체화는 나름 의미가 있다. 위정자는 특히 백성을 염두에 두고 그들이 편안하기를 염두에 두어야 한다. 그게 정치의 요체다. 백성이 편안하다면 정치는/위정자는/군자는 할 일을 다 한 것이다. 그러니 마지막 설명이 '수기이안백성修己以安百姓'인 것이다. 백성을 편안하게 하는 일을 염두에 두고 자기를 닦는 것이다. 그런 사람이 되기 위해 노력하는 것이다. 백성을 불편하게 하는 사람이 되지 않기 위해 노력하는 것이다. 백성을 불편하게 만드는 위정자를 떠올려보면 그 의의는 자연히 드러난다. 그런 정치인들, 우리 주변에도 넘쳐난다. 더 이상 무슨 증거가 필요하겠는가.

그런데 말이 그렇지 이게 쉬운 일이겠는가. 자로가 혹 염려했듯 경敬도 안인安人도 안백성安百姓도 '겨우 그 정도'가 아니다. 하찮은 일이 절대 아니다. 엄청난 일이다. 엄청나게 중요하고 어려운 일이다. 그래서 공자는 굳이 저 요순堯舜을 들먹이는 것이다. 공자가 이상적인 군주/군자로 흠모했던 인물들이다. 이상 사회를 실현했다고 평가하는 인물들이다. 그런 인물들도 바로 이 일, 즉 경敬 안인安人 안백성安百姓을 염두에 두고 그 실현을 위해, 그리고 그런 자기가 되기 위해 부심했다는 것이다. 그런 일을 병 삼았다(病諸)는 것이다. 병에 걸려본 사람은 자연히 알겠지만 병이란 본질적으로 최우선적 관심사가 되는 것이다. 모든 노력을 다해야 하는 것이다. '병저病諸'는 그러니 얼마나 대단한 말인가. 저 요순처럼 그렇게 그런 태도로 경敬과 안인安人과 안백성安百姓을 염두에 두고/그것으로써(以) 병을 고치려 하듯이 최선을 다해 최우선적으로 '수기修己'를 하라는 말이다. 혹은 '수기'하여 그런 것을 지향하라는 말이다. 군자君子란 그런 존재라는 것이다. 실로 엄청난 말이 아닐 수 없다.

질문한 자로가 공자의 이 말을 제대로 알아들었는지 모르겠다.

그리고 후대의 사람들이, 특히 조선의 유림들이, 그리고 현대 한국의 위정자들이 이 말을 제대로 알아들었는지 모르겠다. 결과를 보면 별로 그런 것 같지는 않아 보인다.

1508 子曰, "可與言而不與言, 失人, 不可與言而與之言, 失言. 知者不失人, 亦不失言."

"함께 말할 만한데도 말하지 않는 것은 사람을 잃는 것이고 함께 말할 만하지 않은데도 말하는 것은 말을 잃는 것이다. 지혜로운 자는 사람을 잃지도 않고 말을 잃지도 않는다."

그다지 유명한 말은 아니다. 그런데 이 말이 일반인에게 잘 알려져 있지 않다는 것은 너무나 의외다. 왜냐면 이 말은 『논어』 전편에서 어쩌면 '최고의 명언'으로 (최소한 그중 하나로) 손꼽힐수 있는 말이기 때문이다. 찬찬히 이 말을 곱씹어보면 아마도 많은 사람들이 고개를 끄덕일 것이 틀림없다. 정말 명언 중의 명언이다. 놀라운 명언이다. 공자는 어떻게 이런 걸 알게 되었을까. 어떻게 이런 표현이 가능했을까. 찬탄하지 않는다면 그건 정상이 아니다. 무릎을 치거나 혀를 내두를 정도다. 공자는 정말 놀라운 사람이다.

그런데도 불구하고 이 말이 유명해지지 못 한 건 왜일까. 어쩌면 이 말이 약간 길고 그 표현이 약간 꼬여 있어 약간의 사고를 요하기 때문일지도 모르겠다. 1초 만에 확 와닿지는 않는다. 2, 3초는 필요할까?

여기서 공자는 '지자知者'를 이야기한다. '아는 사람'이다. 무엇을 아는 사람일까. '인人'과 '언言' 즉 사람과 말에 대해 잘 아는 사람이다. 그래서 사람을 잃지 않고(不失人) 말을 잃지 않는(不失言) 사람이다. 그런 사람이 지자다. 이건 무슨 말일까. 그건 앞의 말을 들어보면 바로 이해가 된다. "함께 말할 만한데도 말하지 않는 것은 사람을 잃는 것이고 함께 말할 만하지 않은데도 말하는 것은 말을 잃는 것이다.(可與言而不與言, 失人, 不可與言而與之言, 失言.)" '실인失人'과 '실언失言', 사람을 잃는다, 말을 잃는다, 그게 어떤 경우인지를 공자는 분명히 말해주기 때문이다. 좀 더 들여다보자.

먼저 '실인失人'. 사람을 잃는 경우. '가여언이불여언可與言而不與言'이 그런 경우다. '가여언可與言' 즉 함께 말을 할 만한 사람이 있는데 '불여언不與言' 즉 그 사람과 함께 말을 하지 않는 경우다. 그런 경우, 그 사람으로부터 들을 수 있는 모든 소중한 이야기가 원천 차단되는 것이다. 그걸 못 들으니 그 사람의 존재 자체가 차단되는 것과 다를 바 없다. 그 사람이 없는 것과 다를 바 없는 것이다. 그런 걸 공자는 '그 사람을 잃는 것'(실인失人)이라고 표현한 것이다.

다음 '실언失言'[1]. 말을 잃는 경우. '불가여언이여지언不可與言而與之言'이 그런 경우다. '불가여언不可與言' 즉 함께 말을 할 만한 가치가 없는 사람이 있는데 '여지언與之言' 즉 그 사람과 함께 말을 하는 경우다. 아무리 좋은 말을 해도 그 가치를/소중함을 모르고 관심도 없는 그런 사람이 '불가여언不可與言'이다. 그런데도 불구하고 그 사람과 말을 한다는 것 '여지언與之言'은 바위에게 말하는 것과 다를 바 없다. '쇠귀에 경 읽기' 같은 것도 그런 경우다. 내가 그에게 아무리 좋은 말을 해줘도 그 전달 문이 원천적으로 닫혀 있는 셈이다. 해주는 그 소중한 말이 아깝게 버려지는 것과 다를 바 없는 것이다. 그런 걸 공자는 '그 말을 잃는 것'(실언失言)이라고 표현한 것이다.

이것도 저것도 참 기발한 발상이고 기막힌 통찰이 아닐 수 없다. 역시 공자다. 정말 대단하다. 그런데 그는 왜 이런 말을 했을까. 지자知者가 되라는/되자는 것이다. 사람도 잃지 말고 말도 잃지 말라는/말자는 것이다. 사람을 잘 봐가며 함께 말할 만한 사람인지 그렇지 못한 사람인지 가리라는/가리자는 것이다. 잘 가려

---

1   '실수로 잘못 말하는' 그런 실언이 아니다.

서 그와 말을 하기도 하고 않기도 하라는/하자는 것이다. 함께 말할 만한 사람과는 함께 말을 하고, 함께 말할 만하지 못한 사람과는 함께 말을 하지 않는 것, 가여언이여지언可與言而與之言, 불가여언이불여언不可與言而不與言, 그게 답이다. 그게 사람도 잃지 않고 말도 잃지 않는 길이다.

이 말도 당연히 그 배경이 있다. 그걸 공자 본인이 직접 알려준 것이다. 그때나 지금이나 '가여언이불여언, 불가여언이여지언可與言而不與言, 不可與言而與之言'인 경우가 즉 실인失人하고 실언失言하는 경우가 너무나 많다. 사람을 잃고 말을 잃고 하니 다들 지자知者가 못 되는 것이다. 실인과 실언은 얼마나 아까운 노릇인가. 사람과 말의 가치를 아는 지자知者는 그게 너무나 아까워서 차마 그렇게 헛되이 버리지를 못한다. 그래서 '불실인 역불실언不失人, 亦不失言'하는(사람도 잃지 않고 또한 말도 잃지 않는) 것이다. 이런 말을 해주는 공자이니 그와 더불어 말을 하지 않는다면 실인失人도 그런 실인이 없다. 잃어버리기에는 너무나 아까운 사람이다. 한편 우리가 만일 그런 공자를 알아보지 못하는 사람에게, 그의 말을 알아들을 귀도 마음도 없는 사람에게, 공자의 이런 말을 이렇게 열심히 하고 있다면… 오호라 그렇구나. 실언失言도 그런 실언이 없겠다. 너무나 아까운 말이 아닐 수 없다.

1516 子曰, ^{자왈} "不曰如之何如之何者, ^{불왈여지하여지하자} 吾末如之何也已矣." ^{오말여지하야이의}

"어떻게 하나 어떻게 하나 하고 말하지 않는 자에 대해서는 나
도 어떻게 할 수가 없다."

이것도 역시 그다지 유명한 말은 아니다. 그런데 유명하지 않은
것이 좀 의외다. 너무나 좋은 말이기 때문이다. 너무나 멋진 말이
기 때문이다. 공자라는 사람의 매력이 너무나 잘 드러나는 말이기
때문이다. 이해 못할 어려운 글자는 하나도 없다. 그 내용도 들으
면 곧바로 이해된다. 이 말을 듣고 '멋지다'는 느낌이 확 들지 않으
면 그건 그 사람이 좀 둔하기 때문이다.

보다시피 공자는 여기서 사람(者)에 대해 논평하고 있다. 어떤
자? '어떻게 하나 어떻게 하나 하고 말하지 않는 자(不曰如之何如
之何者)'다. 이런 사람에 대해서는 '나도 어떻게 할 수가 없다(吾末
如之何也已矣)'고 그는 말하는 것이다.

'어떻게 하나 어떻게 하나 하고 말하지 않는 자(不曰如之何如之
何者)'란 그 포인트가 '불왈不曰'에 있다. '말하지 않는다'는 것이
다. 이건 어떤 문제에 대해, 특히 자기 자신의 상태에 대해, 스스
로 고민하지 않는다는 것이다. 문제를 인식하지 못한다는 것이고
할 생각도 안 한다는 것이다. 문제에 대한 문제의식이 없고 관심
도 없다는 것이다.

'나도 어떻게 할 수가 없다(吾末如之何也已矣)'는 것은 요즘 식

으로 말하자면 구제 불능이란 말이다. 본인이 아닌 다른 누구도, 특히 공자 같은 대단한 선생님도, 손쓸 방도가 없다는 말이다. 남이 대신 어떻게 해줄 수가 없다는 말이다. '말末'은 '무無'와 통한다. '끝내…없다'는 말이다. '야이의也已矣'는 단정적인 강조다. '더 이상 도저히…' 같은 뉘앙스다.

공자가 왜 이런 말을 했겠는가. 실제로 이런 사람이 있기 때문이다. 지금 여기도 있다. 많다. 이런 사람에 대한 안타까움을 피력한 것이다. 당연히 분발을 촉구하는 뜻도 담겨 있다. 교육자로서의 깊은 고민이 이 말에는 담겨 있다. 문제는 결국 본인 스스로가 찾아야 하고 본인 스스로가 해결해야 한다. 하려 해야 한다. 그게 '왈 여지하'(어떻게 하나 하고 말하는 것)다. 아무리 아끼는 대상이라고 해도 모든 것을 내가 대신 해줄 수는 없다. 어떤 선생도 부모도 친구도 그건 불가능하다. 결정적인 것은 결국 본인 손에 달려 있다. '소를 물가로 끌고 갈 수는 있어도 마시게 할 수는 없다'는 말이 있지 않은가. 공자의 이 말도 그런 취지다. 얼마나 안타까웠으면 공자가 이런 말을 남겼겠는가. 공자의 이 말을 듣고 혹시라도 조금 뜨끔한 사람이 있다면 그는 희망이 있다고 말할 수 있다. '여지하여지하如之何如之何'(어떻게 하나 어떻게 하나)가 시작되기를 기대한다. 우리도 공자와 함께 그런 사람들을 응원한다. 하늘도 '스스로 돕는 자를 돕는다'고 하지 않는가. '어떻게 하나…' 하고 말하는 자(曰如之何如之何者)가 바로 스스로 돕는 자에

다름 아닌 것이다.

1517 子曰, "<ruby>群<rt>군</rt></ruby><ruby>居<rt>거</rt></ruby><ruby>終<rt>종</rt></ruby><ruby>日<rt>일</rt></ruby>, <ruby>言<rt>언</rt></ruby><ruby>不<rt>불</rt></ruby><ruby>及<rt>급</rt></ruby><ruby>義<rt>의</rt></ruby>, <ruby>好<rt>호</rt></ruby><ruby>行<rt>행</rt></ruby><ruby>小<rt>소</rt></ruby><ruby>慧<rt>혜</rt></ruby>, <ruby>難<rt>난</rt></ruby><ruby>矣<rt>의</rt></ruby><ruby>哉<rt>재</rt></ruby>!"

"하루 종일 모여 앉아서도 화제가 의로움에 이르지 않고 조그
마한 지혜나 구사하기를 좋아한다면 참으로 어렵다."

이 '15 위령공衛靈公' 편에는 이런 식의 발언들이 많다. 일견 어
쩌다 내뱉은 듯한 말처럼 보이지만 실은 공자의 깊은 지혜가 반짝
이는 그런 발언들이다. 어떤 상황이 눈앞에 그려질 듯도 하다.

여기서 공자는 '의義'를 말하고 싶어 한다. 구체적으로 말하자
면 '의義에 대한 언言'이다. '군거群居'라는 상황이 언급되어 있으
니 모여 있는 사람들끼리의 대화다. 그 대화에서 '의로움'이 화제
내지 주제가 되어야 한다는 말이다. 군거의 상황이 '종일終日'이라
고 했으니 오래 많은 대화가 오고 갈 것이다. 그중 한 번쯤은 '의
義'가 '언급'(及)되어야 하지 않겠느냐는 공자의 지적이다. '하루
종일 모여 앉아서도 화제가 의로움에 이르지 않고'(群居終日, 言不
及義)는 그런 지적이다.

여기서 공자는 그게, 즉 의에 대한 언급이, 없음(不及)을 문제
시한다. 그 대신에, 즉 의에 대한 언급 대신에, 그 군거群居를 지배

하는 건 '소혜小慧'다. 자질구레한 지혜들이다. 사람들은 그런 걸 행하기 좋아한다는 말이다. 이게 구체적으로 어떤 것들인지는 언급이 없다. 공자가 그것까지 설명할 필요는 없을 것이다. 짐작할 수밖에 없다. 어쩌면 저 하이데거가 『존재와 시간』에서 지적한 이른바 '세인(das Man)'의 3대 양상 '잡담, 호기심, 애매성(조잘조잘-기웃기웃-대충대충)' 그런 것에 가까운 것일지도 모른다. 물론 같은 이야기는 아니다. 공자는 어쨌든 자질구레하나마 '지혜'(慧)라고 했으니 제법 반짝반짝하는 지식들일 것이다. 생활의 지식일 수도 있고 인생과 세상 …에 대한 나름의 이해일 수도 있다. 더욱이 그걸 '행行'한다고 했다. 그건 어쩌면 그런 지식과 이해를 과시하는 '아는 체함' 혹은 '자랑질' 그런 것일 수도 있다. '호好'(좋아한다)라는 말에서 살짝 그런 게 느껴진다. 2500년 전의 이야기니 분명치는 않다. 가다머식의 소위 지평융합으로 즉 우리의 지평에서 공자의 지평을 짐작해보면 이 '호행소혜好行小慧'는 그런 '아는 체함' 혹은 '자랑질' 같은 것일 가능성이 크다. 지금도 그렇기 때문이다. 인간의 근본이란 동서고금 공통이니 지금 그런 것이 2500년 전이라고 왜 안 그랬겠는가.

공자는 어쩌면 제자들을 포함해 사람들의 그런 모습에 고개를 절레절레 흔든 것이다. '어렵다!'(難矣哉)라는 말이 그 현장을 생생하게 보여준다. 마치 사진처럼 동영상처럼 현장 중계하듯이 보여준다. '어렵다'는 말은 참 함축적이다. '난감하다'도 좋지만 실은

'어렵다'고 옮기는 것이 더 좋다. 이 말은 지금의 한국에서도 같은
의미로 그대로 통하기 때문이다. 그런데. 뭐가 어렵다는 말인가.
그런 자들은 참 바람직한 인간되기 어렵다, 군자 되기 어렵다는
뜻일 수도 있고, 그런 자들로는 제대로 된 세상 만들기 어렵다는
뜻일 수도 있다. 그러니 뭐가 어려운지는 그냥 열어두면 된다. 사
람들을 보고 그런 느낌이 드는 경우가 어디 하나둘이겠는가. 그때
마다 우리는 공자의 이 말을 떠올리면 된다.

　방송 같은 걸 보면, 특히 정치인들의 대화나 짓거리를 보면, 공
자의 이 말이 문득문득 떠오른다. '군거종일, 언불급의, 호행소혜
羣居終日, 言不及義, 好行小慧' 딱 그거다. 아이구야 당신들…, 지금
모여서 뭣들 하고 계시는가. 하루 종일 떠들고 있는데, 자질구레
한 지혜들은 반짝이지만 정의로운 인간과 세상에 대한 진지한 고
민과 대화는 어디로 갔는가. 일언반구 언급이 없네. 참 어렵다!

1520　子曰, "君子疾沒世而名不稱焉."

　　"군자는 생애를 다하고 나서 이름이 일컬어지지 않을 걸 아파
　　한다."

　아주 유명한 말은 아니다. 그러나 식자층에서는 이러쿵저러쿵

관심과 논란의 대상이 된다. 짚어보아야 할 화두의 하나임에는 틀림없다. 공자와 그가 말하는 군자君子에 관심이 있다면 피할 수 없는 주제가 된다. 왜냐면 공자는 여기서 군자의 '명칭名稱'을 언급하고 있기 때문이다. 단, 주의!! 지금 우리가 사용하는 그런 의미에서의 명칭 즉 이름이 아니다. '이름이 일컬어지는 것'이다. ('칭稱'이라는 말은 여기서 '일컫는다/일컬어진다'는 의미의 동사로 사용된다.) 이걸 먼저 좀 분명히 해둘 필요가 있다. 이름은 누구 이름이며 일컫는 것은 누가 하는 일인가.

'명名'은 문맥상 당연히 군자 본인의 이름이다. 예컨대 군자A나 군자B…다. 흔히 말하는 '명성名聲'과 무관하지 않다. 인품이든 업적이든 어떤 결과로서의 이름이다. 아 그 사람? 어떠어떠한 그 사람? 무엇무엇 했던 그 사람? 하는 그런 이름이다.

'칭稱'은 바로 그 이름이 일컬어지는 것이다. 기억되고 거론되는 것이다. 아 그 사람? 어떠어떠한 그 사람? 무엇무엇 했던 그 사람? '그 사람 참 훌륭한 양반이었지….' 하고 일컬어지는 것이다. 일컫는 것은 누구? 세상 사람들이다. 그러나 그 실체는 좀 모호하다. 공자의 구체적인 언급이나 설명은 없지만 아마도 그 군자의 인품과 업적에 공감할 수 있는 종류의 사람들일 것이다. 이 '칭稱'은 살아 있는 동안의 '알아줌(지知)'과는 좀 다르다. 공자는 0101에서 '사람들의 알아줌'에 구애받지 않는 것을 군자의 덕으로 지적한 바 있다.(人不知而不慍, 不亦君子乎) 그야말로 명성이다. 그 알아줌을 의식하며 일희일비하는 특히 알아주지 않음에 열받는 것(慍)은 군자답지 못하다고 단정했다.

그런데 여기서 공자는 군자가 '일컬어지지 않음'을 '아파한다'(疾…名不稱)고 말한다. '질疾'(아파한다)이란 질병/질환처럼 여긴다는 것이다. 심각하게 염려하며 관심을 기울인다는 말이다. 아프면 그렇게 하지 않을 수가 없다. 더 분명하게 말하자면 군자는 자기 이름이 일컬어지기를 바라며, 일컬어지지 않을 걸 심각하게 염려한다는 것이다. 그렇다면 이건 군자의 덕목으로 제시됐던 저 '인부지이불온人不知而不慍'과 모순되지 않은가? 일견 그렇게 보이는 게 사실이다. 그래서 식자들은 이걸 두고 이러쿵저러쿵하는 것이다. 그런데 아니다. 모순이 아니다. '질… 명불칭疾… 名不稱'은 '온… 인부지慍… 人不知'와 다른 것이다. 어떻게? 전자에는 '몰세이沒世而'(생애를 다하고 나서)라는 조건이 있다. 상황이랄까 사정이랄까 형편이 다른 것이다. '몰세이沒世而'는 세상이 없어지는 것 즉 생애가 다하는 것이니, '그리고 나서'(而)를 말하는 것이니, 사후/죽고 나서를 말한다.[2] 그렇다면 남의 알아줌(반응/평

---

2 참고로 한 마디 덧붙이자면, '몰세'라는 이 개념은 서양철학에서 중요한 철학적 논란거리로 유명하다. 내가 죽은 후 세상은 존재하는가 존재하지 않는가 하는 논란이다. 사람들의 대답은 둘로 나뉜다. 있다는 것과 없다는 것. 이 둘은 어느 쪽이 맞고 어느 쪽이 틀리다고 판정할 수 없다. 인간중심주의자에겐 사후의 이 세계가 없고 세계중심주의자에겐 사후의 이 세계가 있다. 이 경우 사실 '세계'라는 개념 자체의 의미가 각각 다르다. 전자의 세계는 인간의 세계

가)에 일희일비할 필요가 없다. 이미 죽었으니 할 수도 없다. 그러니 다르다. 그리고 군자 본인뿐만 아니라 '칭稱'하는 사람도, 즉 이쪽뿐만 아니라 저쪽도, '지知'하는(=알아주는) 사람과 같을 수가 없다. 상대가 (그 군자가) 산 사람일 경우와 죽은 사람일 경우, 그 반응/평가가 같을 수 없다. 죽은 경우는 그 상대를 전혀 의식하지 않기 때문이다. 그야말로 객관적 결과에 대한 객관적 평가다. 그게 '칭稱'이다. 떠나간 그 군자를 기억하고 기리고 칭찬하는 것이 '칭稱'인 것이다. '칭명稱名'인 것이다. 그것은 평가로서, 떠나간 그 군자에 대한, 그 결과에 대한 인정이다. 긍정적 평가인 것이다. 그 내용은, 말하자면 그 군자가 이 세상에 존재했던 '존재 의미' 같은 것이기도 하다. 바로 그게 '질疾'(아파함)이라고 할 정도의 심각한 관심사라는 말이다.

'군자질몰세이명불칭언君子疾沒世而名不稱焉'(군자는 생애를 다하고 나서 이름이 일컬어지지 않을 걸 아파한다.)은 이런 의미다. 그러니 군자라면 몰세 전에 뭐라도 긍정적인 결과를 남기려 심각하게 고민하고 노력하지 않으면 안 된다. 그런 뭐가 없다면 몰세 후에 당연히 '명불칭名不稱'일 테니 그 '결과 없음'은 군자 자

고 후자의 세계는 세계 그 자체다. 말하자면 전자는 주관적 세계, 후자는 객관적 세계라고 말할 수도 있다. 이렇게 그 세계의 의미 규정을 분명히 해주면 혼란은 회피된다. 둘 다 맞는 말이 되는 것이다. 그렇게 보면 공자가 말한 몰세의 세상은 떠나간 군자에겐 없어진 세상이고 '이름을 일컬을 자'에겐 계속 있을 세상이다. 몰세라는 말 자체는 이미 그 세계가 전자의 세계임을 시사한다.

신의 자기부정이 되고 마는 것이다. 칭명稱名의 그 명名은 '군자인 나' '군자인 그 사람'이라는 이름인 것이다. 이 말은 결국 '군자'라는 이름으로 일컬어지도록 아프게 고민하고 노력해야 군자라 할 수 있다는 이야기에 다름 아닌 것이다.

공자 본인은 몰세이명칭언沒世而名稱焉 되었다. 죽은 후 그 이름이 일컬어진 것이다. 그리고 2500년이 지난 지금까지도 명칭언名稱焉 되고 있다. 공자는 과연 군자였다. 군자의 표본이었다. 우리도 지금 이렇게 그의 이름을 일컫고 있다. 군자君子라는 이름이다. 그 자신이 몰세 전에 '질疾'한(아파한) 결과다. 충분하고도 남음이 있다. 몰세이명불칭언沒世而名不稱焉을 질疾한 결과다.

현실에서는 '군자'는커녕 '소인배'라는 오명을 남기는 사람들이 훨씬 더 많다. 지금도 그렇게 될 사람들이 무수히 많이 눈에 띈다.

1521 　子曰, "君子求諸己, 小人求諸人."
　　　자 왈　군 자 구 저 기　소 인 구 저 인

　　"군자는 자신에게서 찾고 소인은 남에게서 찾는다."

이것도 일반인들의 입에 자주 오르내리는 유명한 말은 아니다. 그러나 이 말의 내용은 공자철학의 한 기조로서 『논어』 여기저기에 흐르고 있다. 예컨대 '고지학자 위기 금지학자 위인古之學者 爲

己 今之學者 爲人(1425 옛날 배우는 자는 자기를 위해 배웠고 지금 배우는 자는 남을 위해 배운다)'도 그런 것이다. 저 유명하고도 유명한 '기소불욕 물시어인己所不欲 勿施於人'(자기가 원하지 않는 바를 남에게 베풀지 마라)도 그중 하나다.

응? 그게 이것과 무슨 상관? 언뜻 보면 그 반대인 것도 같은데? 아니다. 반대가 아니라 같은 기조다. 이래서다.

여기서, 그리고 '고지학자古之學者…'에서도 '기소불욕己所不欲…'에서도, 공자는 '기己'와 '인人'을 거론한다. '기己'를 군자/고지학자에, '인人'을 소인/금지학자에 배당한다. '기소불욕己所不欲…'에서도 설명했지만, 그 말의 취지는 '시어인施於人'의 기준이 '자기 자신(己)' 안에 있다는 말이다. 자기에게 좋으면 남에게도 하고 자기에게 싫으면 남에게도 하지 말라는 것이었다. 자기가 자기 자신을 생각해보면 거기서 기준이 발견된다는 것이다. 일종의 '구저기求諸己'(자기 자신에게서 찾음)인 것이다. '저諸'는 한문의 기초 지식이지만 '지어之於'(…에게서 이것을)의 압축어다.

'구求'는 찾는다는 뜻이다. 지금 한국에서도 그대로 같은 의미로 사용되는 말이므로 굳이 추구니 탐구니 하는 연관된 다른 표현을 갖다 댈 필요가 없다. 의미가 미묘하게 달라진다. '그거 어디서 구했어?' '어디서 구하지?' 할 때의 그 '구求'다. 단, 이 말이 여기서 좀 모호하게/막연하게 들리는 것은 그 '구求'의 목적어가 보이지 않기 때문이다. 무엇을 구한다는 말인가. 왜 그 구하는 내용이

'지之'로 생략되어 있을까. 그건 아마도 그게 여러 가지로 많기 때문일 것이다. 여기서는 일단 포괄적이고 일반적인 원리를 말하고 싶었기 때문이다. 구체적인 내용(목적어)은 이 말을 듣는 사람 각자가 그때그때 적용해보라는 말이다. 예컨대 방금 언급했던 '기소불욕己所不欲…'의 경우엔 '기소불욕' 자체가 '시어인施於人'의 내용/목적어인 셈이다. 말, 일, 물건 등 다양한 내용이 구체적으로 대입될 수 있을 것이다.

아무튼 그런 구함의 '장場'이 군자의 경우는 '기己'이고 소인의 경우는 '인人'이다. 그렇게 대비된다.

그렇다면 소인이 눈길을 보내는 그 '인人'이란 무슨 뜻인가. 남/다른 사람이다. 남/다른 사람에게서 구한다? 언뜻 좋은 것일 수도 있어 보이는데 그게 왜 소인에게 해당하지? 간단하다. 그 '구함'의 내용/목적어에 이를테면 '잘못'이나 '책임' 같은 것을 대입해보라. 극단적인 한 경우이지만 거기에 답이 보인다. 소인은 그 잘못을 남에게 돌리고 그 책임을 남에게 전가한다. 뒤집어씌운다. 남 탓을 한다. 군자는 반대로 '내 탓이요'하고 자기(己)를 돌아보며 그것을 고치려 한다. '해야 할 일' 같은 것도 마찬가지다. 군자는 '자기'에게서 그것을 찾고(求諸己) 소인은 '남/다른 사람'에게서 그것을 찾는다(求諸人). 어렵고 귀찮고 싫은 일을 남에게 시키는 것도 떠넘기는 것도 그런 경우다. 이런 경우가 어디 하나둘이겠는가. 그래서 공자는 목적어를 생략한 채 일반 원리처럼 이 말을 들려준 것이다. '지之'는 포괄적이다.

한 가지 확대 해석을 하자면, 진리 탐구의 단초를 남이 아니라 자기 자신에서 찾는 것도 이에 해당할 수 있다. 이를테면 "나는 (그 누구의 제자도 되지 않고) 나 자신을 탐구해서 모든 것을 자신으로부터 배웠다."고 한 헤라클레이토스의 말이 그런 경우다.

물론 남에게서 모범을 찾거나 참고를 하거나 하는 것도 '구저인 求諸人'에 해당하겠지만 그런 특수한 예외적 경우를 가지고 공자의 이 말을 공박하는 것은 역시 소인배의 짓이다. 그런 건 논리학에서 말하는 일종의 '부당주연의 오류'(부분으로 전체를 재단하는 것)에 해당할지도 모르겠다.

공자가 이런 식의 대비를 (특히 이 15편에서) 많이 하는 것은 결국 우리에게 선택지를 제시하는 것이다. 키에케고(Kierkegaard) 식으로 말하자면 '이것이냐 저것이냐'(Enten… Eller…)를 요구하는 것이다. 군자냐 소인이냐. 내탓주의냐 남탓주의냐, 내가 할 것인가 남에게 미룰 것인가, … 쉬운 선택은 아니다. 그래서 문제로다.

1522 　子曰, "君子矜而不爭, 羣而不黨."

"군자는 긍지를[자긍심을] 가지나 다투지 않고, 여럿이 모여도 패거리 짓지 않는다."

이 말도 크게 유명하지는 않다. 그러나 유명해질 필요가 있는 말이다. 소문이 좀 났으면 좋겠다. 소문을 좀 내주기 바란다. 왜냐면 이 말은 군자君子론이고 그 내용이 지금 여기서(hic et nunc) 절실히 필요한 가치이기 때문이다. 무슨 말? 이런 말이다.

여기서 공자는 긍矜과 부쟁不爭, 군群과 부당不黨을 이야기한다. 긍지와 다투지 않음, 여럿이 모임과 패거리 지음, 각각 대비되는 가치다. 비록 그 뒤가 생략되어 있지만 '소인 긍이필쟁 군이필당小人矜而必爭, 群而必黨'(소인은 긍지를[자긍심을] 가지면 반드시 다투고, 여럿이 모이면 반드시 패거리 짓는다.)이라는 말을 덧붙이고 싶었을 것이다. 그런데 바로 그게 우리의 통탄할 현실이다. 말 자체에 어려운 글자는 하나도 없으니 아마 대부분은 곧바로 이해할 것이다

사람이 긍지/자긍심을 갖는 것은 당연한 일이고 바람직한 일이기도 하다. 그런데 문제는 그다음이다. 군자와 소인은 그다음이 극명하게 다르다. 확실한 차이가 있다. 같은 긍지를 갖지만 그것으로 인해 군자는 부쟁不爭인데 소인은 필쟁必爭이다. 다투느냐 안 다투느냐, 너무나 큰 차이다. 군자는 내가 잘났으면 너도 잘났다고 인정하므로 다툼이 일지 않는다. 내가 맞으면 너도 맞다고 인정해준다. 일종의 너도주의다. 그런데 소인은 그 반대. 내가 잘났으면 너는 못났고 내가 맞으면 너는 틀렸다. 상대에 대한 인정이 없다. 일종의 나만주의다. 그래서 필쟁必爭이 된다. 반드시

다툰다. '긍矜'의 종류와 질이 완전히 다른 것이다. '나만'과 '너도'의 차이가 이렇게 크다.

　여럿이 모여 무리를 이루는 것(群)도 마찬가지다. 당연한 일이고 바람직한 일이기도 하다. 그런데 역시 문제는 그다음이다. 군자와 소인은 그다음이 극명하게 다르다. 확실한 차이가 있다. 군자는 이미 1323에서 확인한 대로 무리를 지어도, 여럿이 모여도 화이부동和而不同이다. 그런데 소인은 동이불화同而不和다. 어우러지느냐 같아지느냐는 완전히 다르다. 그 '동同'이 여기서는 '당黨'으로 표현된 것이다. 똑같아지는 파당/패거리를 짓는 것이다. 그 패거리주의에서는 나와 너, 우리와 '니들'의 구별/경계가 너무나 분명하다. 오로지 이쪽만이 선이고 저쪽은 무조건 악이다. 거기서 '쟁爭'(다툼)이 필연적으로 일어나는 것이다. 지금 우리의 현실을 보라. 저만/우리만 옳고 잘났다는 잘못된/저질 '긍矜'이 동이불화하여 저쪽과 맹렬하게 다투고 있다. 그래서 세상이 이토록 시끌시끌하고 살벌한 것이다. 갈가리 찢어져 있다. 동서 남북 상하 좌우 남녀 노소 전후 원근 … 다 제가끔 패거리를 지어 다투고 있다. 무슨 말인지 들으면 곧바로 이해될 것이다. 동서東西는 지역 대립이다. 남북南北은 민족 대립이다. 상하上下는 계층 대립이다. 좌우左右는 이념 대립이다. 남녀男女는 젠더 대립이다. 노소老小는 세대 갈등이다. 전후前後는 우열 갈등이다. 원근遠近은 경향京鄕[수도권과 지방] 갈등이다. 이 모든 문제들의 근원이 결국 각

개인들이 군자냐 소인이냐 하는 데에 있다고 공자는 짚어주는 것이다. 무려 2500년을 내다본 놀라운 통찰이 아닐 수 없다. 그리고 그 문제해결의 방향도 제시해주고 있다. 긍이부쟁, 군이부당矜而不爭, 羣而不黨(긍지를[자긍심을] 가지나 다투지 않고, 여럿이 모여도 패거리 짓지 않는다.)이다. 따라서 '우리는 하나'라는 구호도 우리는 아주 조심해서 들을 필요가 있다. 그 하나의 우리가 만일 예외 없는 '같음'(同)을 요구하는 패거리(黨)라면 그건 위험할 수도 있기 때문이다. 각자가 그리고 모두가 긍이부쟁, 군이부당하는 군자가 되자. 소인이 되지 말자. 부쟁과 부당이라는 게 물론 쉬운 일은 아니겠지만. 쟁과 당이 때로 필요한 경우도 아예 없지는 않겠지만.

1523 　子曰, "君子不以言擧人, 不以人廢言."

"군자는 말을 보고 사람을 취하지도 않고 사람을 보고 말을 버리지도 않는다."

　이 말도 일반인에게 잘 알려진 것은 아니지만 공자 특유의 통찰과 재치와 표현이 반짝이는 것이므로 들여다보기로 한다.

　짧은 말이고 쉬운 말이다. '인人'과 '언言'이 주제다. 사람과 말이다. 1508(可與言而不與言, 失人, 不可與言而與之言, 失言. 知者不失人, 亦不失言)과 맥이 같다. 다만 그 핵심인 '거인擧人'과 '폐언廢言'(사람을 거한다/말을 폐한다)에서 '거擧'와 '폐廢'라는 말의 번역이 좀 까다롭다. 일단 위와 같이 '취한다' '버린다'로 옮긴다. 그런 뜻이다. '거擧'는 천거 선거 거수 등의 형태로 쓰이고 있고 '폐廢'는 폐지 폐쇄 폐품 등으로 익숙하다. 전자는 여럿 중에서 골라 취한다, 집어 들어 사용한다는 뜻이고 후자는 더 이상 쓰지 않고 혹은 아예 처음부터 취하지 않고 버린다는 뜻이다.

공자는 여기서도 '군자君子'를 논한다. 소인은 생략되어 있으나 아마도 필시 이 반대일 것이다. 즉 '소인 이언거인 이인폐언小人以言擧人 以人廢言'(소인은 말을 보고 사람을 취하고 사람을 보고 말을 버린다.)일 것이다. 흔히 보이는 일반적 현상 내지 경향이기도 하다. 그걸 보면 역으로 군자의 훌륭함이 드러난다. 어떤 경우일까.

사람을 취할 때 혹은 쓸 때(擧人) 우리는 흔히 그 '말'(言)을 한 기준으로 삼는다. 번지르르하게 말을 잘 하면 '아, 능력 있구나, 좋은 사람이구나' 하고 그 말에 홀딱 넘어가곤 한다. 그래서 그 사람을 쓰게 된다. 천거/추천도 한다. 그러나 대개의 경우 말이 곧 그 사람의 인품과 능력을 보여주는 것은 아니다.(물론 그런 경우도 있기는 하다. '말은 그 사람의 얼굴이다' 같은 말도 그런 연관성을 알려준다.) "교언영색 선의인巧言令色 鮮矣仁"(솜씨 있는 말과 위세 있는 모습은 드물다 인이)이라는 공자의 말도 이와 무관하지 않다. 그래서 군자는 '말'과 '사람'을 직결시키지 않는다. 일단 따로따로 보는 것이다. 말을 사람의 기준으로 삼지 않는다. "말한 마디로 천 냥 빚도 갚는다"는 말이 있지만 실은 '말 한 마디로 천 냥 빚도 만든다'는 경우도 없지 않으니 말이 사람의 기준이 될 수는 없는 것이다. 특히 사람을 '취하여 쓸 때'(擧人)는 그게 일을 결정적으로 좌우하는 만큼 특히 그러지 않을 수가 없다. 군자는 그걸 안다는 말이다. 그래서 그렇게 하지 않는다는 말이다. '불이언거인 不以言擧人'(말을 보고 사람을 취하지 않는다)은 그런 뜻이다. 경우에 따라 '남의 말만 듣고'로 해석할 수도 있다.

한편 사람의 말(言)을 들을 때 우리는 흔히 그 '사람'(人)을 한 기준으로 삼는다. 누가, 어떤 사람이 한 말이냐에 따라 그 말에 대한 판단이 달라지는 것이다. 내가 '아니'라고 생각하는 사람(나쁘다고/싫다고 생각하는 사람 혹은 반대편 사람)의 말은 무조건 귀를 막고 배제하는 경향이 있다. 그런 편견/선입견이 없지 않다. 그래서 그 말을 버리게 된다. 그러나 대개의 경우 '아니다 싶은 사람'의 말이라고 무조건 다 나쁘고 쓸데없는 말인 것은 아니다.(물론 그런 경우도 있기는 하다. '인품이 말을 한다' '나쁜 놈은 입만 열면 거짓말이다' 같은 말도 그런 연관성을 알려준다.) '검은 입도 때로는 하얀 말을 한다' 같은 말도 이와 무관하지 않다. 그래서 군자는 사람과 말을 직결시키지 않는다. 사람은 사람이고 말은 말, 일단 따로따로 보는 것이다. 사람을 말의 기준으로 삼지 않는다. '아니다 싶은 사람', 싫은 사람 심지어 나쁜 사람의 말에도 취할 바가 없지는 않은 것이다. 그러니 말이 사람의 기준이 될 수는 없는 것이다. 군자는 그걸 안다는 말이다. 그래서 그렇게 하지 않는다는 말이다. '불이인폐언 不以人廢言'(사람을 보고 말을 버리지는 않는다)은 그런 뜻이다.

진영 대립이 극으로 치닫고 있는 작금의 한국 사회에서 서로서로 상대를 악마화하여 그 말에 완전히 귀를 막아버리는 현상을 공자는 이미 2500년 전에 내다보고 있었던 모양이다. 그런 건 군자가 할 바가 아니다. 소인이 하는 짓이다. 지금의 한국 사회에 널리 소문내야 할 명언이 아닐 수 없다.

1528 子曰, "衆惡之, 必察焉, 衆好之, 必察焉."

"뭇사람이 싫어해도 반드시 살펴보아야 하고 뭇사람이 좋아해도 반드시 살펴보아야 한다."

여기서 공자는 '중호지衆惡之'와 '중오지衆好之'라는 좀 특별한 현상(뭇사람이 싫어하고 뭇사람이 좋아하는 현상)을 거론하며 각각 '필찰언必察焉'(반드시 살펴보아야 한다)이라고 말한다. 어조가 좀 강하다. 이 말은 저 유명한 1324의 발언([…] 不如鄕人之善者好之, 其不善者惡之.)과 무관하지 않다. '중호지衆好之' '중오지衆惡之'가 1324의 발언 '개호지皆好之' '개오지皆惡之'(모두가 좋아한다/모두가 싫어한다)와 무관할 수 있겠는가. '필찰언必察焉'(반드시 살펴보아야 한다)이라는 말은 위의 말에 대한 보완 내지 부연이 될 수 있다. 그 역도 마찬가지다. 단, 개皆와 중衆은 좀 다르다. 모두와 여럿은 저 칸트의 이론에 따르면 그 범주 자체가 다른 것이다. 개皆(Allheit)는 예외가 없고 중衆(Vielheit)은 예외가 있다. 개皆는 필연성을, 중衆은 강력한 경향성을 나타내는 것이다.

자, 그렇다면 생각해보자. 공자는 왜 '반드시 살펴보아야 한다'(必察焉)고 말했을까. 뭇사람이 좋아하고 뭇사람이 싫어하는 데는 그만한 이유가 있을 거라는 말이다. 저 라이프니츠의 이른바 충족이유율(Satz vom zureichenden Grund) '모든 것은 그 근거를 갖는다'(Alles hat seinen Grund/Nichts geschieht ohne Grund)도 그것을 알려준다. 싫어한다 좋아하다는 것도 이유가 없을 턱이 없다. 나비와 벌이 꽃과 꿀을 찾는 것도 그 꽃이 아름답고 거기 꿀이 있기 때문이다. 빵과 커피에 손이 가는 것도 그것이 맛있고 향긋하기 때문이다. 물론 공자가 그런 것을 말한 것은 아니고 그의 관심은 어디까지나 '사람'(人)이겠지만 사람의 호오好惡에도 또한 아니 더욱 그 이유가 있는 법이다. 물론 이 말은 공자 본인의 의도와 무관하게 사람 아닌 다른 대상에 대해서도 확대 적용해 생각해 볼 여지가 있다. 대단히 흥미로운 철학적 명제가 될 수 있다.

그런데 이 말에서는 대상이 생략되어 언급이나 설명이 없지만, 그 호오好惡는 나에 대한 것일 수도 있고 다른 누군가에 대한 것일 수도 있다. 그 어느 쪽이든, 특히 그게 나라면, 그 호오好惡의 이유는 신경이 안 쓰일 수 없다. '왜 싫어할까?' '왜 좋아할까?' 공자가 이 말을 한 의도는 일단 명백하다. 중오지衆惡之의 경우는 그 싫어함의 이유를 찾아 그게 정당하다면 그 싫어하는 바를 반성하고 고쳐야 한다는 뜻이고, 중호지衆好之의 경우는 그 좋아함의 이유를 찾아 그게 합당하다면 겸손해야 하며 그 좋아하는 바를 더욱 유지 발전시켜 나가야 한다는 뜻이다. 호오好惡는 사람이 사람에게 하는 원초적 행위이므로 얼마든지 가변적이다. 싫어하다가 좋아할 수도 있고 좋아하다가 싫어할 수도 있다. 그러므로 '오지惡之'(싫어함)에 대해서도 '호지好之'(좋아함)에 대해서도 그 대응의 노력이 필요한 것이다. '필찰언必察焉'이라는 공자의 말에는 그런 일깨움의 뜻이 강하게 실려 있다. 물론 이유/근거 없이 싫어하고 좋아하는 거라면 그거야 도리 없다. 이미 여러 차례 살펴본 대로 공자를 비롯한 소위 4대 성인들도 미움(惡之)의 대상이 되었었다. 이유 없이 혹은 그 당사자의 '훌륭함' 때문에 그렇게 되었었다. 그럴 경우라면 반성이나 고침이 당연히 불필요하다. '필찰언必察焉'(반드시 살펴본다)이라는 말에는 어쩌면 그런 의미까지 포함되어 있는 건지도 모르겠다. 분명히 알아두자. 좋아함/싫어함은 반드시 좋음/나쁨에 연유하는 것은 아니다. 많은 경우 인간은 불합리하다. 좋은 사람도 싫어할 수 있고 나쁜 사람도 좋아할 수 있다. 그런 게 인간인 것이다. 공자는 이런 것도 다 꿰뚫어보고 있었다.

1536   子曰, "當仁, 不讓於師."
       자왈   당인   불양어사

    "어짊의 경우는 스승에게도 양보하지 않는다."

이 말은 짧아서 그런지 비교적 사람들에게 잘 알려져 있다. 그 의미도 비교적 명확하다. 스승(師)에 대해서는 무슨 일이든 겸양/양보(讓)하는 것이 제자로서는 당연한 도리이겠지만 '인仁'에 관한 일이라면 그럴 필요가 없다는 말이다. 스승과 경쟁을 해도 좋고 심지어 앞질러도 좋다는 말이다. 아니 '…도 좋다'가 아니라 그렇게 해보라는, 즉 스승을 추월해/뛰어넘어 더 먼저 더 어진 사람이 되어보라는 부추김이기도 하다. 제대로 된 스승이라면 그런 제자를 흐뭇해할망정 괘씸해할 턱이 있겠는가. 없다. 오히려 '나보다 더 어진 사람이 되겠다고? 아무렴 그래야지' 하고 입가에 미소가 번질 것이다. 실제로 제자가 자기보다 더 어진 사람이 되었다면 칭찬은 물론 여기저기 자랑이라도 하고 싶을 것이다. 공자는 실제로 제자 안연에 대해 그렇게 했다. 지금은 비록 죽어버린 말이긴 하지만 '군사부일체 君師父一體'라는 말도 있다. 스승은 부모와 같은 반열인 것이다. 만일 자식이 부모보다 더 훌륭한 사람이 되었다면 부모는 응당 칭찬하고 자랑할 것이 아닌가. 스승도 마찬가지다. 응당 그럴 것이다. 그러니 제자 된 자는 얼마든지 스승을 넘어서보라고, 스승에게 양보하지 말라고, 공자는 부추기는 것이다.

특히 '인仁'이다. 어진 일을 하라는 것이고 어진 사람이 되라는 것이다. 스승보다 더 어진 사람이 되라는 것이다. '인仁'에 대해 말하자면 한도 끝도 없이 이야기가 길어질 터이므로 자제한다. 다만 그것이 '애인愛人' 즉 남을/사람을 사랑하는 것, 그리고 '서恕' 즉 남과 같은 마음이 되어보는 것이라는 그 핵심만은 재차 확인해둔다. 이건 애당초 원천적으로 스승과 우열을 다툴 사안이 아닌 것이다. 겸양/양보할 일이 아닌 것이다.

어려운 말은 하나도 없다. 단 하나, '당當'이라는 말은 그 번역에 약간의 생각이 필요하다. 그냥 '…에 당하여는'이라고 해도 안 될 것은 없지만 현대 한국어로서는 조금 부자연스럽다. '…에 있어서는'이라고 해도 좋다. '…에 관한 일이라면'이라고 해도 좋다. 그런데 공자의 이 말은 양보와 관련된 이런저런 경우들을 그 발언의 배경에 깔고 있으므로 그중 하나인 인仁'의 경우라면', 이라고 옮기는 것이 가장 바람직하다. 이를테면 음식을 먹는 순서라든지 자리에 앉을 순서나 위치라든지 인사를 받을 순서라든지 … 그런 경우들이라면 제자는 당연히 스승에게 양보해야 한다. 그게 마땅하다. 그러나 '인仁'의 경우라면 전혀 이야기가 다르다는 것이다. 사안의 종류 자체가 완전히 다른 것이다.

　공자는 어쩌면 '어짊(仁)'에 있어서 청출어람靑出於藍을 기대하고 이런 말을 한 것일지도 모르겠다. '나보다 더 나은 그런 녀석 제발 좀 봤으면 좋겠다.' 선생이 되어본 자는 아마 100% 공자의 이 말을 이해하고 공감하며 고개를 끄덕일 것이 틀림없다.

1541　　子曰, "辭達而已矣."

　　　　"핑계가 달통했을 뿐이구나."

　'사달이이의辭達而已矣'라는 공자의 이 말은 엄청 유명하다. 그런데 사실 이 말은 그 의미에 대한 해석이 좀 분분하다. 중국에서도 학계 일부에서는 이 말의 의미가 불분명하다는 것을 인정하고 있다. 하긴 무려 2500년 전의 말이고 그 앞뒤 문맥도 잘려 있으니 그럴 만도 하다. 공자는 다짜고짜 달랑 이 말 한 마디만을 남겨놓은 것이다. 중국인이라고 곧바로 그 명확한 의미가 들어올 턱이 없다. 우리와 사정이 똑같다는 말이다. 그러니 해석은 원천적으로 우리의 추측에 의거할 수밖에 없다.

보통은 "말은 뜻을 전달하는 것일 뿐이다"라고 해석된다. 중국에서도 일본에서도 대개는 그렇게 설명된다. 한편 일부는 '달達'을 '통달'의 의미로 읽어 "언사란 통달케 하는 것일 뿐이다"로 새기기도 한다. 전달이든 통달이든 '사辭'의 의의에 대한 설명임은 공통이다. '사辭'는 '말/언어'라는 뜻으로 이미 전제되어 있다.

그런데. 과연 그럴까? 말/언어라면 다른 장구에서처럼 '언言'이나 '어語'를 쓰지 왜 하필 '사辭'라는 표현을 썼을까. 고개를 갸우뚱하게 만드는 부분이다. 이 '사辭'가 특수한 형태의 언어(대부大夫가 사명을 띠고 외국에 나가 전대專對할 때의 사령辭令)라 해도 마찬가지다. '사辭'가 반드시 '언어'라고 단정할 수는 없다는 말이다. '달達'이라는 말도 마찬가지다. 반드시 (의미/의사) '전달'이라는 뜻이라고 단정할 수 없다. 전달과 통달에서 그 의미가 상당히 달라진다. 도달이라는 뜻도 있다. 애매한 것이다. 그런데 공자는 이 말을 다른 데서도 사용한 적이 있다. 1424의 "군자상달 소인하달君子上達 小人下達"이다. 우리는 그것을 '빠삭하다' '달통한다'는 뜻으로 풀이했다. 그렇다면. 한 가지 다른 해석이 가능하다. 그게 위처럼 "핑계가 달통했을 따름이구나"로 읽는 것이다. 파격적인 해석이라 식자들은 미간을 찌푸릴 것이다. 조선 시대 같으면 파문감이다. 최소한 무시나 왕따를 각오해야 한다. 그러나 『논어』

를 관통하는 공자의 어법을 고려하면 이편이 오히려 더 자연스럽다. 그토록 중요한 인의예지仁義禮智에 대해서도 개념 설명을 하지 않는 공자다. 그런 그가 언어(辭)의 본질에 대해 논한다는 것이 과연 자연스러울까? 아니라고 우리는 본다. 물론 '언어의 의사 전달 기능'이라는 의미를 버린다는 건 너무나 아까운 일이긴 하다. 언어철학자는 특히 분개할 것이다. 그러나 그 대신에 우리가 얻게 될 다른 의미가 있다. 그게 '핑계'라는 것이다.

'핑계'(辭), 이건 인간의 사안이고 가치 관련적이고 문제적 상황에 기반하고 있다. 이런 게 훨씬 더 공자적이다. 그다운 관심사다. 우리는 그의 문제의식을 고려해야 하는 것이다. 그렇다면 생각해 보자. 그는 왜 이런 말을 한 것일까. 그 지적 대상이 제자들이건 세태이건 '핑계'라는 그런 문제적 현상이 있기 때문이다. 지금도 여전히 그러하다. 세상엔 끝도 없이 이런저런 문제/상황/잘못(過)이 발생하는데 사람들은 아무도 책임을 지려하지 않는다. 잘못을 인정하지도 않는다. 그 대신에 '핑계'가 난무한다. '핑계 없는 무덤 없다'는 속담도 이와 무관하지 않다. '이래서 그렇고 저래서 그렇다.' 그 핑계의 수준도 보통이 아니다. 누가 들어도 깜빡 넘어간다. '아, 그렇구나. 그래서 그랬구나.' 넘어가게 된다. 그게 바로 '달達'의 의미다. 빠삭하게 달통의 경지에 이른 것이다. 달변達辯이라고 할 때의 그 '달達'이다. 능수능란한 것이다. 공자는 바로 그런 세태를 꼬집은 것이다. 여기엔 당연히 지탄의 의미도 들어 있다. 반성의 촉구도 들어 있다. 옥편을 찾아보면 알겠지만 '사辭'에는 분명히 '핑계/구실/변명'이라는 의미가 있다. 『전국책戰國策』에도 '인이위사공지因以爲辭攻之(핑계로 삼기 때문에 공박한다)'라는 용례가 있다. 이렇게 읽어야만 비로소 이것이 공자의 말로 들린다.

물론 이게 정답이라는 보장은 없다. 공자 본인에게 물어보지 않는 한 확인할 길도 없다. 듣고서 일리 있다고 느껴지면 그게 곧 답이다. 우리는 저 가다머의 소위 '지평융합Horizontverschmelzung'에 의지할 수 있을 뿐이다. 고전을 이해하기 위한 해석학적 방법론이다. 해석자의 지평에서 고전의 지평을 공유하는 것이다. 현실에 비추어 공자의 말뜻을 헤아리는 것이다. '아하, 지금 이게 그때 그거구나.' 혹은 '아하, 그때 그게 지금 이거구나'라고 무릎을 치게 될 때, 우리는 그 고전을 '이해verstehen'하게 되는 것이다. 지금 우리의 현실이 공자의 이 말을 이렇게 읽으라고 알려준다.

"핑계가 달통했을 뿐이구나." 그대의 그 말들이 그대의 그 문제적인 태도/언행/결정에 대한 설명이 전혀 되지를 못하는구나. 그대의 그 방송도 그 회견도 그 유튜브도 그 책도 모두 다. 그저 대단한 수준의 핑계일 따름이구나.

1609 孔子曰, "^{공자왈}生而知之者上也. ^{학이지지자차야}學而知之者次也. 困而學之, 又其^{곤이학지 우기}
^{차야 곤이불학 민사위하의}次也. 困而不學, 民斯爲下矣."

"태어나면서부터 아는 자가 최상이다. 배워서 아는 자는 그다
음이다. 곤란해서야 배우는 자는 또 그다음이다. 곤란해도 배
우지 않는 자는 백성들이 이를 최하로 친다."

* 참고: "或生而知之 或學而知之 或困而知之 及其知之 一也. 或安而
行之 或利而行之 或勉强而行之 及其成功 一也. 혹생이지지 혹학
이지지 혹곤이지지 급기지지 일야. 혹안이행지 혹리이행지 혹면
강이행지 급기성공 일야." (『중용中庸』20장_9절)

"누구는 태어나면서 이것(다섯 가지의 도와 세 가지의 덕, 그리
고 그 바탕에 성誠이 깔려 있어야 한다는 것)을 알고, 누구는 배
워서 이것을 알고, 누구는 애를 먹고서 알지만, 그 아는 데에 미

처서는 똑같다. 누구는 편안히 이것을 행하고, 누구는 이롭게 여
겨서 이것을 행하고, 누구는 억지로 힘써서 이것을 행하지만, 그
공을 이루는 데에 미쳐서는 똑같다."

　　제법 유명한 말이다. '생이지지生而知之 학이지지學而知之 곤이
지지困而知之'의 형태로 유명하다. 『중용』의 문구로 더 잘 알려져
있는데 실은 『논어』에 그 원형이 있다. 표현은 조금 다르다. 해석
도 조금 다르다. 『중용』에서는 셋을 병립시키며 '똑같다'(一也)고
말하는데, 공자는 분명히 그 등급을 나눈다. '생이지지生而知之'가
최상이고 '학이지지學而知之'가 그다음이고 그 다다음이 '곤이학
지지困而學之'고(곤이지지가 아니다) 그 다다음이 '곤이불학困而
不學'이다. 상-중-하가 있는 것이다. 중용의 말이 더 가지런하고
그럴듯해 보이지만 실은 공자의 말이 더 현실을 제대로 반영하고
있다. 그 차이는 어쩔 수가 없다.
　　시중의 우스갯소리 중에 이런 것이 있다. "열심히 노력하는 사
람은 못 당한다. 아무리 노력해도 머리 좋은 사람은 못 당한다. 아
무리 머리가 좋아도 운 좋은 사람은 못 당한다. 아무리 운이 좋아
도 팔자 좋은 사람은 못 당한다. 아무리 팔자가 좋아도 요령 있는
사람은 못 당한다. 아무리 요령 있어도 아부 잘 하는 사람은 못 당
한다." 그야말로 웃자고 하는 소리지만, 세상의 실상을 반영한다.
그래서 웃게 된다. 쓴웃음이긴 하지만. 물론 공자의 말이 이런 뜻

은 아니다. 그러나 일부 연관성은 없지 않다.

공자는 생이지지生而知之를 최상으로 친다.(上也) 그건 엄연한 현실이다. 선천적으로 머리가 좋은 사람이다. 그래서 명민한 사람이다. 가르쳐주지 않아도 스스로 터득해 잘 아는 사람이 실제로 있다. 인정하지 않을 수가 없다. 그건 그 사람의 복이다. 천복이다. (애당초 복이란 행복과 달리 노력과 무관하게 주어지는 좋음을 지칭한다.) 그런 건 뺏을 수도 없고 빌릴 수도 없다. 아무튼 그 사람은 그렇게 잘 아니/잘 하니 최상인 것이다.

그다음이 학이지지學而知之다. 배워서 아는 사람이다. 좋은 스승이나 책이나 사례에서 배우는 것이다. 배워서 알게 되는 것이다. 말하자면 위의 우스갯소리에서 말하는 노력하는 사람이다. 배움은 누군가 혹은 무언가와의 운명적인 만남에서 배우는 것이니 운 좋은 사람도 팔자 좋은 사람도 이에 포함될 수 있다. 어쨌든 가르쳐만 주면 그 배움을 통해 알게 되는 것이니 그다음(次也)이 될 수 있다.

그 다다음이 곤이학지困而學之다. 곤란/어려움을 겪고서 '배우는'(學) 사람이다. 학이지지는 가르침/배움만으로 알게 되는 심성/자질인데 비해 곤이학지는 어려움을 당해봐야 비로소 배울/배워야겠다는 마음이 동하는 사람이니 그 다다음(又其次也)이 되는 것이다. 가르치기만 해도 이해하는 사람보다는 좀 급이 떨어지는 것이다. 그래도 곤란을 겪고 배워야겠다 마음먹는 것만 해도 그게 어딘가. 기특한 면이 있는 것이다. 그걸 부각시키기 위해 공자는 마지막으로 한 가지 경우를 더 지적한다.

그 다다음으로 '곤이불학困而不學'을 말하는 것이다. 곤란/어려움을 겪어도 배우지 못하고 배우려하지도 않는 사람이다. 그런 사람은 어쩔 도리가 없다. 구제 불능이다. 억지로 가르칠 수도 없다. 가르쳐도 모른다. 애당초 배울 마음이 없는데 어떻게 알게 될 수가 있겠는가. 소를 물가로 끌고 갈 수는 있어도 억지로 물을 마시게 할 수는 없는 그런 격이다. 그래서 '최하다'(爲下矣)라고 말한 것이다. 혹평이다. 더러 '민사民斯'라는 말이 식자들 사이에서 논란이 되는데 그렇게 논란할 거리는 못된다. 공자는 직접 이런 ('위하'라는) 말을 하기가 좀 뭣하므로 제3자를 빙자해, 혹은 입을 빌려, 백성들(民)이 이런 사람/이런 경우(斯)를 흔히 '하下'로 친다, 라고 표현했을 뿐이다.

그런데 그는 왜 이런 말을 했을까. 맨 마지막의 '곤이불학困而不學'을 꼬집고 있는 것이다. 숨은/은근한 지탄이다. 왜 그렇게 배우지도 못하느냐, 왜 그렇게 어려움을 겪고도 배울 생각을 안 하느냐, 공자는 그게 답답했던 것이다. 뭔 소리지? 멀리 갈 것 없다. 우리 한국의 현실을 보면 된다. 우리가 바로 그 '곤이불학困而不學'인 것이다. 전형적인 그 경우다. 다는 물론 아니지만 분명히 그런 부분이 있다. 우리의 역사를 보라. 이야기가 너무 퍼지면 곤란하니까 한 가지만 보자. 우리는 삼국시대 때부터 이미 왜구의 침탈로 큰 어려움/곤란(困)을 겪었다. 그런데 그 결과는? 배움이 있었던가? 대비가 있었던가? 아니다. 없었다.(不學) 좀 과장한다면 무한 반복이다. 신라 때도 당했고 고려 때도 당했고, 조선 때는 임진년 정유년 두 차례나 아예 정규군이 쳐들어와서 엄청난 피해를 입었고 경술년에는 결국 나라를 빼앗기는 망국의 치욕을 겪었다. 거기서 배웠던가? 아니다. 아직도 배우지를 못하고 있다.(不學) 일본에게 수출 규제를 속절없이 당하고 '노 재팬' 어쩌고 하며 와와 떠들어대지만 그때뿐이다. 금방 냄비처럼 식고 또 일본에 놀러 가 엄청난 돈을 쓰곤 한다. 거리에는 일본차가 신나게 달린다. 정신 못 차리는 것이다. 거의 전혀 대비도/배움도 없다.(不學) 또 한편 저 와우아파트 붕괴에서 성수대교 붕괴를 거쳐 세월호 침몰과 이태원 참사에 이르기까지의 수많은 대형 참극이라는 '곤경'(困)도 마찬가지다. 지금 우리는 거기서 무엇을 얼마나 배웠고 알게 되었는가. 곤경은 끝없이 반복되는 형국이다.(不學) 이게 '민이 이를 하로 친다'(民斯爲下矣)는 그 경우가 아니고 무엇이겠는가.

공자는 그걸 다 꿰뚫어보고 이런 말을 했으니 참으로 놀라운 통찰이라 아니 할 수 없다. 우리는 비록 생이지지生而知之는 못 되더라도 학이지지學而知之는 못 되더라도 최소한 곤이학지困而學之는 되도록 정신을 좀 차리기로 하자. 곤이불학困而不學, 최하는 좀 그렇지 않겠는가.

1714　子曰, "道聽而塗說, 德之棄也."
<small>자 왈　도 청 이 도 설　덕 지 기 야</small>

　　"도를 듣고서 덧칠해 말하는 것은 덕을 버리는 짓이다."

　이 말도 제법 유명하다. 그런데 그 해석이 좀, 아니 너무나 뜻밖
일 것이다. 이 말은 보통 "(이) 길에서 듣고 (저) 길에서 말하는 것
은 덕을 버리는 것이다"라고 풀이된다. 중국과 일본에서도 크게
다를 바 없다. 정약용도 "도道와 도塗 두 자를 반드시 짝지어 언급
한 것은 여기에서 듣고 저기에다 전하는 것을 밝힌 것이다."(道塗
二字必雙言之者, 明聽於此而傳於彼也 도도이자필쌍언지자, 명청어
차이전어피야. 『논어고금주論語古今注』)라고 풀이하는데, 도道
와 도塗를 같은 '길'로 보고 '어차於此'(여기에서)와 '어피於彼'(저
기에다)를 말하고 있는 이상 큰 틀에서는 다를 바가 없다. 여기서
왜 '길'이 등장하는지 납득하기 어렵다.

이런 식의 통상적 해석은 공자의 이 말을 완전히 엉뚱하게 들은 것이다. 그야말로 '덕지기야德之棄也'다. 공자가 한 이 말의 덕을 버리는 것이다. 전형적인 '도청이도설道聽而塗說'에 해당한다. 뭔 소리? 하고 대부분의 식자는 눈에 쌍심지를 돋울 것이다. 앞에서도 말한 바 있지만 조선시대 같으면 목숨이 위태로울 수도 있다. 그런데도 불구하고 이런 말을 하는 데는 이유가 있다. 이렇기 때문이다.

우선 도道와 도塗가 같다고 하는 것은 터무니없다. (참고로 중국 측 자료에서도 '도동도塗同途'라고 되어 있다. 발음이 비슷하다고 제멋대로 잘못 해석한 것이다.) 이 둘은 엄연히 글자가 다르고 뜻이 다르다. '도道'는 도/길/말한다는 뜻이고 '도塗'는 원래 칠한다는 뜻이다. '도료' '도색' 등이 그런 의미다. 여기서도 원뜻대로 '칠한다'고 해야 비로소 문장 전체가 의미를 갖는다. '덕지기德之棄'(덕을 버림)라는 말도 제대로 이해된다. 이렇게 말해도 아직 납득이 안 될 수 있다. 우리는 공자의 이 말을 주의 깊게 들어야 한다. 공자는 여기서 '청聽'과 '설說'을 말하고 있다. 그것을 '이而'로 연결한다. 듣'고서' 말하는 것이다. 순접이다. 그건 일반적-통상적 해석에서도 제대로 옮기고 있다. 그런데 도대체 무엇을 듣는다는 말인가. 무엇을 말한다는 것인가. 통상적 해석에서는 그 '무엇'에 대한 언급이 없다. 이상하지 않은가. 길에서 듣고 길에서 말한다? 무엇을? 공자는 분명히 말한다. '덕지기德之棄'라고. 그러니까 '듣고 말하는 것'은 무언가 덕과 관련된, 덕이 있는 무언가이지 않으면 안 된다. 그래야만 이 말이 말로서 성립될 수 있기 때문이다. 그렇다면? 그게 뭐지? 공자 본인이 그걸 분명히 말해주고 있다. 도청道聽, 즉 '도道'라는 것이다. 도를 듣는 것이다. ('도청道聽'은 강조를 위해 그리고 도설塗說과 말을 맞추기 위해 '청도聽道'가 도치된 것으로 이해한다.) 아침에 들으면 저녁에 죽어도 좋다던 그 '도道'다. (주자는 이것을 '선언善言'(좋은 말)이라고 풀이한다.) 바로 그 도의 덕이(훌륭함이) 버려진다는 것이다. 왜? 어째서? '도설塗說'이기 때문이다[1]. 칠해서, 덧칠해서 말하기 때문이다. 누가? 들은 사람이 그러는 것이다. 즉 그 도道를 들었지만 제대로 이해를 못한 채 어설프게 자기 생각을 덧붙여 아는 체 말하는 것이다. 그렇게 해서 도道를 왜곡시키는 것이다. 그게 바로 도설塗說(덧칠해 말하는 것)이다. 도의 고유한 덕이 버려질 수밖에 없다. 공자 해석에서도 이런 경우가 너무나 많다.

이런 사태는 실은 저 서양철학에서도 확연히 드러난다. 서양철학의 최대 주제인 '존재(on)'론이 그렇다. 공자식으로 말하자면 '도道'에 해당하는 것이다.[2] 파르메니데스가 그것을 최초로 공식

---

1   주자는 이것을 "불위기유 不爲己有"(자기의 소유가 되지 않으면)라고 풀이하는데, 좀 뜬금없다. 이렇게 풀이하는 근거에 대한 설명이 없다. 역시 '길에서 듣고 길에서 말하면'이라고 전제하는 듯한데, 수긍하기 어렵다.
2   존재론의 거장 하이데거도 중국의 '도道'에 큰 관심을 가지고 직접 노자 도덕경의 번역도 시도했고 몇 차례 자신의 글에서 언급한 적도 있다.

적으로 언급했다. 그것을 '진리'(aletheia)와도 연결 지어 말했다. 후대의 사람들이 다 그것을 '들었다'. '도청道聽' 한 것이다. '이而' 즉 '그리고 나서'가 문제다. 듣고서 어떻게 했는가. 이천수백 년 세월이 지나는 사이에 한다하는 철학자들이 죄다 자기식으로 그것을 해석했다. 그러면서 존재는 그 고유의 빛을 잃어버리고 진부한 것이 되고 말았다. 왜곡한 것이다. 존재의 덕(훌륭함)이 버려진 것이다. 그것이 제대로 된 존재 이해를 더욱 어렵게 만들었다. 중세철학은 물론이고 칸트도 헤겔도 거기에 한몫했다. 하이데거는 그런 것을 '덧칠'(Übermahlungen)이라고 분명히 말했다. 유명한 『존재와 시간』 1절이 그런 것에 대한 지적이었다. 놀랍게도 공자와 똑같은 소리를 하고 있는 것이다. 하이데거는 결국 그 덧칠을 벗겨내고 먼지를 털고 때를 닦아내서 존재 본연의 찬란한 빛을 되살렸다. 버려진 덕을 되찾은 것이다.

이런 식으로 읽으면 공자가 한 위의 말은 100% 정확히 이해된다. 적어도 제대로 된 이성이 작용하고 있다면 이런 설명에 대해 고개를 끄덕이게 될 것이다. 그렇지 않은가. 공자 본인이 그렇게 말하고 있지 않은가. "도청이도설 덕지기야道聽而塗說, 德之棄也"라고. "도를 듣고서 덧칠해 말하는 것은 덕을 버리는 짓이다."라고. 이 말에 대해서도 부디 더 이상 덧칠이 없으면 좋겠다.

1719 子曰, "予欲無言." 子貢曰, "子如不言, 則小子何述焉?" 子曰, "天何言哉? 四時行焉, 百物生焉, 天何言哉?"

… 말씀하셨다. "나는 말을 말려고 한다." 자공이 말했다. "선생님께서 말씀을 않으실 것 같으면 그럼 저희들은 어떻게 전술傳述하겠습니까?" … 말씀하셨다. "하늘이 어떻게 말을 하더냐? 사계절이 가고 있다. 온갖 것이 자라고 있다. 하늘이 어떻게 말을 하더냐?"

이 말이 일반인들에게 얼마나 유명한지는 모르겠다. 그렇게 자주 사람들 입에 오르내리는 말은 아니다. 하지만 철학적으로는 엄청나게 중요한 말이다. 상대적으로 좀 덜 알려진 것은 아마도 공자의 이 말이 보통 사람들에게는 좀 수수께끼처럼 들리기 때문일 것이다. 어쩌면 여기서 대화 상대인 자공子貢도 마찬가지였을지 모르겠다. 그는 과연 이 말의 뜻을 알아들었을까?

여기서 공자는 '언言' 즉 말에 대해서 말한다. 이 대화의 주제가 '말'이다. 그는 뜬금없이 '무언無言'이고자 함을 피력한다.(予欲無言) (무언은 소위 유구무언有口無言의 그 무언이다. 말이 없음이다. 물론 여기서는 그 사용상의 의미가 좀 다르다.) 워낙 뜬금없는 말이다 보니 자공도 액면 그대로 듣고 다시 물은 것이다. '말씀을 않으시면 저희는 (남들에게 선생님의 뜻을) 어떻게 전하겠습니까' 라고. 여기서 자공이 '어떻게'(何)라고 한 것을 우리는 좀 주

목해야 한다. 그는 물론 우연히 이 말을 내뱉은 것이지만 공자는
그것을 놓치지 않는다. 그 말을 받아 이렇게 대답한 것이다. '어떻
게'냐고? '이렇게'다. '하늘처럼'이다. 하늘처럼 말하라는 것이다.
하늘처럼 말하면 된다는 것이다. 그게 '천하언재天何言哉'다. '하
늘이 어떻게 말을 하느냐'는 게 그런 강조성 반문인 것이다. 맨 뒤
에 다시 한번 같은 말을 할 정도로 강조한 것이다. 그 내용이 바로
'사시행언 백물생언 四時行焉, 百物生焉'이다. 사계절의 운행과 만
물의 생육, 그게 하늘이 말하는 방식이라는 것이다. 공자, 참 보면
볼수록 놀라운 사람이다.

　사시행언四時行焉이나 백물생언百物生焉이나 이건 모를 사람
이 없다. 춘하추동이 돌고 도는 것이다. 온갖 생명체가 생겨나고
자라고 사는 것이다. 우리 인간을 포함해서다. 요즘 식으로 말하
자면 자연의 신비다. 존재의 신비다. 우리도 아는 바로 그것이지
다른 소리가 아니다. 공자는 그런 자연현상을 '하늘의 말'(天言)로
서 해석-이해하는 것이다. 놀라운 표현법이 아닐 수 없다.

　사시행언四時行焉이란 역시 요즘 식으로 말하자면 지구가 자전
하고 공전하는 것이다. 지구가 태양과 기막힌 적정 거리를 유지하
고 있다는 말이다. 그런 질서는 너무나 엄청난 것이라서 '하늘
(天)'을 동원하지 않고는 설명할 길이 없다. 그런 놀라움이, 그 신
비 자체가 '하늘'의 존재를 가리키고 있는 것이다. 하늘은 그것을
통해 말을 하고 있는 것이다. 그 신비는 '변화'라든지 '성장-성

숙-쇠락-소멸'이라든지 '순환'이라든지 하는 것도 함께 말해주고 있다. 어쩌면 저 주자가 읊은 대로 "소년이로학난성 일촌광음불가경 미각지당춘초몽 계전오엽이추성(少年易老學難成 一寸光陰不可輕 未覺池塘春草夢 階前梧葉已秋聲)" 같은 말도 들려주고 있다. 거기서도 '춘-추'와 '소년-노년'이 연관되면서 '학學'을 권장하고 있지 않은가. '늙기 전에 학문에 힘쓰라'는 교훈을 하늘이 저 계전오엽階前梧葉의 추성秋聲을 통해 말해주고 있는 것이다. 이 얼마나 놀라운 통찰인가.

백물생언百物生焉도 마찬가지다. 우리 주변에는, 우리가 사는 이 세상에는, 어디 백물뿐인가, 만물이 아니 오만가지 생명체가, 바이러스에서 코끼리(예전엔 매머드나 공룡)에 이르기까지, 살고 있다. 생명현상을 말하자면 그것만으로도 책 한 권은 족히 필요할 것이다. 굳이 화성을 비롯한 우주에서 생명의 흔적 찾기를 들먹거리지 않더라도 양파 껍질을 현미경으로 들여다보기만 해도 우리는 그 신비에 경탄을 금할 수가 없다. 봄날에 그 단단했던 동토를 뚫고 새싹이 고개를 내미는 건 또 어쩌며 벌-나비가 꽃을 찾아가 앉는 것은 또 어쩌며 인체의 신비와 자웅 짝짓기의 신비는 또 어떠한가. 그게 다 '백물생언百物生焉'이며 그게 다 하늘의 언어, 즉 하늘이 말하는 방식이라고 공자는 일갈을 한 것이다.

그런 걸 봐야지, 보면 되지, 한갓 인간의 언어가, 공구의 언어가, 무슨 대수란 말인가라고 공자는 말하고 있는 것이다. 공자는 이미 우리가 보았듯이 인류 역사상 유례가 드문 말의 천재였다. 그런 그가 '여욕무언予欲無言'(나는 말을 말려고 한다)이라는 말로 그 언어의 보잘 것 없음을 말하고 있으니, 그 대신 하늘의 언어를 참고하라는 말을 하고 있으니, 이 얼마나 대단하고 엄청난 언어론인가. 이는 어쩌면 제대로 알지도 못하며 함부로 말을 내뱉고 있는 세상의 저 어설픈 달변가들에 대한 따끔한 일침일 수도 있다. 그는 '교언巧言'도 비판하지 않았던가. 그의 언어론에는 윤리적 함의도 없지 않다. 그러니 공자의 여기 이 말들은 저 대단한 하이데거나 비트겐슈타인의 언어론보다 훨씬 더 위대한 언어론이라고 평할 수도 있다. 아니 이젠 우리의 이런 말조차도 무색해진다. 공자 같은 언어의 천재도 '여욕무언'[3]이라고 하지 않았던가. 우리도 이제 입을 다물자.

---

3 그러고 보니 저 노자도 '말하지 않는 가르침(不言之敎)'(『도덕경』 제2장)을 말했었다. 공자와 노자는 서로 상통하고 있는 것이다. 과연 '덕불고 필유린'이다.

1806　長沮桀溺耦而耕, 孔子過之, 使子路問津焉. 長沮曰, "夫執輿
者爲誰?" 子路曰, "爲孔丘." 曰, "是魯孔丘與?" 曰, "是也."
曰, "是知津矣." 問於桀溺. 桀溺曰, "子爲誰?" 曰, "爲仲由."
曰, "是魯孔丘之徒與?" 對曰, "然." 曰, "滔滔者天下皆是也,
而誰以易之? 且而與其從辟人之士也, 豈若從辟世之士哉?"
耰而不輟. 子路行以告. 夫子憮然曰, "鳥獸不可與同羣, 吾非
斯人之徒與而誰與? 天下有道, 丘不與易也."

장저(長沮)와 걸닉(桀溺)이 나란히 밭을 갈고 있었는데 공자께
서 거길 지나가시다가 자로(子路)로 하여금 나루터를 물어보
게 하셨다. 장저가 말했다. "저기 수레를 잡고 있는 이는 누구
요?" 자로가 말했다. "공구(孔丘)라는 분입니다." 장저가 말했
다. "노나라의 공구란 말이오?" 자공이 말했다. "그렇습니다."
장저가 말했다. "저이가 나루터를 알고 있소." 걸닉에게 물으

니 걸닉이 말했다. "당신은 누구요?" 자로가 말했다. "중유(仲由)라 합니다." 걸닉이 말했다. "그러면 노나라 공구의 문도(門徒)요?" 자로가 대답했다. "그렇습니다." 걸닉이 말했다. "도도히 흐르는 물처럼 천하가 다 이러하니 누가 그 흐름을 바꾸겠소? 당신도 사람을 피하는 선비를 따르기보다 차라리 세상을 피하는 선비를 따르는 것이 어떻겠소?" 그들은 고무래질을 그치지 않았다. 자로가 가서 있었던 일을 고하니 선생님께서 쓸쓸히 말씀하셨다. "새나 짐승과는 함께 무리지어 살 수 없느니 내가 이 사람들 속에 섞여 살지 않는다면 무엇과 함께 살겠느냐? 천하에 도가 있다면 나도 굳이 바꾸려 들지 않을 것이다."

널리 알려진 말은 아니다. 심지어 후대의 가공이라는 의심도 있는 단편이다. 그러나 마지막에 보이는 공자의 말(天下有道 丘不與易也)은 그와 그의 철학에 대한 근본적 이해에 큰 도움이 된다.

여기에 등장하는 정체불명의 은자 장저長沮와 걸닉桀溺은 자신을 '피세지사辟世之士'(세상을 피하는 선비)로 공자를 '피인지사辟人之士'(사람을 피하는 선비)로 규정하며 공자를 비웃는다. '사람을 피한다'는 말은 다소 애매하지만, '문제적인 사람들과 거리를 두면서도 현실 세계를 떠나지 않는다'는 의미로 이해할 수 있을 것이다. 공자도 그것을 '새나 짐승과는 함께 무리지어 살 수 없느니 내가 이 사람들 속에 섞여 살지 않는다면 무엇과 함께 살겠느냐?'(鳥獸不可與同羣, 吾非斯人之徒與而誰與?)는 말로써 확인해준다. 중요한 것은 그 이유 내지 배경이다. 걸닉의 말처럼 '도도히 흐르는 물처럼 천하가 다 이러하다'(滔滔者天下皆是也) 즉 천하가, 세상이 도도한 물처럼 걷잡을 수 없이 어지럽다. 그 누구도 그 도도한 흐름을 바꿀 수 없다(而誰以易之?)는 현실이 그 배경에 깔려 있다. 그러나 그렇다고 뒷짐을 지거나 세상을 피한다면 그건 공자가 아니다. 공자는 이미 '그게 안 될 줄 알면서도 하는 사람'(知其不可而爲之者)이라고 스스로 평했다.(1441 참조) 공자에게는 오히려 바로 그것이, 즉 천하가 어지럽다(無道)는 것이, 이유이기도 했다. 공자는 그것을 '바꾸고'(易) 싶어 한 것이다. 바로 그것이 정치론의 핵심인 정명이기도 했다. 그 바꿈(易)의 내용이 바로 바로잡음(正)이었다. 정과 역은 사실상 같은 말이다. 무도를 유도로 바로잡아 세상을 바꾸고 싶어 했던 것이다. 공자는 "천하에 도가 있다면 나도 굳이 바꾸려 들지 않을 것이다."라고 "쓸쓸히 말씀하셨다"(憮然曰)고 자로는 전하지만, 이 말은 사실상 '비장하게'라는 뜻으로 우리는 들어야 한다. 그때 거기서와 똑같은 현실 앞에 서 있는 우리는 똑같은 쓸쓸함으로 공자에게 격하게 공감하지 않을 수가 없다. 천하가 유도하다면 우리가 왜 굳이 이렇게 2500년 케케묵은 공자를 다시 들추고 있겠는가.

1924 　叔孫武叔語大夫於朝曰, "子貢賢於仲尼." 子服景伯以告子貢.
子貢曰, "譬之宮牆, 賜之牆也及肩, 闚見室家之好. 夫子之牆
數仞, 不得其門而入, 不見宗廟之美, 百官之富. 得其門者或
寡矣. 夫子之云, 不亦宜乎!"

숙손무숙叔孫武叔이 조정에서 대부들에게 말했다. "자공이 중
니仲尼보다 더 낫습니다." 자복경백子服景伯이 그 일을 자공에
게 고하자 자공이 말했다. "궁궐의 담장에 비유하여 말하면 나
의 담장은 어깨 정도에 이르러 궐내闕內의 온갖 좋은 것이 다
들여다보이지만 선생님의 담장은 한없이 높아 (몇 길이나 되
어) 그 문을 찾아서 들어가지 않으면 그 종묘의 아름다움과
백관의 많음을 보지 못합니다. 그 문을 찾아내는 자가 아마 적
을 것이니 그분께서 그렇게 말씀하시는 것도 또한 당연하지
않겠습니까?"

1925 　　숙 손 무 숙 훼 중 니　자 공 왈　무 이 위 아　중 니 불 가 훼 야　타 인 지
叔孫武叔毀仲尼. 子貢曰, "無以爲也! 仲尼不可毀也. 他人之
　　현 자　구 릉 야　유 가 유 야　중 니　일 월 야　무 득 이 유 언　인 수 욕
賢者, 丘陵也, 猶可踰也, 仲尼, 日月也, 無得而踰焉. 人雖欲
　　자 절　기 하 상 어 일 월 호　다 현 기 부 지 량 아
自絶, 其何傷於日月乎? 多見其不知量也."

숙손무숙 叔孫武叔이 중니仲尼를 헐뜯자 자공이 말했다. "소용
없는 짓이다. 중니는 헐뜯을 수 없다. 다른 사람의 훌륭함이란
언덕과 같아서 그래도 넘을 수 있지만 중니는 해나 달과 같아
서 도저히 넘을 수가 없다. 사람이 비록 제 스스로 해나 달과
의 관계를 끊으려 하더라도 그것이 해나 달에게 무슨 손상을
입힐 수 있겠는가? 다만 자신의 식견 없음만 드러낼 뿐이다."

1926 　　진 자 금 위 자 공 왈　자 위 공 야　중 니 개 현 어 자 호　자 공 왈　군
陳子禽謂子貢曰, "子爲恭也, 仲尼豈賢於子乎?" 子貢曰, "君
　　자 일 언 이 위 지　일 언 이 위 부 지　언 불 가 불 신 야　부 자 지 불 가 급
子一言以爲知, 一言以爲不知, 言不可不愼也. 夫子之不可及
　　아　유 천 지 불 가 계 이 승 야　부 자 지 득 방 가 자　소 위 립 지 사 립
也, 猶天之不可階而升也. 夫子之得邦家者, 所謂立之斯立,
　　도 지 사 행　수 지 사 래　동 지 사 화　기 생 야 영　기 사 야 애　여 지 하
道之斯行, 綏之斯來, 動之斯和. 其生也榮, 其死也哀, 如之何
　　기 가 급 야
其可及也?"

진자금 陳子禽이 자공에게 말했다. "당신은 공손하십니다. 중
니仲尼가 어떻게 당신보다 더 낫겠습니까?" 자공이 말했다.
"군자는 한 마디로 지혜로워지기도 하고 한 마디로 지혜롭지
못해지기도 하니 말이란 모름지기 신중히 해야 하오. 선생님
께 미칠 수 없는 것은 마치 사다리를 타고 하늘에 올라갈 수
없는 것과 같소. 선생님께서 나라나 가문(家)을 맡으셨다면

이른바 세우면 곧 서고 이끌면 곧 가고 편안케 하면 곧 모여오고 움직이면 곧 조화되었을 것이오. 그분의 삶은 영광스러웠고 그분의 죽음은 슬펐소. 어떻게 그분에 미칠 수 있겠소?"

19 〈자장〉 편은 특이하게도 공자의 발언이 없다. 주로 자장, 자하, 자유, 증자, 자공 등 제자의 발언으로 구성되어 있다. 그럼에도, 『논어』의 사실상 대미를 장식하는 위의 단편에서 우리는 자공의 감동적인 발언을 통해 그에게 깊이 아로새겨진 공자의 위대한 모습을 유추해볼 수 있다. 여기서 자공은 스승 공자를 '안을 들여다볼 수 없는 몇 길이나 되는 드높은 담장'(牆數仞), '넘을 수 없는 해와 달'(日月也, 無得而踰焉), '사다리로 오를 수 없는 하늘'(猶天之不可階而升也)에 비유하고 있다. '그분의 삶은 영광스러웠고 그분의 죽음은 슬펐소.'(其生也榮, 其死也哀)라는 말은 한 사람에 대한 평가로서 가히 압권이라고 말할 수 있겠다. 공자는 그런 사람이었다. 그런 사람을 우리는 보통 위인이라고 부른다.

요왈堯曰

2002 子張問於孔子曰, "何如斯可以從政矣?" 子曰, "尊五美, 屛四惡, 斯可以從政矣." 子張曰, "何謂五美?" 子曰, "君子惠而不費, 勞而不怨, 欲而不貪, 泰而不驕, 威而不猛." 子張曰, "何謂惠而不費?" 子曰, "因民之所利而利之, 斯不亦惠而不費乎? 擇可勞而勞之, 又誰怨? 欲仁而得仁, 又焉貪? 君子無衆寡, 無小大, 無敢慢, 斯不亦泰而不驕乎? 君子正其衣冠, 尊其瞻視, 儼然人望而畏之, 斯不亦威而不猛乎?" 子張曰, "何謂四惡?" 子曰, "不敎而殺謂之虐, 不戒視成謂之暴, 慢令致期謂之賊, 猶之與人也, 出納之吝謂之有司."

자장子張이 공자께 물었다. "어떻게 하여야 가히 정사에 종사할 수 있겠습니까?" … 말씀하셨다. "다섯 가지 아름다움을 존중하고 네 가지 나쁜 점을 물리치면 가히 정사에 종사할 수 있다." […] "무엇이 다섯 가지 아름다움입니까?" […] "군자가 혜택을 주고 헛수고는 하지 않으며 일을 시키더라도 원망을 듣지 않으며 바라지만 탐하지는 않으며 크낙하지만 교만하지는 않으며 위엄이 있지만 사납지는 않은 것이다." […] "무엇이 혜택을 주고 헛수고는 하지 않는다는 것입니까?" […] "백성이 이로운 바에 따라 이롭게 하는 것이 곧 혜택을 주고 헛수고는 하지 않는 것이 아니겠느냐? 일할 만한 것을 택하여 일을 시키니 또한 누가 원망할 것이냐? 어짊을 바라 어짊을 얻었는데 또 무엇을 탐하겠느냐? 군자는 사람이 많든 적든 사람됨이 크든 작든 감히 오만하게 대함이 없으니 이 또한 크낙하지만 교만하지 않은 것이 아니겠느냐? 군자는 자신의 의관을 바르게 하고 그 시선을 존엄히 하면 장중하여 남들이 우러르고 어려워하니 이것이 또한 위엄이 있지만 사납지는 않은 것이 아니겠느냐?" […] "무엇이 네 가지 나쁜 점입니까?" […] "가르치지 않고 죽이는 것을 일컬어 잔학함이라 하고 미리 계고戒告하지 않고 잘된 결과만 보려는 것을 일컬어 횡포함이라 하며 허술히 지시해놓고 기한을 독촉하는 것을 일컬어 괴롭힘이라 하고 똑같이 나누어 주는 일에서도 출납을 인색하게 하는 것을 일컬어 유사有司라 한다."

『논어』의 마지막인 이 20〈요왈〉편도 후대의 위작 시비에서 자유롭지 못하다. 이 2장도 포함해서다. 5미니 4악이니, 숫자로 나

열하는 것들이 대체로 좀 그렇다. 단, 여기서 공자의 말이라고 소
개된 그 내용은 충분히 참고할 가치가 있다. '태이불교' 등 다른 곳
에서도 나오는 공자의 말이 보이기 때문이다.

여기서 공자는 제자 자장子張의 질문에 답하면서 유명한 이른
바 오미사악五美四惡을 말한다. 다섯 가지 좋은 점과 네 가지 나
쁜 점이다. 모두 다 좋은 정치를 위한 요령(可以從政) 내지 자격
요건이다. 다섯 가지 아름다움을 '존중하고'(尊), 네 가지 나쁜 점
은 '물리치는'(屛) 것이다. 일목요연하게 정리하자면 이렇다.

오미五美는,

혜이불비惠而不費,

로이불원勞而不怨,

욕이불탐欲而不貪,

태이불교泰而不驕,

위이불맹威而不猛,이고

사악四惡은,

학虐, 포暴, 적賊, 유사有司, 즉

불교이살不敎而殺,

불계시성不戒視成,

만령치기慢令致期,

유지여인출납지린猶之與人出納之吝이다.

다 어려운 한문이라 일반인들은 골치가 지끈거릴 수 있겠지만,

다행히(?) 공자 본인이 그 뜻을 설명해준다. 물론 이게 진짜 공자 본인의 말인지 확인할 길은 없다. 일단 그렇다 치고 듣는 것이다.

혜이불비惠而不費: 혜택을 주고 헛수고는 하지 않는 것은, 백성이 이로운 바에 따라 이롭게 하는 것이다.(因民之所利而利之, 斯不亦惠而不費乎?)

로이불원勞而不怨: 일을 시키더라도 원망을 듣지 않는 것은, 일할 만한 것을 택하여 일을 시키는 것이다.(擇可勞而勞之, 又誰怨?)

욕이불탐欲而不貪: 바라지만 탐하지는 않는 것은, 어짊을 바라 어짊을 얻어 더 이상 탐할 게 없는 것이다.(欲仁而得仁, 又焉貪?)

태이불교泰而不驕: 크낙하지만 교만하지는 않은 것은, 사람이 많든 적든 사람됨이 크든 작든 감히 오만하게 대함이 없는 것이다.(君子無衆寡, 無小大, 無敢慢, 斯不亦泰而不驕乎?)

위이불맹威而不猛: 위엄이 있지만 사납지는 않은 것은, 자신의 의관을 바르게 하고 그 시선을 존엄히 하면 장중하여 남들이 우러르고 어려워하는 것이다.(君子正其衣冠, 尊其瞻視, 儼然人望而畏之, 斯不亦威而不猛乎?)

이게 공자의 설명이다. 그렇다면 사악은?

학虐(=불교이살不敎而殺): 잔학함, 즉 가르치지 않고 죽이는 것이다.

포暴(=불계시성不戒視成): 횡포함, 즉 미리 계고戒告하지 않고 잘된 결과만 보려는 것이다.

적賊(＝만령치기慢令致期): 괴롭힘, 즉 허술히 지시해 놓고 기한을 독촉하는 것이다.

유사有司(＝유지여인출납지린猶之與人出納之吝): 즉 똑같이 나누어 주는 일에서도 출납을 인색하게 하는 것이다.

이게 그 설명이다.

전자, 즉 오미五美는 실제 정치에서 보기 힘들고 후자, 즉 사악四惡은 실제 정치에서 흔히 보인다. 그래서 공자 같은 이런 가르침이 필요한 것이다. 그 설명이 너무 구체적이라 오히려 공자 본인의 말인지 의심을 사기도 하지만, 그가 실제 정무에 종사한 적이 있음을 고려하면 간단히 아니라고 하기도 쉽지 않다. 일단 그렇게 믿고, 그의 말대로 혜惠, 로勞, 욕欲, 태泰, 위威(베풂, 힘씀, 바람, 크낙함, 위엄)를 지향하고, 그리고 교敎, 계戒, 상령詳令, 불린不吝(가르침, 계고함, 상세히 지시함, 인색하지 않음)에 힘쓰고, 불학虐, 불포暴, 부적賊, 불유사有司(잔학하지 않음, 포악하지 않음, 괴롭히지 않음, 인색하지 않음)이도록 유의해야 할 일이다.

그 세목이 너무 구체적이고 너무 많은 감이 없지는 않다. 그러나 우리의 진짜 현실은 이보다 훨씬 더 복잡다단하지 않을까. 우리가 한 사람이라도 더 공자를 이해하고 그의 지향에 가세해주는 것이 시공을 초월해 우리에게 주어진 신성한 과제인지도 모르겠다. 자, 우리도 이제 그의 앞에 줄을 서기로 하자. 유도한, 정의로운 세상으로 나아가는 줄이다.

공자 연보 (* 나이는 만나이가 아니라 한국식 년차)

B.C. 551(01세) 노魯나라의 대부이자 무사였던 아버지 숙량흘叔梁紇과
　　　　어머니 안징재顔徵在 사이에서 혼외 서자로 탄생. 태어난 곳은 곡
　　　　부曲阜 인근 창평향昌平郷 추읍郰邑. 이름은 구丘. 자는 중니仲尼.
　　　　당시 숙량흘은 60대 후반이었고 안징재는 16세의 소녀였음.

B.C. 549(03세) 아버지 별세.

B.C. 537(15세) 학문에 뜻을 둠.

B.C. 535(17세) 어머니 별세.

B.C. 533(19세) 송인宋人 기관亓官(혹은 올관兀官 혹은 병관幷官)씨의
　　　　딸과 결혼.

B.C. 532(20세) 아들 리鯉 출생. 위리委吏(창고관리자)로 일을 시작함.
　　　　이듬해는 승전리乘田吏(가축관리자)로 일함.

B.C. 525(27세) 담郯나라 군주를 찾아가 고대 관제官制에 대해 들음.

B.C. 522(30세) '섰다'고 표현되는 '입신'의 경지에 이름. 자로, 증점,

염백우, 염구, 중궁 등의 제자를 가르치기 시작함.

B.C. 518(34세) 노나라 대부 맹희자孟僖子가 죽으면서 맹의자 남궁경숙 등 두 아들에게 공자를 스승으로 모시고 예를 배우도록 당부함.

B.C. 517(35세) 노나라에 내란이 일어남.(노소공魯昭公, 계평자季平子 제거 정변 실패로 망명을 떠남) 이에 공자는 제齊나라로 가서 경 공景公을 만남. 순舜의 음악인 소韶를 듣고 심취함.

B.C. 515(37세) 노나라로 돌아옴. 이후 제자 교육에 힘씀.

B.C. 512(40세) '불혹'의 경지에 이름.

B.C. 504(48세) 계씨季氏의 가신인 양호陽虎가 권력을 전횡하여, 공자 는 벼슬하지 않고 시서예악을 닦으며 제자 지도에 힘씀.

B.C. 502(50세) '천명'을 알게 됨. 계씨가의 가신이었고 비읍費邑의 읍 재였던 공산불뉴公山不狃가 공자를 부르나 가지 않음. 양호가 삼 환(三桓: 맹손孟孫, 숙손叔孫, 계손季孫 세 가문)마저 제거하려다 역공을 당해 진晉나라로 망명함.

B.C. 501(51세) 처음 벼슬을 하여 노나라 중도재中都宰가 됨.

B.C. 500(52세) 노정공魯定公을 도와 제경공齊景公과 평화협정을 맺음. 사공司空이 됨. 뒤이어 대사구大司寇로 승진함.

B.C. 498(54세) 자로子路, 삼환의 세력을 약화시키기 위해 세 도성을 허무는 조치를 취함.

B.C. 497(55세) 노나라를 떠나 위衛나라로 감. 주유열국의 시작.

B.C. 496(56세) 광匡 땅에서 양호로 오인 받아 수난을 당함. 필힐佛肸

이 부르나 가지 않음.

B.C. 495(57세) 위나라 영공靈公을 만나 벼슬하고 영공의 부인 남자南子를 만남.

B.C. 494(58세) 벼슬을 그만두고 위나라를 떠남.

B.C. 492(60세) '이순'의 경지에 이름. 조曹나라를 거쳐 송宋나라로 가다가 환퇴桓魋에게 수난을 당함.

B.C. 489(63세) 진陳나라, 채蔡나라, 섭葉나라, 초楚나라를 거쳐 위나라로 돌아감.

B.C. 488(64세) 다시 위나라에서 벼슬함.

B.C. 485(67세) 부인 별세.

B.C. 484(68세) 노나라 계강자季康子가 공자를 부르자 14년 만에 고국 노나라로 돌아감. 이후 유약, 증삼, 자하, 자장 등의 제자를 가르침.

B.C. 483(69세) 벼슬하지 않고 제자들을 지도하거나 고대 문헌 정리에 전념함. 아들 리 49세로 별세.

B.C. 482(70세) '종심소욕불유구'의 경지에 이름.

B.C. 481(71세) 수제자인 안회顔回 41세로 별세. 크게 상심함. 제나라 진항陳恒이 임금을 시해하자 노나라 임금에게 토벌을 주장하나 실현되지 않음. 노나라 서쪽에서 기린이 사로잡히자 낙심하여 『춘추』 저작을 절필함.

B.C. 480(72세) 자로, 62세로 위나라 난리에 별세.

B.C. 479(73세) 4월, 세상을 떠남. 노나라 성 북쪽 사수泗水 가에 묻힘.